应用型本科财务管理、会计学专业精品系列教材

高级财务会计

主　编　杜　丽　吴霞云
副主编　余　瑶　王文冠

北京理工大学出版社
BEIJING INSTITUTE OF TECHNOLOGY PRESS

内容简介

作为一本以培养应用型人才为目标的教科书,本书非常注重理论知识的应用性和实用性,在保证高级财务会计基本理论体系完整的前提下,注重实务操作。在介绍理论知识时,注重分析高级财务会计中涉及的"特殊行业、特殊业务、特殊呈报"问题,并结合实务的具体计算、操作和实际案例的分析讨论,同时融合作者多年的教学经验和教学实践,在理论描述上尽量通俗易懂,让学生能够抓住重点,便于学生学习。全书共有12章,包括高级财务会计概述,非货币性资产交换核算,债务重组,租赁会计核算,外币折算会计,所得税会计,会计政策、会计估计变更和前期差错更正核算,资产负债表日后事项,企业合并会计核算,合并会计报表(分基础篇与拓展篇),政府及民间非营利组织会计等内容。各章均安排了练习题,包括选择题、判断题、计算分析题、综合题等类型,以提高学生的专业会计实务能力和对复杂问题的分析判断能力。

本教材既可作为高等院校会计学、财务管理及相关专业学生学习高级财务会计的教材,也可作为广大会计实务工作者自学高级财务会计的参考用书。

版权专有　侵权必究

图书在版编目(CIP)数据

高级财务会计 / 杜丽,吴霞云主编. —北京:北京理工大学出版社,2020.3(2020.4重印)

ISBN 978-7-5682-8196-6

Ⅰ. ①高… Ⅱ. ①杜… ②吴… Ⅲ. ①财务会计-高等学校-教材 Ⅳ. ①F234.4

中国版本图书馆 CIP 数据核字(2020)第 035547 号

出版发行 /	北京理工大学出版社有限责任公司
社　　址 /	北京市海淀区中关村南大街5号
邮　　编 /	100081
电　　话 /	(010)68914775(总编室)
	(010)82562903(教材售后服务热线)
	(010)68948351(其他图书服务热线)
网　　址 /	http://www.bitpress.com.cn
经　　销 /	全国各地新华书店
印　　刷 /	北京国马印刷厂
开　　本 /	787毫米×1092毫米　1/16
印　　张 /	17
字　　数 /	366千字
版　　次 /	2020年3月第1版　2020年4月第2次印刷
定　　价 /	46.00元
责任编辑 /	多海鹏
文案编辑 /	孟祥雪
责任校对 /	周瑞红
责任印制 /	李志强

图书出现印装质量问题,请拨打售后服务热线,本社负责调换

前 言

2006年2月，国家财政部颁布《企业会计准则——基本准则》和38项具体会计准则，成为"我国会计史上新的里程碑"。2014年，财政部陆续发布了新增或修订的8项企业会计准则，对2006年颁布的会计准则进行了第一次大规模的修订；2016年起，我国全面实行"营业税改增值税"政策，随后的两年时间里，财政部陆续发布了6项企业会计准则解释、4项会计处理规定，以及7项新增或修订的企业会计准则，也是财政部第二次大规模修订和增补企业会计准则。这些新准则基本与相关国际财务报告准则一致，并保持了持续趋同。

随着一系列会计改革的不断深入、会计环境的不断变化，会计人员面临着新一轮的知识更新。与之相适应，高级财务会计作为会计系列课程之一，其内容也必须反映最新的会计改革进展，与时俱进。因此我们编写了这本教材，以适应各种教学培训的迫切需要。

在研究国内多部同类教材之后，我们结合诸多教师多年的教学经验，换位思考，从学生的角度出发来编写这本教材。教材是为学生所用的，应当在符合教材基本要求的基础上，充分考虑学生的学习特点和需要。

本教材具有以下两大特点。

1. 教材体系完整，思路清晰。本书将高级财务会计错综复杂的理论知识划分为四大篇：第一篇为高级财务会计基本理论；第二篇为特殊业务会计；第三篇为特殊呈报会计；第四篇为特殊行业会计。

2. 内容具有前瞻性，注重理论与实践结合。本书就当前财务会计领域若干新的、难度较大的、有代表性的问题进行了论述，并且每一章节都吸取了最新准则的最新精神，突出了会计实务，适应了财务会计理论及实务发展的新形势。另外，每章结构独特新颖，除了介绍高级财务会计的相关概念和业务以外，还精心设计了"相关知识链接"环节，为各章内容所需要的相关知识进行补充或与学生学习过的中级财务会计和经济法等课程的相关知识进行链接，既增强学科相关理论知识之间的衔接，又开阔学生的知识视野。这是本教材的一个创新点。同时，我们还为各章安排了形式多样、内容丰富的习题与案例讨论，帮助学生提高专业实务能力和对复杂问题的分析判断能力。

考虑到会计学科体系的不断完善，有些内容在不同的会计教材中不免出现重复。比如国际会计的内容在不少高级财务会计中有所涉及，税务会计更是独立成一门很受重视的专业课程。因此，很难准确地界定高级财务会计的范围。为了让读者对国内外的高级财务会计的内容有一个基本的了解，我们参阅了一些公开发表的同类资料和教材，并且进行了比较。在此，我们对有关作者表示衷心的感谢。

本教材由江西农业大学南昌商学院杜丽、吴霞云老师担任主编，余瑶、王文冠老师担任副主编。本书共分为12章，第1章、第3章、第5章、第11章、第12章由杜丽执笔，第2章、第4章、第7章、第9章由吴霞云执笔，第6章、第8章、第10章由余瑶执笔。最后由王文冠老师对全书进行修改、补充和定稿。

本教材在编写和出版过程中，得到了江西农业大学南昌商学院各位领导的大力支持，也得到了北京理工大学出版社的支持与帮助，在此表示衷心的感谢。

编写高质量的教材是一项任重而道远的工作，我们希望全国高等院校的师生针对本教材的内容，在教学实践中积极提出意见与建议，以便我们对教材不断进行完善。但由于本教材涉及面广，讨论的问题难度较大，而编者水平有限，书中难免有疏漏之处，恳请广大读者批评指正。

编　者

第一篇 高级财务会计基本理论

第1章 高级财务会计概述 (3)
1.1 高级财务会计的产生与发展 (3)
1.2 高级财务会计的性质与地位 (7)
1.3 高级财务会计的内容结构与学习研究方法 (10)
本章小结 (13)
知识链接——国内外关于高级财务会计的研究 (13)
练习题 (16)

第2章 非货币性资产交换核算 (19)
2.1 非货币性资产交换的认定 (19)
2.2 非货币性资产交换的确认与计量 (20)
2.3 涉及单项非货币性资产交换的会计处理 (21)
2.4 涉及多项非货币性资产交换的会计处理 (25)
本章小结 (30)
知识链接——交换准则发展 (31)
练习题 (31)

第二篇 特殊业务会计

第3章 债务重组 (39)
3.1 债务重组方式 (39)
3.2 债务重组会计处理 (40)
本章小结 (50)

知识链接——三九集团债务重组 ……………………………………………… (50)
　　练习题 ………………………………………………………………………… (52)

第4章　租赁会计核算 …………………………………………………………… (57)
　4.1　租赁概述 ……………………………………………………………………… (57)
　4.2　承租人的会计处理 …………………………………………………………… (62)
　4.3　出租人的会计处理 …………………………………………………………… (70)
　　本章小结 ……………………………………………………………………… (77)
　　知识链接——W公司财务舞弊案例 ………………………………………… (77)
　　练习题 ………………………………………………………………………… (79)

第5章　外币折算会计 …………………………………………………………… (84)
　5.1　外币折算的基本概念 ………………………………………………………… (84)
　5.2　外币交易的会计处理 ………………………………………………………… (89)
　5.3　外币报表折算 ………………………………………………………………… (97)
　　本章小结 ……………………………………………………………………… (105)
　　知识链接——世界主要货币缩写 …………………………………………… (105)
　　练习题 ………………………………………………………………………… (108)

第6章　所得税会计 ……………………………………………………………… (113)
　6.1　所得税会计概述 ……………………………………………………………… (113)
　6.2　计税基础和暂时性差异 ……………………………………………………… (115)
　6.3　递延所得税资产和递延所得税负债 ………………………………………… (117)
　6.4　所得税费用的确认与计量 …………………………………………………… (120)
　6.5　我国递延所得税的披露问题 ………………………………………………… (125)
　　本章小结 ……………………………………………………………………… (125)
　　知识链接——关于所得税会计改革的根源 ………………………………… (126)
　　练习题 ………………………………………………………………………… (126)

第7章　会计政策、会计估计变更和前期差错更正核算 ……………………… (131)
　7.1　会计政策及其变更的会计处理 ……………………………………………… (131)
　7.2　会计估计及其变更的会计处理 ……………………………………………… (140)
　7.3　前期差错及其更正的会计处理 ……………………………………………… (143)
　　本章小结 ……………………………………………………………………… (148)
　　知识链接——会计政策变更的会计处理方法 ……………………………… (148)
　　练习题 ………………………………………………………………………… (149)

第8章　资产负债表日后事项 …………………………………………………… (153)
　8.1　资产负债表日后事项概述 …………………………………………………… (153)
　8.2　资产负债表日后调整事项 …………………………………………………… (156)
　8.3　资产负债表日后非调整事项 ………………………………………………… (163)

本章小结 ··· (165)

知识链接——调整事项类别 ··· (166)

练习题 ··· (166)

第三篇　特殊呈报会计

第9章　企业合并会计核算 ··· (175)
9.1　企业合并概述 ·· (175)
9.2　同一控制下企业合并的会计处理 ································· (177)
9.3　非同一控制下企业合并的会计处理 ······························ (183)
9.4　企业合并的披露 ·· (187)
本章小结 ··· (188)
知识链接——企业合并会计处理方法的比较分析 ····················· (189)
练习题 ·· (190)

第10章　合并会计报表——基础篇 ··································· (195)
10.1　合并会计报表的基本概念及理论 ································ (195)
10.2　股权取得日合并会计报表的编制 ································ (202)
10.3　股权取得日后合并会计报表的编制 ····························· (210)
本章小结 ··· (219)
知识链接——合并会计报表与长期股权投资 ··························· (219)
练习题 ·· (219)

第11章　合并会计报表——拓展篇 ··································· (225)
11.1　集团内部交易事项概述 ·· (225)
11.2　集团内部债权债务的抵销 ······································· (228)
11.3　集团内部商品交易的抵销 ······································· (231)
11.4　集团内部固定资产交易的抵销 ·································· (234)
本章小结 ··· (240)
知识链接——合并财务报表准则主要变化 ······························ (240)
练习题 ·· (242)

第四篇　特殊行业会计

第12章　政府及民间非营利组织会计 ································· (249)
12.1　政府及非营利组织会计概述 ····································· (249)
12.2　政府单位特定业务的会计核算 ·································· (250)

12.3　民间非营利组织会计 …………………………………………………（254）
本章小结 ……………………………………………………………………（256）
知识链接——政府和非营利组织会计的控制对策 ………………………（256）
练习题 ………………………………………………………………………（258）

参考文献 ……………………………………………………………………（261）

高级财务会计基本理论

第1章

高级财务会计概述

学习目标

1. 了解高级财务会计是财务会计学科的重要组成部分。
2. 理解高级财务会计的重要意义和学习研究方法。
3. 掌握高级财务会计的概念、产生的基础和内容结构等基本理论知识。

1.1 高级财务会计的产生与发展

1.1.1 高级财务会计产生的历史背景

1. 社会经济的发展导致现代会计的裂变

现代会计产生于20世纪初,其标志是现代会计的基本观念、公认会计原则和系统的会计理论的出现和形成。20世纪初,会计职业团体不断发展和壮大,许多新的会计观念、公认会计原则已经形成,并得到了社会的广泛认可。现代会计的特点是在继承近代会计的复式记账法、货币计量等诸多优点的基础上,形成了较为完整的理论体系,尤其是会计原则得到了广泛应用,成为会计行为的准绳。

20世纪初,社会生产力得到了较大的发展,企业的规模不断扩大,企业的组织形式逐渐向股份制公司转化,企业的所有权与经营权高度分离。股东尤其是小股东不可能直接参与企业的经营管理,但他们却迫切需要了解企业的经营状况、营运能力和获利大小,以决定自己的投资方向;债权人也需要了解企业的财务状况、偿债能力,以决定对企业的贷款政策。这就要求会计不能只为企业管理当局服务,而且要服务于与企业有利害关系的所有集团和个人,因而就产生了以公认会计准则为行为标准的财务会计,定期或不定期地向企业所有者、债权人、潜在所有者及社会一般公众提供通用财务信息，因此财务会计也被称为"对外报告会计（Outered Accounting）"。财务会计自20世纪20年代产生以后不断发展，已形成较为完善的理论统计体系。其理论体系主要以公认会计原则为核心，以会计理论结构框架为支撑；其方法体系在继承了传统会计方法的基础上，丰富和发展了会计的确认、计量、记录、报告等一系列方法。

股份制公司的发展与完善，使企业的所有权与经营权高度分离，经营管理权集中于企业的管理当局。他们是企业所有者的代理人，直接经营管理企业。企业经营的成败，主要取决于管理当局的决策正确与否。管理当局为了加强对经营活动的控制，提高决策的科学性和准确性，需要会计提供越来越多的与经营决策密切相关的会计信息。而这些信息与企业为外界使用者提供的财务信息有一定的区别，它更侧重于管理当局的计划、预测、决策和分析的信息，在形式上要更加灵活多样，在内容上更加广泛，在时间上更加及时，因而逐渐产生了相对于财务会计的另一重要分支管理会计，即主要为管理当局内部经营决策提供信息的会计，或称为"对内报告会计（Interal Accounting）"。特别是在20世纪三四十年代，管理科学理论与方法的兴盛，数学模型、电子计算机等技术被逐步引入会计领域，丰富和发展了会计的内容和方法，也增强了会计在管理决策中的作用，最终促进了管理会计的成熟和发展。20世纪50年代以后，管理会计发展极其迅速，成为一门跨学科的会计学分支。20世纪80年代以后，管理会计从执行会计阶段转入决策会计阶段，在企业管理中发挥着越来越重要的作用。

2. 裂变的会计难以应对技术革新导致的企业重组所形成的新的会计事项

第二次世界大战以后，世界范围内的科技革命推动了西方社会经济的迅猛发展，西方资本主义国家经济环境产生了巨大变化。

（1）各国经济不断发展壮大，逐步由自由竞争发展成垄断，公司间相互渗透形成了庞大的企业集团，母子公司成为一种普遍的社会现象，企业间的横向和纵向经济联系更加紧密、依赖性更强，社会经济资源的配置进一步优化，社会对会计信息的要求和依赖性越来越高，会计在企业中的地位越来越重要。

（2）西方主要国家在20世纪六七十年代，通货膨胀普遍加剧。1972—1973年，初级产品的价格猛涨，工资随之相应提高，消费品价格猛涨。1973—1975年，经济合作与发展组织全体成员国消费价格上涨率平均为26%，其中1973年秋季发生的第一次石油危机使原油价格暴涨34倍，1979年的第二次石油危机又对早已恶化的通货膨胀起到推波助澜的作用，而且波及亚洲及拉丁美洲。通货膨胀已成为全世界共同面临的难题。

（3）贸易投资自由化，跨国经营普遍化。西方发达国家不仅推行产品资本和货币资本的国际化，拓展国际市场，而且大规模地推行生产资本的国际化，推动国际贸易和国际投资的扩大。因此，跨国家、跨区域、跨行业的经济组织日益增多，经营形式多样化、多角化和多元化，国际经济趋于一体化。

（4）金融国际化，经济一体化。由于国际金融市场得以完善，各种衍生金融工具应运而生，并得到快速发展。国际资金的流速加快，流量增多，期货交易、融资租赁等行业蓬勃发展，使各国交易投资的规模扩大，频率增高，国际间的依赖性增大。

(5) 企业合并、兼并、破产潮流席卷全球。各国企业为了增强竞争实力，占有更大的市场份额，都在积极寻求合作伙伴，建立联盟，对资产进行重组、合并。且在合并、兼并、联合过程中，突破了国界，出现了跨国度、跨地区、跨行业的大合并、大兼并和大联合，社会经济资源得到了较佳配置，提高了规模效益，降低了产品成本，创立了品牌，独占了市场鳌头。

面对会计领域诸多的新问题，原有的财务会计框架难以容纳，而这些又是财务会计必须解决的问题，因此，必须在原有财务会计学的基础上，建立一门新的学科来解决这些会计领域的新问题，于是，高级财务会计在20世纪60年代应运而生。

1.1.2 高级财务会计的发展

高级财务会计学的发展过程大致可划分为三个阶段。

1. 高级财务会计的萌芽阶段

现代会计从一产生就孕育了高级财务会计的胚芽。西方国家工业革命和产业革命的成功，有力地推动了社会生产力的发展，企业之间由自由竞争逐步走向垄断，市场竞争更加激烈，于是出现了第一次企业兼并、合并的浪潮，企业的兼并、合并必然产生母子公司，在会计上也就必然编制合并报表，以完整地反映企业集团的财务状况和营运能力。第一次世界大战后，美国的经济得到了快速发展，又产生了第二次企业兼并浪潮。第二次企业兼并浪潮使股份制公司得到了进一步的发展与完善，促进了合并报表的广泛使用，同样也产生了一些重要思想，比如经济实体的概念、合并所产生的商誉问题等。在这一时期，西方主要工业国家出现了轻度、持续通货膨胀的局面。通货膨胀必然影响到财务信息的准确性，引起人们的关注。美国早期会计学家亨利·W·斯威尼（Henry W. Sweeney）在1936年出版的《稳定币值会计》一书中，提出了对膨胀进行会计处理的方法，被会计界誉为英文文献中物价变动会计的首创模式。通货膨胀会计思想的出现，标志着高级财务会计进入萌芽期。

2. 高级财务会计的发展阶段

第二次世界大战以后，西方主要工业国家开始由军事工业模式向民间工业模式转变，这就需要更新设备和扩大投资，传统的信贷方式已无法满足这种旺盛的资金需要。在银行和企业的共同参与下，20世纪50年代就产生了融资租赁业务，以解决各国各行业资金不足的问题，融资租赁业务的出现促使了租赁会计的产生。1953年，美国会计程序委员会（Committee on Accounting Procedure，CAP）发表的《会计研究公告第43号》，提出了融资租赁会计处理方法的若干意见。

20世纪60年代末，世界经济出现了迅猛发展的局面，科学技术有所突破，新兴工业部门如计算机、激光、宇航、核能、海洋开发、合成材料等相继兴起，必然要求拥有巨额资金的强大垄断企业，因而出现了第三次企业兼并浪潮。美国会计程序委员会（CAP）针对企业兼并浪潮，于1959年发表了会计研究公告第51号《合并财务报表》，对合并报表的编制提出了若干指导意见。

20世纪60年代西方国家持续的通货膨胀，对会计信息的真实性和有效性产生了较大的冲击，会计理论界和实务界开始对此有所关注并进行了研究，逐步形成了不同的学派观点，如古典学派、新古典学派和急进学派等。这些不同的学派，构成了物价变动会计的雏形。针对物价变动对财务会计的影响，美国注册会计师协会（American Institute of Certified Public Accountants，AICPA）于 1963 年发表了第 6 号会计研究论文集《呈报物价水准变动的财务影响》，美国会计原则委员会（Accounting Principle Board，APB）于 1960 年发表了第 3 号公告《重编一般物价水准变动的财务报表》，以指导会计处理物价变动对财务信息质量的影响。在这一时期，国家加强了对企业所得税的征管，允许应税收益与会计收益有一定的区别。如何重新计算应税收益将直接影响企业缴纳所得税的金额，影响企业的净收益，因此所得税会计也应运而生。

20 世纪 50—60 年代是高级财务会计发展时期，其主要内容已基本形成，并已具有了一定的会计处理规则。这一时期在西方国家出现了高级财务会计教程，并逐渐步入大学课堂，但高级财务会计的内容尚不完善，有待进一步发展。

3. 高级财务会计的成熟阶段

进入 20 世纪 70 年代，在 60 年代企业兼并的基础上形成了大量的跨国集团公司。跨国集团公司的出现，必然引起会计计量单位的多元化，即外币和本位币的双重计量单位，于是就产生了大量的外币业务和汇兑业务。跨国集团公司编制合并报表还涉及外币折算问题等，这些都是财务会计无法解决的问题。为了指导处理这些新的会计事项，美国财务会计准则委员会（Financial Accounting Standards Board，FASB）于 1973 年颁发了第 1 号财务会计准则公告《外币业务的揭示》，1975 年颁布了第 8 号财务会计准则公告《外币交易和外币财务报表换算的会计处理》，70 年代以后就形成了较为成熟的外币业务会计。

70 年代以后，西方国家通货膨胀加剧，形成了许多物价变动会计理论与模式，如一般物价水平会计、现行成本会计和现行成本不变币值会计。其中，一般物价水平会计模式的奠基人是美国著名会计学家亨利·W·斯威尼。他在 1936 年出版的《稳定币值会计》一书提出了等值美元会计思想，在 70 年代以后得到了广泛的支持与发展。国际会计准则委员会（International Accounting Standard Committee，IASC）于 1977 年发布了其第 8 号准则公告《会计对物价变动的反映》，1981 年发布了第 15 号准则公告《反映物价变动影响的资料》，1989 年发布了第 29 号准则公告《恶性通货膨胀经济中的财务报告》，形成了系统的一般物价水平会计的理论与方法。现行成本会计模式，主张以现行成本来代替历史成本，以消除各个企业所承受的个别物价变动影响，其理论创始人为美国著名会计学家爱德华兹。他于 1961 年发表了《企业收益的理论和计量》一书，指出了采用现行成本计量的理论。该理论在 70 年代以后得到较快的发展，并获得了会计职业团体的支持，例如美国证券交易委员会（Securities and Exchange Commission，SEC）于 1978 年发布第 190 号《会计文告集》，要求证券上市的公营大公司必须编制现行重置成本报表，美国财务会计准则委员会（FASB）也予以支持，要求各大公司不仅要编制一般物价水平会计补充报表，而且还要编制现行成本会计补充报表。英国、澳大利亚、加拿大和新西兰等国家的会计职业界，亦追随美国，陆续发布了现行成本会计征求意见稿，并试行现行成本会计。现行成本不变币值会计模式主张以资产的现时价或变现价值为计价标准，其代表性人物为美国会计学家麦克尼尔

(Kmacneal），他于 1939 年出版的《会计中的真实性》(Truth in Accounting) 一书，主张按资产的现时价值计价。60 年代，澳大利亚的会计学家钱伯斯（R. Chambers）在《算盘》杂志上发表《通货膨胀会计：方法的问题》，丰富与发展了麦克尼尔学说。美国另一位会计学家罗伯特·斯特林于 1970 年后相继发表了他的《企业收益计量理论》(Theory of the Measurement of Entcrprice Income) 和《计量收益和财富的相关标准的应用》(Measuring Income and Wealth: an Application of the Relevance Criterion)，进一步丰富和发展了现行成本不变币值会计理论。

20 世纪 80 年代以来，世界经济进入了一个产业结构大调整时期。在这种形势下，西方发达国家掀起了第四次企业兼并浪潮。在第四次企业兼并浪潮中，企业的经济业务又发生了许多变化，例如国际间相互投资，母子公司的投资，为了逃避各种税收，利用各国的税法和有关法律，进行内部价格转移和财产转移等，这对原有的所得税会计处理、外币业务的处理及合并报表的编制形成了较大的冲击。为此，会计理论界也积极寻求对策，例如美国财务会计准则委员会于 1981 年颁布了第 52 号会计准则公告《外币税收》，1982 年颁布了第 57 号会计准则公告《有关联者的揭示》和第 70 号会计准则公告《财务报表与物价变动：外币核算》，1987 年颁布了第 96 号《所得税会计》，1988 年发布了第 100 号会计准则公告《所得税法》，1991 年 10 月颁布了 109 号公告《所得税会计》，以指导处理第四次兼并浪潮所产生的新的会计业务。

20 世纪 80 年代以来，随着会计业务环境的变化，新会计业务不断出现，高级财务会计的基本内容、处理指导思想和方法都已基本形成，并得到了会计职业界的广泛认可与接受，成为一种会计惯例，标志着高级财务会计学的成熟。至此，高级财务会计以一门独立于财务会计和管理会计的新学科出现在会计学科体系之中。

1.2 高级财务会计的性质与地位

1.2.1 高级财务会计的含义

"高级财务会计"一词源于英文 Advanced Financial Accounting，在会计教材体系中，有关这一概念的内容既有专门论著，也散见于一般财务会计论著之中，但很难找到对高级财务会计概念的明确定义。随着我国会计环境的不断变化，会计教育的进一步发展，西方会计的逐步引入，高级财务会计已作为一门正式的课程被列入高等院校的会计教学体系之中，日益受到我国会计理论和实务界的重视。明确定义高级财务会计，有助于深刻理解会计学科体系，特别是中级财务会计和高级财务会计的关系，深刻把握这门学科的实质。

高级财务会计是随着经济的发展，对现有财务会计理论体系未包括的交易事项进行补充、延伸和开拓，即利用财务会计的固有方法，对现有财务会计未包括的业务，或者需要进行深入讨论的业务，以及随着客观经济环境变化而产生的一些对特殊的交易事项进行会计处理的理论与方法。高级财务会计包括特殊业务会计和特殊行业会计两部分，所谓特殊业务会计，主要是针对一些特殊的、比较深奥的会计课题展开讨论，如企业合并会计、租赁会计、物价变动会计、所得税会计等；特殊行业会计是针对有着鲜明行业特色的企事业单位所存在的会计问题展开讨论，如合伙企业会计、跨国公司会计、政府及非营利组织会计等。

为适应和促进社会经济的不断发展，核算和监督在新的社会经济条件下出现的特殊经济业务，向企业的投资者、债权人和政府有关主管部门提供更为真实有用的相关会计信息，一批会计学者和实际工作者对原有的财务会计理论和方法在新的社会经济条件下的不适用性，以及所应创建的相应的新的会计理论和方法进行研究。研究、应用和修正原有的财务会计理论和方法，以及创建新的会计理论和方法，用以核算和监督在新的社会经济条件下出现的特殊经济业务，向外部与企业有利害关系者提供更为真实有用和相关经济信息的会计学科，就称为高级财务会计。高级财务会计与中级财务会计互相补充，共同构成了财务会计的完整体系。

高级财务会计这一概念还应包括以下几个方面的含义。

1. 高级财务会计是财务会计体系的组成部分

高级财务会计与传统财务会计在进行会计核算时所运用的核算方法一致、指标口径一致、最终目标一致，都采用复式记账法进行会计核算，都以货币计量为基础，都使用会计凭证为依据登记账簿，都是为了向会计信息的使用者提供有用的企业财务信息。总之，高级财务会计在会计方法的使用上与传统财务会计完全一致，也符合财务会计的确认、计量和报告的要求。但高级财务会计核算和监督的内容有一些是传统财务会计所没有的，或者是不经常发生的交易或事项，主要表现为一些特殊的交易或事项和特殊经营方式企业的特殊会计事项，将这些交易或事项单独归入高级财务会计；而将企业单位经常、普遍存在的符合会计一般特征的交易或事项安排归入中级财务会计课程加以阐述。

2. 高级财务会计核算的是特殊交易事项

高级财务会计与传统财务会计的主要区别在于，传统财务会计所论及的会计信息质量要求、成本计量基础等都遵循会计基本假设；而高级财务会计所表现的是特殊经营方式企业和特殊经济业务的特殊会计事项。这样划分传统财务会计和高级财务会计，能够与国际会计惯例基本保持一致。而将一般的会计业务归为中级财务会计的内容，将不经常、不普遍存在的会计业务归为高级财务会计的内容，即将两者关系描述为财务会计中一般与特殊的关系。

3. 高级财务会计是会计理论体系的外延

高级财务会计是在特定时期针对特定企业的特定经济事项的会计处理，是由于一般财务会计无法满足现有经营活动而出现的。高级财务会计的内容可以给一般财务会计以完整的外延补充，使财务会计有更为完整、清晰的体系，也可使高级财务会计在核算范围、内容的特殊性方面得到明确体现。高级财务会计的出现与发展，对一般财务会计形成了很大的冲击。高级财务会计专门对一些特殊会计业务进行研究，弥补了一般财务会计的不足，两者互为补充、相得益彰，共同构成了财务会计学的完整体系。

1.2.2 高级财务会计的性质

高级财务会计从内容上仍然属于财务会计的范畴,在理论上依然服从传统的财务会计理论,但随着客观经济环境的变化和发展,在原有的会计理论基础上又有了新的扩展与延伸。

借鉴国内会计界权威人士的观点,我国会计理论是以政治经济学、哲学、系统论、控制论、生产力经济学等为基础,结合长期的会计实践,适应会计环境而形成的具有中国特色的理论体系。它包括以下几个层次的内容。

1. 会计目标

会计目标是会计理论体系的起点和基础,明确了为什么要提供会计信息、向谁提供会计信息、提供哪些会计信息等问题。

2. 会计基本假设

会计基本假设指会计人员为实现会计目标而对所面临的变化不定、错综复杂的会计环境做出的合乎情理的判断,包括会计主体、持续经营、会计分期、货币计量。依据这些基本假设,会计人员才能确定会计核算的范围、核算的内容,确定收集加工会计信息的方法和程序。

3. 会计对象及会计要素

会计对象是会计核算和监督的内容,一般而言是企业和单位以货币表现的经济活动;会计要素是会计对象的具体化,是会计核算的基本单位。

4. 会计原则

会计原则是指为实现会计目标而在会计基本前提的基础上确立的基本规范和规则。根据其在会计核算中的作用,大体上可划分为四类:一是包括总体性要求;二是会计信息质量要求;三是会计要素确认、计量方面的要求;四是会计修订性惯例的要求。

5. 会计程序及处理方法

会计程序及处理方法是在会计原则的指导下对某一经济业务或会计事项确认、计量与报告的会计技术方法。高级财务会计在总体上遵循上述会计理论的基础上,适应政治、经济、文化、法律环境的变化和发展,在会计基本假设方面和会计原则方面向更深层次扩展、强化和延伸,从而构成了高级财务会计的理论基础。

与传统财务会计比较而言,高级财务会计讲述的是传统财务会计没有涉及的一些内容,这些内容具有三个特征。

第一,会计处理的复杂性。高级财务会计的研究对象是那些随着会计学科的拓展而出现的更新更复杂的交易或事项,这些问题的解决,不仅涉及会计核算方法,还有一定深度的理论讨论。一般认为,高级财务会计中存在三大难点,即合并会计、外币业务与外币报表折算、物价变动会计。随着衍生工具的大量出现,衍生工具会计成为高级财务会计的又一难点。

第二,涉及领域的特殊性。高级财务会计涉及领域的特殊性主要体现在两个方面,一是特殊组织会计,如合伙会计、政府及非营利组织会计;二是特殊业务,如企业重组与破产会计等。

第三，探讨问题视角的新颖性。高级财务会计探讨的问题多半是国际和国内会计学科发展过程中的新动向、新问题，体现在一些前沿领域，如人力资源会计、环境会计等，探讨问题的视角独特。

1.2.3 高级财务会计在会计学科体系中的地位

一般而言，会计学科体系中属于财务会计领域的有基础会计、中级财务会计、高级财务会计，它们被合称为"财务会计三论"。基础会计主要阐述会计确认、计量、记录、报告的一般原理和方法，是会计学科的入门课程。中级财务会计主要阐述企业发生的最一般的会计事项和最一般的交易行为，如货币资金、往来账项、固定资产、无形资产、负债、所有者权益、收入、费用、利润、财务会计报告等的会计处理，是财务会计一般理论与方法的运用。高级财务会计主要阐述企业发生的特殊交易或事项，着重研究某一行业或企业因各种原因所面临的特殊交易或事项的会计处理。总之，高级财务会计是对一般财务会计的突破，是财务会计的高级层次。学习研究高级财务会计，才能对财务会计有比较系统的了解。

1.3 高级财务会计的内容结构与学习研究方法

1.3.1 高级财务会计的内容结构

传统财务会计是在四项基本假设的前提下核算交易事项的，考虑到高级财务会计的研究范围是背离四项基本假设的会计事项，同时考虑与中级财务会计内容的衔接，本教材将高级财务会计的内容确定为以下几个方面。

1. 一般会计主体的特殊会计业务

一般会计主体是指传统财务会计的单一独立核算单位。这些单位只要具备或达到相应条件，即有可能发生特殊经济业务的会计处理，比如融资租入机器设备、用非货币性资产进行交换、涉及外币业务的核算等。这些经济业务必须按照特殊的会计处理方法进行核算，是高级财务会计研究的主要内容，具体包括非货币性资产交换核算，债务重组核算，租赁会计核算，外币折算会计核算，所得税会计核算，资产负债表日后事项核算等。

就其本质而言，特殊经济业务或事项与一般经济业务或事项的会计处理方法是一致的，都是从初始确认、计量到后续计量，从记录到报告的一般程序。但其具体环节上的理论基础与条件是有较大变化的，且更深入和复杂。

2. 特殊会计主体的特殊会计呈报

传统财务会计一般以单一的独立核算单位为会计主体，所核算的内容一般是由其所属各不独立核算单位构成的不可分割的统一整体的各种经济活动。但是随着各国经济的不断发展变化，通过企业合并，不断涌现出了企业集团这种特殊的会计主体。具体包括企业合并与合并会计报表编制的会计业务。

企业合并是现代经济发展的一个突出现象，它是产业发展、企业竞争的必然产物，是现代大公司形成和发展的有效手段。企业合并是指两个或两个以上单独的企业合并形成一个报告主体的交易或事项。企业合并可采用多种方式进行，但均需进行产权合并、债务重组、权益确定、合并费用的支付等一系列特殊会计业务，包括企业合并过程中的会计处理和合并以后的会计处理。企业合并会计主要研究企业合并的性质及其会计处理方法的比较分析。本教材主要阐述同一控制与非同一控制下企业合并的会计处理。

从会计角度而言，企业合并后只有一个会计主体，对于母子关系的集团企业而言，存在着合并会计报表的编制问题。为反映企业合并后的财务状况和盈利能力，合并企业除作为报告主体在股权取得日要编制反映合并企业整体财务状况的合并会计报表外，一个集团公司建立以后还要定期编制反映集团整体财务状况和盈利能力的合并会计报表。合并会计报表是以母公司和子公司组成的企业集团为会计主体，以母公司及子公司编制的个别会计报表为基础，由母公司编制的综合反映企业集团财务状况、经营成果及现金流量的会计报表，是企业合并的产物。本教材着重阐述控股合并条件下编制合并会计报表的理论和基本原理，股权取得日合并会计报表的编制方法和股权取得日后合并会计报表的编制。

3. 特种行业的特殊会计业务

在市场经济日益繁荣的情况下，一些新的专门从事某种特殊业务的行业不断涌现。为提供反映此类特种经营行业企业财务状况和盈利能力的会计信息，也必须进行特殊的会计业务，具体包括政府及非营利组织的会计业务。

政府的基本目标是向社会公众提供服务，而不以营利为目的，这一特点决定了政府会计有别于其他一般性的营利企业会计。政府机构的性质与目标，决定了政府财务报告的目标应在表彰个体的服务业绩上；政府机构的资金流动则受到法令的规定与限制，政府必须按特定的来源取得收入，并按特定的目的支用经费，因此，政府机构就应以特定来源与特定用途的基金作为会计个体。政府机构不以营利为目的，基金会计也不能以按期确定收益为目标，而应以依照预算执行为前提，因此就应将遵循权责发生制作为次要目的。如果资金未被支用，一般意味着政府没有提供应该提供的服务。因此，政府会计的目的并不在于如何列示收入和支出的差额，而应反映所取得的收入是否在规定期间内按特定目的被支用。正因如此，倘若有关法律规定普通基金与专项收入基金中的某项预算按收付实现制编列，则基金会计要与预算置于同一基础，即应采用收付实现制处理相关事项（政府会计处理的方式既不是严格意义上的权责发生制，也不是严格意义上的现金收付制，而是修正的权责发生制）。

非营利组织是指为社会而非为某一个人或组织谋取利益的法律或会计个体。非营利组织兼有政府机构和营利企业两方面的特点。大多数非营利组织与会计个体是各种类型的基金。与政府机构相比，非营利组织向整个社会或特定团体提供服务，其目的不是赚取利润，资金取之于民，有代管资财之责，强调预算；与营利企业一样，非营利企业由通过选举或任命的董事会等相应管理机构进行管理，需要计量所有消耗与支出，因此绝大多数非营利组织的会计基础为权责发生制（通常无须向政府纳税）。

综上所述，高级财务会计的理论基础并没有突破传统的财务会计理论，但为了适应会计环境的变化，在内容结构上侧重于对传统理论存在扩展和延伸的业务，解决传统财务会计理论未能涵盖的会计难题。另外，会计是随着社会生产的发展和社会经济环境的变化而不断发展变化的。社会生产的发展和社会经济环境的变化是永恒的，因此高级财务会计的内容也将随着这些发展和变化不断发展充实。

1.3.2　高级财务会计的学习研究方法

由于按上述理论基础建立的高级财务会计涉及领域较广且难度很大，因此确定或者选择学科的学习研究方法就显得十分必要。在学习研究高级财务会计时，应采用以下方法对其进行具体研究。

1. 以中级财务会计为起点，进行深层次的研究

由于高级财务会计是为会计专业高年级本科生、研究生或高层次的研讨班开设的课程，因此高级财务会计所述内容既要与中级财务会计相区别，又要对其进行补充深化，使两者共同形成一个完整的理论方法体系。这一点不仅要表现在各章节内容的安排设置上，也要体现于各章节的具体内容之中。对每一章的内容进行必要的、更深层次的理论探讨，并按不同于中级财务会计的方式，从不同的角度进行范围更为广泛的例题演示。

2. 围绕着各个有特色的交易或事项，进行专题学习研究

与中级财务会计不同，高级财务会计体系是由一系列专题组成的。在对每一专题进行探讨时应遵循的原则是：问题一经提出就要尽可能交代清楚，既不回避难点，又不故弄玄虚。如果所阐述的同题涉及另外的交易或事项，例如租赁业务的承租人与出租人，则尽量在说清一个方面的同时把另一方面的相关内容介绍清楚。对一些内容相近但又有区别的会计业务，如企业解散清算与破产清算、外币业务与外币报表折算等，则尽量分析它们之间的相互关系，从相同与相异两个方面说清理论，探讨实际业务处理中的特殊之处。

3. 理论与实务紧密结合，重视业务分析和实例演示

与中级财务会计相比，高级财务会计在理论阐述与应用业务举例之间的关系结合方面也有其特色。中级财务会计的理论大都集中于会计假设与会计原则的解释，各会计要素的说明，以及对各会计要素的确认和计量方面。由此形成了中级财务会计理论部分相对集中，一般集中在教材的第一章和各章的第一节，实务部分大都在以后各章节中说明，形成了理论阐述与处理方法演示界限分明的结构体系。但是，高级财务会计不仅有着不同于中级财务会计的理论基础，而且各个专题中还有各自的基础理论和与各专题事项相关的会计理论、特有处理方法等。可以说，高级财务会计各专题的内容在与之相关的确认、计量等方面都有理论上的独特之处，也有与其实际业务联系紧密的、各具特色的业务处理程序和方法等。这样，各个专题就形成了一个个与传统会计理论大相径庭的专门系列。因此，恰当处理高级财务会计各专题中理论阐述与业务处理之间的关系非常重要，应当以业务分析为中心，侧重于实例演示。

4. 进行多方位比较，坚持"洋为中用"，着重分析我国的实际情况

多方位比较，主要是对国外经济法规、国际会计准则、国外的其他习惯性做法与我国相关法律、法规、准则、制度的比较，目的是认清各个专题的规律性和已取得共识的问题的处理程序、方法，并以此为基础进一步分析我国现行做法与国际通行做法的异同及其原因。"洋为中用"，强调对国外的做法加以介绍，并在基础条件相似的情况下，尽可能吸收国外处理方法的优点，为我所用。按此要求，我国的高级财务会计不应是国外教材的编译本，而应是经过加工、处理后，基本符合我国实际情况的教材。

为了更好地实现上述目的，进行高级财务会计研究时应注意以下几点。

（1）国内国外都有、差异不大的业务，主要按我国的法规、制度要求加以解释。

（2）国内国外都有、差异较大的业务，在阐述基本做法的同时进行国内外的比较说明。

（3）尽量按我国会计准则应用指南的要求设置、使用各个会计科目，按我国会计人员的习惯使用会计术语，使内容易读易懂。

（4）对一些与我国现实经济生活结合紧密且我国急需引进的业务处理方式，需说透说细，并要深入、全面地阐述有关确认、计量和报告交易或事项的理论观点。

本章小结

本章主要对高级财务会计进行概述，为本教材后续内容的学习初步奠定基础，具体包括三方面的内容。

一是高级财务会计的产生与发展。通过回顾高级财务会计产生的历史背景，总结了高级财务会计发展的三个阶段（萌芽、发展和成熟阶段）。目前，高级财务会计已经是会计学科体系中的一门独立于财务会计和管理会计的新学科。

二是高级财务会计的性质与地位。学习中注重了解高级财务会计产生的客观环境，认识高级财务会计既是财务会计的重要组成部分，也有其相对独立的特殊性，是财务会计在新的社会经济条件下的进一步发展。

三是高级财务会计的内容与结构。从高级财务会计的内容结构可以看出，高级财务会计是传统财务会计学科的重要延伸和新形势下的必要补充，其理论与方法随着实践的演进仍处于不断完善之中。

知识链接

国内外关于高级财务会计的研究

一、国内外关于高级财务会计的研究

由于西方资本主义国家市场经济的高度发展，各种特殊经济业务出现较早。为向与企业有经济利害关系的集团或个人提供对决策有用的相关会计信息，随着各种特殊经济业务的不断出现，西方各国民间会计组织和政府会计管理机构通过研究和实践，相继发布了相应的各种特殊会计业务的具体会计准则，不仅科学有效地规范了各种特殊会计业务的核算，而且使财务会计在理论上获得了很大的充实和发展，保证了财务会计目标的实现。

中华人民共和国成立以来,我国长期实行社会主义计划经济体制,企业的会计核算主要是为政府实行国民经济的计划管理提供所需的会计信息,所依据的主要是传统财务会计的理论与方法。因此,我国长期以来不存在特殊经济业务,也不存在相应的特殊会计业务。

党的十一届三中全会以后,中国开始了向社会主义市场经济体制的转变。四十多年来,中国经济体制发生了重大的变化,社会主义市场经济迅速发展,经济体制改革不断深化,原来在西方世界出现的种种特殊经济业务也先后在我国出现,并获得较快发展。这样,我国会计界和政府会计事务管理部门也开展了对高级财务会计的研究,并在借鉴西方财务会计理论与实践的基础上,陆续颁布了我国相应的会计具体准则和会计制度,指导和规范着出现在我国的各种特殊会计业务的核算。

二、我国高级财务会计研究中的不同观点

由于我国对高级财务会计研究的时间较短,探讨尚不够深入、普遍,因此在对高级财务会计的理论、方法和内容方面取得一定共识的同时,也存在一些不同观点。

在高级财务会计核算所依据的会计理论和方法上,普遍较为认同的观点是,高级财务会计属于财务会计体系,继承了传统财务会计的基本理论与方法。它依然以会计目标、会计假设、会计概念、会计原则等会计基础观念为指导,进行会计核算,实行会计监督;依然运用传统财务会计的方法,即账户与复式记账、会计科目与会计账簿、会计凭证与财产清查及会计报表,提供必要的会计信息。但尚未取得共识的是,有的观点认为高级财务会计完全依据传统财务会计的理论,在会计理论上无发展或创新;有的观点则认为,高级财务会计的产生是由于与传统财务会计密切联系的社会经济环境发生了变化,所需要核算和监督的是前所未有的特殊经济业务,它虽然在很大程度上继承着传统财务会计的基本理论,但为了适应对新的社会经济条件产生的前所未有的特殊经济业务的核算与监督,所依据的会计理论和应用的会计方法必然有所发展和变化,并且根据研究具体提出了高级财务会计对传统财务会计的基本理论在以下方面的发展和变化。

1. 在会计假设方面的发展和变化

高级财务会计在会计假设的不少方面有所变化,如在会计主体上,编制合并会计报表的企业集团已从传统财务会计进行日常核算和定期报告的个别会计核算主体发展为进行定期报告的集团会计报告主体,使会计主体由单一型变化为复合型;又如在会计分期上,股份有限公司会计信息披露的临时报告与中期报告,以及清算企业编制的企业清算会计报表,均突破了传统财务会计以公历年度为基准编制的会计分期;再如,在持续经营假设上,企业清算会计废止了持续经营假设而代之以终止经营假设;此外,对于货币计量假设,通货膨胀会计否定了该项假设币值不变的特定条件,而相应建立了币值大幅降低的会计核算前提。

2. 在会计概念方面的发展和变化

随着大量特殊经济业务的发生及特殊会计业务的出现,必然出现大量新的会计概念,如租赁业务中的融资租赁、外币会计中的远期外汇、外币折算等;传统财务会计中的一些概念也会有所发展和变化，如资本维护（又称资本保全）概念随着通货膨胀的不断发展和币值大幅降低进一步发展，产生了财务资本维护和实物资本维护等新概念，等等。

3. 在会计原则方面的发展和变化

高级财务会计在继续遵循传统财务会计原则的同时，也使传统财务会计一般原则的含义得到了进一步拓展和强化。如在贯彻重要性原则方面，要求对报表使用者经济决策有重要意义的特殊会计业务，均应在会计报表中设专项予以披露。譬如，在外币业务中由于汇率变化可能给企业持有外币资产、负债及权益的折算本位币记账金额带来的变化；作为反映企业集团整体财务状况及所拥有的盈利能力的会计报表与集团各个成员个别会计报表的内容和编制方法不同所带来的变化；融资租赁业务给企业财务状况带来的变化；企业经营期货或其他衍生金融工具可能给企业带来的风险或收益，等等，对报表的使用者均有着极为重要的意义，在企业的会计报表中均要求设置专项予以反映。

又如，传统财务会计贯彻的配比原则是按权责发生制原则将以公历年度会计分期的同一会计期间的收入和成本费用进行配比，以确定该期收益，而在所得税会计中则进一步将其变化为将同一期间按权责发生制原则转化为按收付实现制原则，以及税法确定的收入和支出进行配比计算所得；在期货的交易中，则按期货业务交易完成期限的收支进行配比确定收益；对于企业清算会计成果，也是以收付实现制原则，按清算期间的收支配比确定，等等，都在配比的期间、配比的依据及配比的内容上，大大发展了配比原则。

此外，对于会计原则的发展还表现在为了满足规范高级财务会计特殊会计业务核算的需要，废弃了一些传统财务会计原则，建立了一些新的会计原则。如为了反映通货膨胀条件下企业资产现时价值的规模，为了在企业清算中维护业主、股东和债权人的权益，在对他们资产的计价上，废弃了历史成本原则，建立了以资产的现时市场公允价格为基础的现时成本计价原则；为了反映外币业务的本来面目，规范外币会计的核算，建立了货币计价和复式记账原则；为保证向企业投资者和管理者提供对决策有用的会计信息，反映外币汇率变动和通货膨胀中物价变动给企业带来的可能发生的损益，相应改变了谨慎性原则而建立了合理反映可能发生损益的原则；此外，为了适应房地产经营的特点，在确定房地产销售收入中还贯彻了实质重于形式的原则，等等。

在对高级财务会计核算的内容上，普遍较为认同的是，传统财务会计核算的内容是企业的一般会计业务，是企业经常普遍发生的会计业务。因此，传统财务会计又称一般财务会计。而高级财务会计核算的是在一般财务会计中不见得有或不经常发生的特殊经济业务和特殊经营行业的企业特殊会计事项，是一般财务会计所不包括的业务。其内容有的较难，有的则不难。但在对高级财务会计核算内容的具体范围上，则认识尚不统一。一种观点认为，高级财务会计就是依据传统财务会计基本理论反映的一般财务会计所不包括的会计业务，除包括前述特殊会计业务外，还包括人力资源会计、社会责任会计、国民经济会计、绿色环保会计等，因此又称为其他业务会计或特殊业务会计。而另一种观点则认为，以企业或企业集团，以及企业以外各类单位为会计主体,以传统财务会计的理论与方法提供有关上述特殊业务经济信息的管理活动,应称为高级会计。高级财务会计核算的内容,应是一般财务会计所不包括或不经常发生的,需向与企业有经济利害关系的集团或个人提供对决策有用的必要会计信息的那些特殊业务会计。因此,高级财务会计只是高级会计的一个组成部分。

  应当说明,本教材介绍高级财务会计研究中的相同和不同观点,目的在于使读者了解我国高级财务会计研究的概况和现状,扩大视野,拓宽相关知识领域,以便参阅和钻研有关介绍高级财务会计的书籍,并在此基础上进一步提高对高级财务会计的认识。同时应当说明,本教材主要介绍其中取得共识及在我国应用较为广泛的内容,对于正在研讨但尚未取得共识的高级财务会计内容,特别是一些理论问题,在教材中只作一些提示而不进行过多和深入的介绍与探讨。

练习题

一、单项选择题

1. 下列不属于会计基本假设的有（　　）。
   A. 会计主体　　　　B. 货币计量　　　　C. 会计分期　　　　D. 权责发生制
2. 以下对于高级财务会计叙述错误的是（　　）。
   A. 高级财务会计是财务会计体系的组成部分
   B. 高级财务会计核算的仅仅是特殊交易事项
   C. 高级财务会计是会计理论体系的外延
   D. 高级财务会计是会计理论的详细补充说明
3. 下列业务中,对会计假设中的持续经营假设带来变化的是（　　）。
   A. 所得税会计　　　B. 企业清算　　　　C. 融资租赁　　　　D. 外币折算
4. 下列各项业务中,可以归为特殊经营行业的特殊会计业务的是（　　）。
   A. 破产清算　　　　B. 企业合并　　　　C. 现代租赁经营　　D. 外币业务
5. 按我国企业会计准则要求,会计上以（　　）作为记账本位币。
   A. 企业经营所处的主要经济环境中的货币
   B. 企业所使用的货币
   C. 本国所使用的货币
   D. 以上说法都不正确
6. 高级财务会计所依据的理论和采用的方法（　　）。
   A. 沿用了原有财会理论和方法　　　　B. 仍以四大假设为出发点
   C. 是对原有财务会计理论和方法的修正　D. 抛弃了原有的财会理论与方法
7. 高级财务会计研究的对象是（　　）。
   A. 企业所有的交易和事项
   B. 企业面临的特殊事项
   C. 对企业一般交易事项在理论与方法上的进一步研究
   D. 与中级财务会计一致

8. 高级财务会计产生的基础是（　　）。
 A. 会计主体假设的松动
 B. 持续经营假设与会计分期假设的松动
 C. 货币计量假设的松动
 D. 以上都对

9. 不属于企业特殊经济事项的是（　　）。
 A. 破产清算 B. 无形资产核算
 C. 债务重组 D. 外币报表折算

10. 企业面临破产清算和重组等特殊会计事项，正是（　　）松动的结果。
 A. 会计主体假设和持续经营假设 B. 持续经营假设和货币计量假设
 C. 持续经营假设和会计分期假设 D. 会计分期假设和货币计量假设

二、多项选择题

1. 高级财务会计产生的基础是（　　）。
 A. 会计主体假设松动 B. 会计所处客观经济环境变化
 C. 持续经营假设松动 D. 会计分期假设松动

2. 高级财务会计中的破产清算会计和重组会计正是（　　）松动的结果。
 A. 持续经营假设 B. 会计主体假设
 C. 会计分期假设 D. 货币计量假设

3. 在会计学中，属于财务会计领域的有（　　）。
 A. 会计学原理 B. 高级财务会计 C. 中级财务会计 D. 管理会计

4. 下列有关会计主体的表述错误的有（　　）。
 A. 会计主体界定了会计核算的空间范围
 B. 一个法律主体必然是一个会计主体
 C. 能独立核算的销售部门不属于会计主体
 D. 母公司及其子公司组成的企业集团可以作为会计主体且具有法人资格

5. 下列关于会计基本假设的表述中，不正确的有（　　）。
 A. 基金管理公司管理的证券投资基金不属于会计主体
 B. 会计分期确立了会计核算的空间范围
 C. 会计主体必然是法律主体
 D. 货币计量为确认、计量和报告提供了必要的手段

三、判断题

1. 高级财务会计是对现有财务会计理论体系未包括的交易事项进行补充、延伸和开拓，对特殊的交易事项进行会计处理的理论与方法。（　　）

2. 高级财务会计对特殊会计事项处理的原则和方法与一般财务会计对一般会计事项的处理原则和方法存在着很大差别，主要源于特殊会计事项背离于会计基本假设。（　　）

3. 以货币为计量单位是会计核算区别于其他核算的显著特征。货币计量假设是指

会计对企业资产、负债、所有者权益、收入、费用及利润的核算以货币为统一的计量单位，财务报表所反映的内容只限于能够用货币来计量的经济活动。（   ）

4. 高级财务会计对特殊会计事项处理的原则和方法与中级财务会计对一般会计事项的处理原则和方法存在着很小的差别，这种差别源于一般会计事项对会计假设的背离。（   ）

5. 划分中级财务会计与高级财务会计的最基本标准在于它们所涉及的经济业务是否在四项假设的限定范围之内。它说明了确定高级财务会计的范围应以经济事项与四项假设的关系为理论基础。（   ）

四、简答题

1. 高级财务会计产生的基础是什么？
2. 如何定义高级财务会计？
3. 高级财务会计包括哪些内容？
4. 高级财务会计与会计学原理、中级财务会计之间的区别与联系分别是什么？
5. 简述高级财务会计的发展历程。

第 2 章

非货币性资产交换核算

> **学习目标**
> 1. 了解货币性资产、非货币性资产和非货币性资产交换的定义。
> 2. 理解非货币性资产交换的界定、确认条件及计量原则。
> 3. 掌握非货币性资产交换的会计处理。

2.1 非货币性资产交换的认定

2.1.1 货币性资产与非货币性资产

货币性资产是指企业持有的货币资金和将以固定或可确定金额的货币收取的资产,包括现金、银行存款、应收账款、应收票据及准备持有至到期的债券投资等。货币性资产以外的资产为非货币性资产。

非货币性资产与货币性资产最大的区别在于,非货币性资产将来为企业带来的经济利益(货币金额)是不固定的或不可确定的。如果资产在将来为企业带来的经济利益(货币金额)是固定的或可确定的,则该资产是货币性资产;反之,则该资产是非货币性资产。

资产负债表列示的项目中属于非货币性资产的项目通常有存货(原材料、包装物、低值易耗品、库存商品、委托加工物资、委托代销商品等)、长期股权投资、投资性房地产、固定资产、在建工程、工程物资、无形资产等。

2.1.2 非货币资产交换的认定

1. 非货币性资产交换的含义

非货币性资产交换是指交易双方主要以存货、固定资产、无形资产和长期股权投资等非货币性资产进行的交换。该交换不涉及或只涉及少量的货币性资产（补价）。

2. 非货币性资产交换的认定

交易双方完全以非货币性资产进行的交换，可直接认定为非货币性资产交换。

交易中涉及少量货币性资产，即涉及补价的情况下，认定涉及少量货币性资产的交换为非货币性资产交换。通常以补价占整个资产交换金额的比例低于25%作为参考。这个比例通常表现为两种形式。

（1）支付的货币性资产（补价）占换入资产公允价值（或换出资产公允价值与支付的货币性资产之和）的比例。

（2）收到的货币性资产（补价）占换出资产公允价值（或换入资产公允价值与收到的货币性资产之和）的比例。

如果以上比例低于25%，视为非货币性资产交换，适用《企业会计准则第7号——非货币性交换》；如果以上比例高于25%（含25%），视为以货币性资产取得非货币性资产，适用《企业会计准则第14号——收入》。

3. 具体认定标准

在确定涉及补价的交易是否为非货币性资产交换时，涉及补价的企业，其具体认定标准如下。

支付补价的企业如果"支付的补价÷换入资产公允价值<25%"或"支付的补价÷（换出资产公允价值+支付的补价）<25%"，认定该交易为非货币性交换。

收到补价的企业如果"收到的补价÷换出资产公允价值<25%"或"收到的补价÷（换入资产公允价值+收到的补价）<25%"，认定该交易为非货币性交换。

2.2 非货币性资产交换的确认与计量

2.2.1 非货币性资产交换的确认和计量基础

在非货币性资产交换中，换入资产成本有两种计量基础，即公允价值和账面价值。

1. 公允价值

非货币性资产交换同时满足下列两个条件的，应当以公允价值和应支付的相关税费作为换入资产的成本，公允价值与换出资产账面价值的差额计入当期损益。

（1）该项交换具有商业实质。

（2）换入资产或换出资产的公允价值能够可靠地计量。满足以下三种情形之一的，公允价值视为能够可靠计量。

①换入资产或换出资产存在活跃市场。

②换入资产或换出资产不存在活跃市场，但同类或类似资产存在活跃市场。

③换入资产或换出资产不存在同类或类似资产可比市场交易，采用估值技术确定的公允价值满足一定的条件。采用估值技术确定的公允价值符合以下条件之一，视为能够可靠计量：一是采用估值技术确定的公允价值估计数的变动区间很小；二是在公允价值估计数变动区间内，各种用于确定公允价值估计数的概率能够合理确定。

换入资产和换出资产公允价值均能够可靠计量的,应当以换出资产公允价值作为确定换入资产成本的基础。

2. 账面价值

不具有商业实质或交换所涉及的资产的公允价值均不能可靠计量的非货币性资产交换,应当按照换出资产的账面价值和应支付的相关税费作为换入资产的成本,无论是否支付补价,均不确认损益。收到或支付的补价为确定换入资产成本的调整因素,其中,收到补价方应当以换出资产的账面价值减去补价加上应支付的相关税费作为换入资产的成本;支付补价方应当以换出资产的账面价值加上补价和应支付的相关税费作为换入资产的成本。

2.2.2 是否具有商业实质的判断标准

企业应当按实质重于形式的要求判断非货币性资产交换是否具有商业实质。根据换入资产的性质和换入企业经营活动的特征等,换入资产与换入企业其他现有资产相结合能够产生更大的效用,从而导致换入企业受该换入资产影响产生的现金流量与换出资产明显不同,表明该项资产交换具有商业实质。

满足下列条件之一的非货币性资产交换具有商业实质。

1. **换入资产的未来现金流量在风险、时间和金额方面与换出资产显著不同**

这种情况通常包括三种情形。

(1)未来现金流量的风险、金额相同,时间不同。此种情形是指换入资产和换出资产产生的未来现金流量总额相同,获得这些现金流量的风险相同,但现金流量流入企业的时间明显不同。

(2)未来现金流量的时间、金额相同,风险不同。此种情形是指换入资产和换出资产产生的未来现金流量时间和金额相同,但企业获得现金流量的不确定性程度存在明显差异。

(3)未来现金流量的风险、时间相同,金额不同。此种情形是指换入资产和换出资产产生的未来现金流量总额相同,预计为企业带来现金流量的时间跨度相同,风险也相同,但各年产生的现金流量金额存在明显差异。

2. **换入资产与换出资产的预计未来现金流量现值不同,且其差额与换入资产和换出资产的公允价值相比是重大的**

这种情况是指换入资产对换入企业的特定价值(预计未来现金流量现值)与换出资产存在明显差异。资产的预计未来现金流量现值,应当按照资产在持续使用过程中和最终处置时所产生的预计税后未来现金流量,根据企业自身而不是市场参与者对资产特定风险的评价,选择恰当的折现率对其折现后的金额加以确定。

2.3 涉及单项非货币性资产交换的会计处理

2.3.1 公允价值计量基础的账务处理

1. 公允价值计量基础的账务处理的基本规定

非货币性资产交换具有商业实质且公允价值能够可靠计量的,应当以换出资产的公允价值和应支付的相关税费作为换入资产的成本,除非有确凿证据表明换入资产的公允价值更加可靠。

非货币性资产交换的账务处理,视换出资产的类别不同而有所区别。

(1) 换出资产为存货的,应当视同销售处理,按照公允价值确认销售收入;同时结转销售成本,相当于按照公允价值确认的收入和按账面价值结转的成本之间的差额,也即换出资产公允价值和换出资产账面价值的差额,在利润表中作为营业利润的构成部分予以列示。

(2) 换出资产为固定资产、无形资产的,换出资产公允价值和换出资产账面价值的差额计入资产处置损益。

(3) 换出资产为长期股权投资的,换出资产公允价值和换出资产账面价值的差额计入投资收益。

换入资产与换出资产涉及相关税费的,如换出存货视同销售计算的销项税额,换入资产作为存货应当确认的可抵扣增值税进项税额,按照相关税收规定计算确定。

2. 不涉及补价情况下非货币性交换的账务处理

【例2-1】20×9年8月,甲公司以生产经营过程中使用的一台设备交换乙家具公司生产的一批办公家具,换入的办公家具作为固定资产管理。该设备的账面原价为200 000元,在交换日的累计折旧为50 000元,公允价值为175 000元;办公家具的账面价值为170 000元,在交换日的公允价值为175 000元,计税价格等于公允价值。乙公司换入甲公司的设备是生产家具过程中需要使用的设备。

假设甲公司此前没有为该项设备计提资产减值准备,整个交易过程中,除支付运杂费1 500元外没有发生其他相关税费。假设乙公司此前也没有为库存商品计提存货跌价准备,在整个交易过程中没有发生除增值税以外的其他税费。双方增值税税率均为13%。

分析:整个资产交换过程没有涉及收付货币性资产,因此,该项交换属于非货币性资产交换。本例是以存货换入固定资产。两项资产交换后对换入企业的特定价值显著不同,两项资产的交换具有商业实质;同时,两项资产的公允价值都能够可靠地计量,符合非货币性资产交换准则规定以公允价值计量的两个条件。因此,甲公司和乙公司均应当以换出资产的公允价值为基础确定换入资产的成本,并确认产生的损益。

(1) 甲公司的账务处理如下。

借:固定资产清理	150 000
累计折旧	50 000
贷:固定资产——设备	200 000
借:固定资产清理	1 500
贷:银行存款	1 500
借:固定资产——办公家具	175 000
应交税费——应交增值税(进项税额)	22 750
贷:固定资产清理	151 500
资产处置损益	23 500

应交税费——应交增值税（销项税额）　　　　　　　　22 750
（2）乙公司的账务处理如下。
　　根据增值税的有关规定，企业以库存商品换入其他资产，视同销售行为发生，应计算增值税销项税额，缴纳增值税。
　　换出办公家具的增值税销项税额＝175 000×13%＝22 750（元）
　　借：固定资产——设备　　　　　　　　　　　　　　　175 000
　　　　应交税费——应交增值税（进项税额）　　　　　　22 750
　　　贷：主营业务收入　　　　　　　　　　　　　　　　175 000
　　　　　应交税费——应交增值税（销项税额）　　　　　22 750
　　借：主营业务成本　　　　　　　　　　　　　　　　　170 000
　　　贷：库存商品——办公家具　　　　　　　　　　　　170 000

【例2-2】20×9年11月，为了提高产品质量，甲公司以其持有的对丙公司的长期股权投资交换丁公司拥有的一项专利技术。在交换日，甲公司持有的长期股权投资账面余额为16 700 000元，已计提长期股权投资减值准备余额为1 400 000元，在交换日的公允价值为15 900 000元；丁公司专利技术的账面原价为17 000 000元，累计已摊销金额为1 200 000元，在交换日的公允价值为15 000 000元，丁公司没有为该项专利技术计提减值准备。丁公司原已持有对丙公司的长期股权投资，从甲公司换入对丙公司的长期股权投资后，使丙公司成为丁公司的联营企业。无形资产适用增值税税率为6%，假设这个交易过程中没有发生其他相关税费。

　　分析：该项资产交换没有涉及收付货币性资产，因此属于非货币性资产交换，本例属于以长期股权投资换入无形资产，两项资产的交换具有商业实质；同时，两项资产的公允价值都能够可靠地计量，符合非货币性资产交换准则规定以公允价值计量的条件。甲公司和丁公司均应当以公允价值为基础确定换入资产的成本，并确认产生的损益。

（1）甲公司的账务处理如下。
　　借：无形资产——专利权　　　　　　　　　　　　　15 000 000
　　　　应交税费——应交增值税（进项税额）　　　　　　900 000
　　　　长期股权投资减值准备　　　　　　　　　　　　 1 400 000
　　　贷：长期股权投资　　　　　　　　　　　　　　　16 700 000
　　　　　投资收益　　　　　　　　　　　　　　　　　　 600 000
（2）丁公司的账务处理如下。
　　借：长期股权投资　　　　　　　　　　　　　　　　15 900 000
　　　　累计摊销　　　　　　　　　　　　　　　　　　 1 200 000
　　　　资产处置损益　　　　　　　　　　　　　　　　　 800 000
　　　贷：无形资产——专利权　　　　　　　　　　　　17 000 000
　　　　　应交税费——应交增值税（销项税额）　　　　　900 000

3. 涉及补价情况下非货币性交换的账务处理
　　在以公允价值确定换入资产成本的情况下，发生补价的，支付补价方和收到补价方应当分情况处理。

（1）支付补价方。以换出资产的公允价值加上支付的补价（换入资产的公允价值）和应支付的相关税费，作为换入资产的成本；换入资产成本与换出资产账面价值加支付的补价、应支付的相关税费之和的差额应当计入当期损益。

（2）收到补价方。以换入资产的公允价值（换出资产的公允价值减去补价）和应支付的相关税费作为换入资产的成本；换入资产成本加收到的补价之和与换出资产账面价值加应支付的相关税费之和的差额应当计入当期损益。

在涉及补价的情况下，对于支付补价方而言，作为补价的货币性资产构成换入资产所放弃对价的一部分；对于收到补价方而言，作为补价的货币性资产构成换入资产的一部分。

【例2-3】甲公司与戊公司经协商，甲公司以其拥有的全部用于经营出租的一栋写字楼与戊公司持有的以交易为目的的股票投资交换。甲公司的写字楼符合投资性房地产定义，公司未采用公允价值模式计量。在交换日，该栋写字楼的账面原价为14 000 000元，已计提折旧800 000元，未计提减值准备，在交换日的公允价值和计税价格均为14 500 000元；戊公司持有的以交易为目的的股票投资账面价值为13 000 000元，在交换日该股票的公允价值为14 000 000元。由于甲公司急于处理该栋写字楼，戊公司仅支付了300 000元现金给甲公司。戊公司换入写字楼后仍然继续用于经营出租，并拟采用公允价值计量模式；甲公司换入股票投资后仍然用于交易目的。假定不考虑该项交易过程中的相关税费。

分析：该项资产交换涉及收付货币性资产，即补价300 000元。

对甲公司而言，收到的补价300 000元÷换出资产的公允价值14 300 000元（换入股票投资公允价值14 000 000元+收到的补价300 000元）=2.1%<25%，该项资产交换属于非货币性资产交换。

对戊公司而言，支付的补价300 000元÷换入资产的公允价值14 500 000元=2.07%<25%，该项资产交换属于非货币性资产交换。

甲公司和戊公司均应当以公允价值为基础确定换入资产的成本，并确认产生的损益。

（1）甲公司的账务处理如下。

借：其他业务成本	13 200 000
投资性房地产累计折旧	800 000
贷：投资性房地产	14 000 000
借：交易性金融资产	14 000 000
银行存款	300 000
贷：其他业务收入	14 300 000

（2）戊公司的账务处理如下。

借：投资性房地产	14 500 000
贷：交易性金融资产	13 000 000
银行存款	300 000
投资收益	1 200 000

2.3.2 换出资产账面价值计量基础的账务处理

非货币性资产交换不具有商业实质，或者虽然具有商业实质但换入资产和换出资产的公允价值均不能可靠计量的，应当以换出资产账面价值为基础确定换入资产成本；无论是否支付补价，企业均不确认损益。

【例2-4】 甲公司拥有一栋古建筑物，账面原价5 000 000元，已计提折旧3 800 000元；庚公司拥有一台进口设备，账面原价4 800 000元，已计提折旧3 800 000元；两项资产均未计提减值准备。20×9年12月，甲公司决定以该栋古建筑物交换庚公司的进口设备，庚公司换入古建筑物拟改造为办公室使用。该建筑物和进口设备的公允价值不能可靠计量。双方商定，庚公司以两项资产账面价值的差额为基础，支付甲公司200 000元补价。假定交易中没有涉及相关税费。

分析： 该项资产交换涉及收付货币性资产，即补价200 000元。

对甲公司而言，收到的补价200 000元÷换出资产账面价值1 200 000元＝16.67%＜25%，因此，该项交换属于非货币性资产交换。

对庚公司而言，支付的补价200 000元÷换入资产账面价值1 200 000元＝16.67%＜25%，因此，该项交换属于非货币性资产交换。

由于两项资产的公允价值不能可靠计量，因此两个公司换入资产的成本均应当按照换出资产的账面价值确定。

(1) 甲公司的账务处理如下。

借：固定资产清理　　　　　　　　　　　　　　　1 200 000
　　累计折旧　　　　　　　　　　　　　　　　　3 800 000
　　　贷：固定资产——建筑物　　　　　　　　　　5 000 000
借：固定资产——设备　　　　　　　　　　　　　1 000 000
　　银行存款　　　　　　　　　　　　　　　　　　200 000
　　　贷：固定资产清理　　　　　　　　　　　　　1 200 000

(2) 庚公司的账务处理如下。

借：固定资产清理　　　　　　　　　　　　　　　1 000 000
　　累计折旧　　　　　　　　　　　　　　　　　3 800 000
　　　贷：固定资产设备　　　　　　　　　　　　　4 800 000
借：固定资产——建筑物　　　　　　　　　　　　1 200 000
　　　贷：固定资产清理　　　　　　　　　　　　　1 000 000
　　　　　银行存款　　　　　　　　　　　　　　　　200 000

2.4 涉及多项非货币性资产交换的会计处理

2.4.1 涉及多项非货币性资产交换的规定

非货币性资产交换同时换入多项资产的，在确定各项换入资产的成本时，应当分别按下列情况处理。

（1）非货币性资产交换具有商业实质，且换入资产的公允价值能够可靠计量的，应当按照换入各项资产的公允价值占换入资产公允价值总额的比例，对换入资产的成本总额进行分配，确定各项换入资产的成本。

（2）非货币性资产交换不具有商业实质，或者虽具有商业实质，但换入资产的公允价值不能可靠计量的，应当按照换入各项资产的原账面价值占换入资产原账面价值总额的比例，对换入资产的成本总额进行分配，确定各项换入资产的成本。

2.4.2 公允价值计量基础的账务处理

【例2-5】甲公司和庚公司均为增值税一般纳税人，适用的增值税税率均为13%。20×9年12月，为适应业务发展的需要，经协商，甲公司决定以生产经营过程中使用的钻床、铣床及库存A商品换入庚公司生产经营过程中使用的专利技术、轿车4辆、房屋1套。甲公司钻床的账面原价为1 600 000元，在交换日的累计折旧为400 000元，公允价值为1 100 000元；铣床的账面原价为1 400 000元，在交换日的累计折旧为700 000元，公允价值为800 000元；A商品的账面余额为2 900 000元，公允价值为3 500 000元，公允价值等于计税价格。庚公司专利技术的账面原价为1 800 000元，在交换日的累计摊销为400 000元，公允价值为1 500 000元；轿车的账面原价为1 800 000元，在交换日的累计折旧为700 000元，公允价值为1 000 000元；房屋的账面原价为2 000 000元，在交换日的累计折旧为600 000元，公允价值为2 400 000元。庚公司另外以银行存款向甲公司支付补价1 060 000元。假设不考虑专利技术增值税。

假定甲公司和庚公司都没有为换出资产计提减值准备；整个交易过程中没有发生除库存商品增值税以外的其他相关税费；甲公司换入的庚公司的轿车、房屋均作为固定资产使用和管理，专利技术作为无形资产使用和管理；庚公司换入的甲公司的钻床、铣床作为固定资产使用和管理，换入的A商品作为原材料使用和管理。甲公司开具了增值税专用发票。

分析：本例涉及收付货币性资产，应当计算收到的货币性资产占甲公司换出资产公允价值总额的比例（等于支付的货币性资产占庚公司换出资产公允价值与支付的补价之和的比例），即

500 000÷（1 100 000+800 000+3 500 000）×100% =9.26%<25%

该项交换涉及多项资产的非货币性资产交换，具有商业实质；同时，各单项换入资产和换出资产的公允价值均能可靠计量。因此，甲公司和庚公司均应当以公允价值为基础确定换入资产的总成本，确认产生的相关损益；同时，按照各单项换入资产的公允价值占换入资产公允价值总额的比例，确定各单项换入资产的成本。

（1）甲公司的账务处理如下。

①计算换出A商品的增值税销项税额。

换出A商品的增值税销项税额=3 500 000×13% =455 000（元）

②计算换入资产、换出资产公允价值总额。

换出资产公允价值总额= 1 100 000+ 800 000+3 500 000=5 400 000（元）

换入资产公允价值总额＝1 500 000+1 000 000+2 400 000＝4 900 000（元）

③计算换入资产总成本。

换入资产总成本＝换出资产公允价值-补价+应支付的相关税费
＝5 400 000-1 060 000+455 000
＝4 795 000（元）

④计算确定换入各项资产的公允价值占换入资产公允价值总额的比例。

专利技术公允价值占换入资产公允价值总额的比例＝1 500 000÷（1 500 000+1 000 000+2 400 000）×100%＝30.61%

轿车公允价值占换入资产公允价值总额的比例＝1 000 000÷（1 500 000+1 000 000+2 400 000）×100%＝20.41%

房屋公允价值占换入资产公允价值总额的比例＝2 400 000÷（1 500 000+1 000 000+2 400 000）×100%＝48.98%

⑤计算确定换入各项资产的成本。

专利技术的成本＝4 795 000×30.61%＝1 467 749.5（元）
轿车的成本＝4 795 000×20.41%＝978 659.5（元）
房屋的成本＝4 795 000×48.98%＝2 348 591（元）

⑥编制会计分录。

借：固定资产清理　　　　　　　　　　　　　　1 900 000
　　累计折旧　　　　　　　　　　　　　　　　1 100 000
　　　贷：固定资产——钻床　　　　　　　　　　　　　1 600 000
　　　　　　　　——铣床　　　　　　　　　　　　　1 400 000

借：无形资产专利技术　　　　　　　　　　　　1 467 749.5
　　固定资产——轿车　　　　　　　　　　　　978 659.5
　　　　　　——房屋　　　　　　　　　　　　2 348 591
　　银行存款　　　　　　　　　　　　　　　　1 060 000
　　　贷：固定资产清理　　　　　　　　　　　　　　1 900 000
　　　　　主营业务收入　　　　　　　　　　　　　　3 500 000
　　　　　应交税费——应交增值税（销项税额）　　　455 000

借：主营业务成本　　　　　　　　　　　　　　2 900 000
　　　贷：库存商品　　　　　　　　　　　　　　　　2 900 000

(2) 庚公司的账务处理如下。

①计算换入原材料的增值税进项税额。

换入原材料的增值税进项税额＝3 500 000×13%＝455 000（元）

②计算换入资产、换出资产公允价值总额。

换出资产公允价值总额＝1 500 000+1 000 000+2 400 000＝4 900 000（元）
换入资产公允价值总额＝1 100 000+800 000+3 500 000＝5 400 000（元）

③确定换入资产总成本。

换入资产总成本＝换出资产公允价值+支付的补价-可抵扣的增值税进项税额

= 4 900 000+1 060 000-455 000
= 5 505 000（元）

④计算确定换入各项资产的公允价值占换入资产公允价值总额的比例。

钻床公允价值占换入资产公允价值总额的比例=1 100 000÷（1 100 000+800 000+3 500 000）=20.37%

铣床公允价值占换入资产公允价值总额的比例=800 000÷（1 100 000+800 000+3 500 000）=14.82%

原材料公允价值占换入资产公允价值总额的比例=3 500 000÷（1 100 000+800 000+3 500 000）=64.81%

⑤计算确定换入各项资产的成本。

钻床的成本=5 505 000×20.37%=1 121 368.5（元）
铣床的成本=5 505 000×14.82%=815 841（元）
原材料的成本=5 505 000×64.81%=3 567 790.5（元）

⑥编制会计分录。

借：固定资产清理　　　　　　　　　　　　　　　　2 500 000
　　累计折旧　　　　　　　　　　　　　　　　　　1 300 000
　　贷：固定资产——轿车　　　　　　　　　　　　1 800 000
　　　　　　　　——房屋　　　　　　　　　　　　2 000 000
借：固定资产——钻床　　　　　　　　　　　　　　1 121 368.5
　　　　　　——铣床　　　　　　　　　　　　　　815 841
　　原材料　　　　　　　　　　　　　　　　　　　3 567 790.5
　　应交税费——应交增值税（进项税额）　　　　　455 000
　　累计摊销　　　　　　　　　　　　　　　　　　400 000
　　贷：固定资产清理　　　　　　　　　　　　　　2 500 000
　　　　无形资产　　　　　　　　　　　　　　　　1 800 000
　　　　银行存款　　　　　　　　　　　　　　　　1 060 000
　　　　资产处置损益　　　　　　　　　　　　　　1 000 000

2.4.3　账面价值计量基础的账务处理

【例2-6】假如在【例2-5】中，交换中的各项资产的公允价值均不能可靠计量，庚公司支付补价500 000元，甲公司和庚公司均应当以换出资产账面价值总额作为换入资产的总成本；各项换入资产的成本应当按各项换入资产的账面价值占换入资产账面价值总额的比例分配后确定。

（1）甲公司的账务处理如下。

①计算换出A商品的增值税销项税额。

换出A商品的增值税销项税额=2 900 000×13%=377 000（元）

②计算换入资产、换出资产账面价值总额。

换入资产账面价值总额=（1 800 000-400 000）+（1 800 000-700 000）+（2 000 000-600 000）

= 1 400 000+1 100 000+1 400 000
=3 900 000（元）

换出资产账面价值总额=（1 600 000-400 000）+（1 400 000-700 000）+2 900 000
 =1 200 000+700 000+2 900 000
 =4 800 000（元）

③计算换入资产总成本。

换入资产总成本=换出资产账面价值总额-补价+应支付的相关税费
 =4 800 000-500 000+377 000
 =4 677 000（元）

④计算确定换入各项资产的账面价值占换入资产账面价值总额的比例。

专利技术账面价值占换入资产账面价值总额的比例=1 400 000÷3 900 000=35.90%

轿车公允价值占换入资产账面价值总额的比例=1 100 000÷3 900 000=28.20%

房屋公允价值占换入资产账面价值总额的比例=1 400 000÷3 900 000=35.90%

⑤计算确定换入各项资产的成本。

专利技术的成本=4 677 000×35.90%=1 679 043（元）

轿车的成本=4 677 000×28.20%=1 318 914（元）

房屋的成本=4 677 000×35.90%=1 679 043（元）

⑥编制会计分录。

借：固定资产清理	1 900 000
累计折旧	1 100 000
贷：固定资产——钻床	1 600 000
——铣床	1 400 000
借：无形资产——专利技术	1 679 043
固定资产——轿车	1 318 914
——房屋	1 679 043
银行存款	500 000
贷：固定资产清理	1 900 000
主营业务收入	2 900 000
应交税费——应交增值税（销项税额）	377 000
借：主营业务成本	2 900 000
贷：库存商品	2 900 000

（2）庚公司的账务处理如下。

①计算换入原材料的增值税进项税额。

换入原材料的增值税进项税额=2 900 000×13%=377 000（元）

②计算换入资产、换出资产账面价值总额。

换出资产账面价值总额=（1 800 000-400 000）+（1 800 000-700 000）+（2 000 000-600 000）
 =1 400 000+1 100 000+1 400 000
 =3 900 000（元）

换入资产账面价值总额＝（1 600 000－400 000）+（1 400 000－700 000）+2 900 000
　　　　　　　　　＝1 200 000+700 000+2 900 000
　　　　　　　　　＝4 800 000（元）

③确定换入资产总成本。

换入资产总成本＝换出资产账面价值+支付的补价－可抵扣的增值税进项税额
　　　　　　　＝3 900 000+500 000－377 000
　　　　　　　＝4 023 000（元）

④计算确定换入各项资产的账面价值占换入资产账面价值总额的比例。

钻床账面价值占换入资产账面价值总额的比例＝1 200 000÷4 800 000＝25.00%

铣床账面价值占换入资产账面价值总额的比例＝700 000÷4 800 000＝14.58%

原材料账面价值占换入资产账面价值总额的比例＝2 900 000÷4 800 000＝60.42%

⑤计算确定换入各项资产的成本。

　　钻床的成本＝4 023 000×25.00%＝1 005 750（元）
　　铣床的成本＝4 023 000×14.58%＝586 553.4（元）
　　原材料的成本＝4 023 000×60.42%＝2 430 696.6（元）

⑥编制会计分录。

借：固定资产清理	2 500 000
累计折旧	1 300 000
贷：固定资产——轿车	1 800 000
——房屋	2 000 000
借：固定资产——钻床	1 005 750
——铣床	586 553.4
原材料	2 430 696.6
应交税费——应交增值税（进项税额）	377 000
累计摊销	400 000
贷：固定资产清理	2 500 000
无形资产	1 800 000
银行存款	500 000

本章小结

本章主要对非货币性资产交换进行了阐述，具体包括四方面的内容。

一是非货币性资产交换的基本概念及认定。明确了货币与非货币性资产的含义，以及非货币性资产交换的认定标准，为以后各章节的学习奠定了基础。

二是非货币性资产交换的确认和计量基础。在非货币性资产交换中，换入资产成本有两种计量基础，即公允价值和账面价值。阐述了商业实质的判定标准。

三是涉及单项非货币性资产交换的会计处理。阐述了公允价值计量基础的账务处理和以账面价值为基础的账务处理。

四是涉及多项非货币性资产交换的会计处理。阐述了公允价值计量基础的账务处理和以账面价值为基础的账务处理。

> **知识链接**

交换准则发展

从1999年开始，到2006年新准则颁布，经历了三个阶段。

一、1999年财政部发布非货币性资产交易准则

此处使用的是"非货币性资产交易"而不是"非货币性资产交换"，直到2006年新准则颁布后才更正为"交换"，这是因为中国的会计准则是参考诸如国际会计准则（International Accounting Standards，IAS），再根据中国实际制定的具有中国特色的《企业会计准则》。当美国规范非货币性交易修订，改成"交换"后，中国也变"交易"为"交换"。

这一时期的非货币性资产分为待售资产与非待售资产。其中待售资产与待售资产、非待售资产与非待售资产之间的交换称为同类非货币性资产交易，对于同类交易，采取的是账面价值计量，不确认损益；反之，则称为不同类非货币性资产交易，按照公允价值计量，确认损益。

二、2001年财政部修订非货币性资产交易准则

财政部认为，1999年的准则较多引入了公允价值概念，同时要求按照准则进行会计处理，与当时的股票市场等生产要素市场很不健全、公允价值难以取得的经济环境不相适应，导致部分企业通过非货币性资产交易产生的利润缺少真实性与可靠性，所以取消了公允价值，全部按照账面价值计量。

三、2006年财政部颁布新会计准则

新会计准则规定，具有商业实质的用公允价值计量，同时确认损益；不具有商业实质的用账面价值计量，不确认损益。这是在会计准则国际化趋同的压力和动力之下的结果。

> **练习题**

一、单项选择题

1. 下列各项中不属于货币性资产的是（　　）。
   A. 现金 　　　　　　　　B. 应收账款
   C. 准备持有至到期的债券投资　　D. 长期股权投资

2. 甲股份有限公司发生的下列非关联交易中，属于非货币性资产交换的是（　　）。

   A. 以公允价值为2 600 000元的固定资产换入乙公司账面价值为3 200 000元的无形资产，并支付补价800 000元
   B. 以账面价值为2 800 000元的固定资产换入丙公司公允价值为2 000 000元的一项专利权，并收到补价800 000元

C. 以公允价值为 3 200 000 元的长期股权投资换入丁公司账面价值为 4 600 000 元的短期股票投资，并支付补价 1 400 000 元

D. 以账面价值为 4 200 000 元的准备持有至到期的债券投资换入戊公司公允价值为 3 900 000 元的一台设备，并收到补价 300 000 元

3. 甲公司和乙公司均属于增值税一般纳税人，适用的增值税税率均为13%。20×9年2月20日，甲公司以一台机器设备与乙公司的无形资产进行交换。甲公司该机器设备的原价为 5 000 000 元，已计提折旧 2 000 000 元，已计提减值准备 600 000 元，当日的公允价值为 3 000 000 元。乙公司无形资产的账面原价为 1 000 000 元，已累计摊销 500 000 元，当日的公允价值为 3000 000 元。乙公司另支付补价 510 000 元。该项交换具有商业实质，不考虑其他因素，则乙公司换入机器设备的入账价值是（　　）元。

A. 3 120 000　　　　B. 3 510 000　　　　C. 500 000　　　　D. 1 010 000

4. 甲公司属于增值税一般纳税人，适用的增值税税率为13%。20×9年3月2日，甲公司以一批存货换入乙公司持有的丙公司的长期股权投资和乙公司生产的产品。甲公司该批存货的账面余额为 8 000 000 元，无存货跌价准备，当日的公允价值为 10 000 000 元。乙公司持有的丙公司的长期股权投资（采用成本法核算）的账面余额为 5 000 000 元，无减值准备，当日的公允价值为 8 000 000 元；产品的账面余额是 2 000 000 元，无存货跌价准备，当日的公允价值为 3 000 000 元。乙公司另支付给甲公司 190 000 元的补价。该项交换具有商业实质，双方对换入的资产均不改变用途，交易完成后，甲公司对丙公司的投资采用成本法核算，则甲公司换入长期股权投资的初始入账价值为（　　）元。

A. 7 996 400　　　　B. 10 000 000　　　　C. 5 000 000　　　　D. 7 857 100

5. 20×9年3月1日，甲公司以一栋办公楼与乙公司持有的丙公司的长期股权投资进行交换。甲公司该栋办公楼的原价是 10 000 000 元，已计提折旧 4 000 000 元，无减值准备。乙公司长期股权投资的账面余额为 5 000 000 元，无减值准备，对丙公司没有控制、共同控制或重大影响，且在活跃市场中没有报价。双方对换入的资产均不改变使用用途。同时乙公司另支付补价 500 000 元。办公楼和长期股权投资的公允价值均无法可靠计量，不考虑其他因素，则甲公司的下列处理中正确的是（　　）。

A. 甲公司换入长期股权投资的初始投资成本为 5 000 000 元
B. 甲公司换入长期股权投资的初始投资成本为 5 500 000 元
C. 甲公司换出办公楼影响损益的金额为 -1 000 000 元
D. 甲公司换出办公楼影响损益的金额为 -500 000 元

6. 甲公司以一项长期股权投资作为对价交换乙公司的一项无形资产和一处厂房。甲公司该项长期股权投资的账面余额为 20 000 000 元，能够控制被投资单位的生产经营活动。乙公司无形资产的原价为 10 000 000 元，已计提摊销 2 000 000 元；厂房的原价是 15 000 000 元，已计提折旧 3 000 000 元。用于交换的各项资产的公允价值均无法可靠计量，均未计提减值准备，双方换入资产后均不改变使用用途。则甲公司的下列处理中不正确的是（　　）。

A. 甲公司换入厂房的入账价值为 12 000 000 元
B. 甲公司换入无形资产的入账价值为 8 000 000 元
C. 该项非货币性资产交换应当采用账面价值进行计量
D. 该项非货币性资产交换应当采用公允价值进行计量

7. 在不具有商业实质、不涉及补价的非货币性资产交换中，确定换入资产入账价值时，不应考虑的因素是（　　）。
   A. 换出资产的账面余额
   B. 换出资产计提的减值准备
   C. 换入资产应支付的相关税费
   D. 换出资产账面价值与其公允价值的差额

8. 下列各项交易中不属于非货币性资产交换的是（　　）。
   A. 以库存商品换取无形资产
   B. 以无形资产换取长期股权投资
   C. 以应收账款换取固定资产
   D. 以固定资产换取投资性房地产

9. 下列关于以公允价值计量的非货币性资产交换中换出资产处置损益的会计处理正确的是（　　）。
   A. 换出资产为原材料的，应将公允价值与账面价值之间的差额计入营业外收入
   B. 换出资产为固定资产的，应将公允价值与账面价值之间的差额计入资产处置损益
   C. 换出资产为投资性房地产的，应将公允价值与账面价值之间的差额计入投资收益
   D. 换出资产为长期股权投资的，应将公允价值与账面价值之间的差额计入其他业务收入

二、多项选择题

1. 判定非货币性资产交换具有商业实质，应当满足的条件有（　　）。
   A. 换入资产与换出资产的未来现金流量在风险、时间和金额方面有显著不同
   B. 换入资产与换出资产的预计未来现金流量现值不同，且其差额与换入资产和换出资产的公允价值相比是重大的
   C. 换入资产与换出资产均具有公允价值
   D. 交易双方不具有关联方关系

2. 非货币性资产交换以公允价值计量的条件有（　　）。
   A. 该项交换具有商业实质
   B. 非货币性资产交换可以不具有商业实质
   C. 换入资产或换出资产的公允价值能够可靠地计量
   D. 换入资产和换出资产的公允价值均能够可靠地计量

3. 甲公司属于增值税一般纳税人，适用的增值税税率为 13%。当甲公司以厂房进行非货币性资产交换时，可能涉及的科目有（　　）。

A. 固定资产

B. 营业外收入

C. 累计折旧

D. 应交税费——应交增值税（销项税额）

4. 当非货币性资产交换以账面价值进行计量时，影响换入资产入账价值的因素有（ ）。

A. 换入资产的原账面价值　　B. 换出资产的账面价值

C. 换入资产的公允价值　　　D. 换入资产发生的相关税费

5. 下列关于非货币性资产交换中确定换入资产入账价值的说法正确的有（ ）。

A. 以公允价值计量的非货币性资产交换，应以换出资产的公允价值为基础确定换入资产的入账价值

B. 以公允价值计量的非货币性资产交换，有确凿证据表明，换入资产的公允价值更加可靠，应以换入资产的公允价值为基础确定换入资产的入账价值

C. 以账面价值计量的非货币性资产交换，应以换出资产的账面价值为基础确定换入资产的入账价值

D. 以账面价值计量的非货币性资产交换，应以换入资产的原账面价值为基础确定换入资产的入账价值

三、判断题

1. 非货币性资产交换是指交易双方主要以存货、固定资产和长期股权投资等非货币性资产进行的交换。（ ）

2. 非货币性资产交换中，补价方支付的补价占换入资产的公允价值（或者是换出资产的公允价值加上支付的补价）的比例应低于25%。（ ）

3. 只要具备了商业实质或者换入资产、换出资产的公允价值能够可靠计量这两个条件中的一个，就应当以公允价值计量该项非货币性资产交换。（ ）

4. 非货币性资产交换中，换出厂房时，不需要计算缴纳增值税销项税。（ ）

5. 在进行非货币性资产交换时，换出投资性房地产发生的营业税应计入其他业务成本。（ ）

四、计算分析题

甲房地产开发企业（以下简称甲公司）于20×9年3月1日以一栋对外出租的商品房交换乙公司的一项专利权。甲公司该商品房采用公允价值模式计量，系20×8年（前一年，下同）1月1日存货转换的，转换当日的账面余额为10 000 000元，无存货跌价准备，公允价值为13 000 000元，20×8年12月31日的公允价值为15 000 000元。20×9年3月1日，该商品房的公允价值为15 500 000元。乙公司专利权的账面原价为12 000 000元，已计提摊销2 000 000元，20×9年3月1日的公允价值为15 000 000元，同时支付给甲公司500 000元的补价。当日相关手续办理完毕。乙公司将换入的商品房作为投资性房地产，并采用公允价值模式计量。

其他相关资料如下。
(1) 该项交换具有商业实质。
(2) 甲公司和乙公司对换入的资产均不改变使用用途。
(3) 甲公司和乙公司在此之前不存在任何关联方关系。
(4) 不考虑其他因素的影响。

要求：
①计算20×8年1月1日应计入其他综合收益的金额，并做出相应的会计处理；
②计算20×8年12月31日应计入公允价值变动损益的金额，并做出相应的会计处理；
③计算甲公司20×9年3月1日应计入当期损益的金额，并做出相应的会计处理；
④计算乙公司20×9年3月1日应计入当期损益的金额，并做出相应的会计处理。

特殊业务会计

第 3 章

债务重组

学习目标

1. 了解债务重组的方式。
2. 理解不同债务重组方式的会计处理。
3. 掌握在不同的债务重组方式下对债权人、债务人的债务重组利得或损失应做的会计处理。

3.1 债务重组方式

3.1.1 债务重组的定义

债务重组是指在债务人发生财务困难的情况下，债权人按照其与债务人达成的协议或者法院的裁定做出让步的事项。债务人发生财务困难和债权人做出让步是会计准则中债务重组的基本特征。"债务人发生财务困难"指因债务人出现资金周转困难、经营陷入困境或者其他原因，导致其无法或者没有能力按原定条件偿还债务；"债权人做出让步"指债权人同意发生财务困难的债务人现在或者将来以低于重组债务账面价值的金额或者价值偿还债务。债权人做出让步的情形包括债权人减免债务人部分债务本金或者利息、降低债务人应付债务的利率等。

3.1.2 债务重组的方式

债务重组主要包括四种方式。

1. 以资产清偿债务

以资产清偿债务是指债务人转让其资产给债权人以清偿债务的债务重组方式。债务人通常用于偿债的资产主要有现金、存货、金融资产、固定资产、无形资产等。这里的现金是指货币资金，即库存现金、银行存款和其他货币资金。在债务重组的情况下，以现金清偿债务通常是指以低于债务的账面价值的现金清偿债务。如果以等量的现金偿还所欠债务，则不属于本章所指的债务重组。

2. 债务转为资本

债务转为资本是指债务人将债务转为资本，同时债权人将债权转为股权的债务重组方式。但债务人根据转换协议，将应付可转换公司债券转为资本的，则属于正常情况下的债务转资本，不能作为债务重组处理。

债务转为资本时，对股份有限公司而言是将债务转为股本；对其他企业而言，是将债务转为实收资本。债务转为资本的结果是，债务人因此而增加股本（或实收资本），债权人因此而增加股权。

3. 修改其他债务条件

修改其他债务条件是指修改不包括上述两种情形在内的债务条件进行债务重组的方式，如减少债务本金、降低利率、免去应付未付的利息、延长偿还期限等。

4. 以上三种方式的组合

以上三种方式的组合是指采用以上三种方法共同清偿债务的债务重组形式。例如，以转让资产清偿某项债务的一部分，另一部分债务通过修改其他债务条件进行债务重组。主要包括以下方式。

（1）债务的一部分以资产清偿，另一部分则转为资本。
（2）债务的一部分以资产清偿，另一部分则修改其他债务条件。
（3）债务的一部分转为资本，另一部分则修改其他债务条件。
（4）债务的一部分以资产清偿，一部分转为资本，另一部分则修改其他债务条件。

3.1.3 债务重组日

债务重组日是指债务重组完成日，涉及债务重组的金融资产和金融负债终止确认的时点，即债务人已经履行协议或法院的裁定，将相关资产转让给债权人，将债务转为资本的手续办理完毕或修改后的偿债条件开始执行的日期。例如，A 公司欠 B 公司货款 1 000 000 元，到期日为 20×9 年 9 月 30 日。因 A 公司发生财务困难，不能按时偿还货款，经协商，B 公司同意 A 公司用价值 900 000 元的房产抵偿该债务，双方于 20×9 年 10 月 10 日办理完房产所属产权的转移，同时解除了有关债权债务关系。在该项债务重组事项中，则 20×9 年 10 月 10 日为债务重组日。

3.2 债务重组会计处理

3.2.1 债务重组会计处理的基本原则

1. 债务人的会计处理

（1）债务重组利得计入营业外收入。债务人应当将重组债务的账面价值超过清偿债务的现金、非现金资产的公允价值、所转股份的公允价值，或者重组后债务账面价值之间的差额,在满足《企业会计准则第22号——金融工具确认和计量》所规定的金融负债终止确认条件时,将其终止确认,计入营业外收入——债务重组利得。

(2) 非现金资产公允价值与账面价值的差额,扣除转让资产过程中发生的相关税费,作为资产转让损益,企业应当分别按不同情况进行处理。

①非现金资产为存货的,应当视同销售处理,按照《企业会计准则第14号——收入》的规定,以其公允价值确认收入,同时结转相应的成本。

②非现金资产为固定资产、无形资产的,其公允价值和账面价值的差额计入资产处置损益。

③非现金资产为长期股权投资的,其公允价值和账面价值的差额计入投资损益。

(3) 非现金资产公允价值的确定。

①非现金资产属于公司持有的股票、债券、基金等金融资产的,应当按照《企业会计准则第22号——金融工具确认和计量》的规定确定其公允价值。

②非现金资产属于存货、固定资产、无形资产等其他资产且存在活跃市场的,应当以其市场价格为基础确定其公允价值;不存在活跃市场但与其类似的资产存在活跃市场的,应当以类似资产的市场价格为基础确定其公允价值;采用上述两种方法仍不能确定非现金资产公允价值的,应当采用估值技术等合理方法确定其公允价值。

(4) 非现金资产账面价值的确定。非现金资产账面价值一般为非现金资产的账面余额扣除其资产减值准备后的金额。其中,非现金资产的账面余额,是指非现金资产账户在期末的实际金额,即账户未扣除资产减值准备之前的余额。未计提减值准备的非现金资产,其账面价值就是账面余额。

(5) 以修改其他债务条件进行债务重组涉及或有应付金额,且该或有应付金额符合《企业会计准则第13号——或有事项》中有关预计负债确认条件的,债务人应将该或有应付金额确认为预计负债。该或有应付金额在随后会计期间没有发生的,公司应当冲销已确认的预计负债,同时确认营业外收入。

2. 债权人的会计处理

(1) 债务重组损失计入营业外支出。债权人应当将重组债权的账面余额与受让资产的公允价值、所转股份的公允价值,或者重组后债权的账面价值之间的差额,在满足金融资产终止确认条件时,将其终止确认,计入营业外支出——债务重组损失等。

(2) 重组债权已计提减值准备的,应当先将上述差额冲减已计提的减值准备;冲减后仍有损失的,计入营业外支出——债务重组损失;冲减减值准备仍有余额的,应予以转回并抵减当期信用减值损失。

(3) 债权人收到存货、固定资产、无形资产、长期股权投资等非现金资产的,应当以其公允价值入账。

(4) 修改后的债务条款中涉及或有应收金额的,债权人不应当确认或有应收金额,不得将其计入重组后债权的账面价值。

3.2.2 以资产清偿债务

在债务重组中,企业以资产清偿债务的,通常包括以现金清偿债务和以非现金清偿债务等方式。

1. 以现金清偿债务

（1）债务人的会计处理原则。债务人应当将重组债务的账面价值与实际支付现金之间的差额确认为债务重组利得，计入营业外收入。重组债务的账面价值，一般为债务的面值或本金，如应付账款；如有利息，还应加上应计未付利息，如长期借款等。

（2）债权人的会计处理原则。债权人应当将重组债权的账面余额与收到的现金之间的差额确认为债务重组损失，计入营业外支出；债权人已对债权计提减值准备的，应当先将该差额冲减减值准备，减值准备不足以冲减的部分，计入营业外支出；坏账准备的多提额抵减当期信用减值损失。

【例3-1】乙公司于20×8年2月15日销售一批材料给甲公司，开具的增值税专用发票上的价款为300 000元，增值税税额为39 000元。按合同规定，甲公司应于20×8年5月15日前偿付价款。由于甲公司发生财务困难，无法按合同规定的期限偿还债务，经双方协商于20×9年7月1日进行债务重组。债务重组协议规定，乙公司同意减免甲公司50 000元债务，余额用现金立即清偿。乙公司于20×9年7月8日收到甲公司通过银行转账偿还的剩余款项。乙公司已为该项应收账款计提了30 000元坏账准备。

（1）债务人甲公司的账务处理如下。

①计算债务重组利得。

债务重组利得＝339 000－289 000＝50 000（元）

②编制会计分录。

借：应付账款——乙公司　　　　　　　　　　　　339 000
　　贷：银行存款　　　　　　　　　　　　　　　　289 000
　　　　营业外收入——债务重组利得　　　　　　　 50 000

（2）债权人乙公司的账务处理如下。

①计算债务重组损失。

债务重组损失＝339 000－289 000－30 000＝20 000（元）

②编制会计分录。

借：银行存款　　　　　　　　　　　　　　　　　289 000
　　坏账准备　　　　　　　　　　　　　　　　　 30 000
　　营业外支出——债务重组损失　　　　　　　　　20 000
　　贷：应收账款——甲公司　　　　　　　　　　　339 000

【思考】若乙公司已为该项应收账款计提了60 000元坏账准备，乙公司如何进行账务处理？

借：银行存款　　　　　　　　　　　　　　　　　289 000
　　坏账准备　　　　　　　　　　　　　　　　　 60 000
　　贷：应收账款　　　　　　　　　　　　　　　　339 000
　　　　信用减值损失　　　　　　　　　　　　　　 10 000

2. 以非现金清偿债务

（1）债务人的会计处理原则。

①确认债务重组利得。债务人以非现金资产清偿某项债务的,债务人应当将重组债务的账面价值与转让的非现金资产的公允价值之间的差额确认为债务重组利得,作为营业外收入,计入当期损益。

②确认资产转让损益。转让的非现金资产的公允价值与其账面价值的差额根据非现金资产的不同类别处理:抵债资产为存货的,应当视同销售处理,按存货的公允价值确认商品销售收入,同时结转商品的销售成本,认定相关的税费;抵债资产为固定资产、无形资产的,其公允价值和账面价值的差额计入资产处置损益;抵债资产为长期股权投资的,其公允价值和账面价值的差额计入投资收益。

非现金资产的账面价值,一般为非现金资产的账面原价扣除累计折旧或累计摊销,以及信用减值准备后的金额。

债务人在转让非现金资产的过程中发生的一些税费,如资产评估费、运杂费等,直接计入转让资产损益。

(2) 债权人的会计处理原则。

①确认资产入账。债务人以非现金资产清偿某项债务的,债权人应当对受让的非现金资产按其公允价值入账。

②确认债务重组损失。重组债权的账面余额与受让的非现金资产的公允价值之间的差额,确认为债务重组损失,作为营业外支出,计入当期损益。

重组债权已经计提减值准备的,应当先将上述差额冲减已计提的减值准备;冲减后仍有损失的,计入营业外支出(债务重组损失);冲减后减值准备仍有余额的,应予转回并抵减当期信用减值损失。

【例3-2】20×9年4月5日,乙公司销售一批材料给甲公司,价款1 100 000元(包括应收取的增值税税额)。按购销合同约定,甲公司应于20×9年7月5日前支付价款,但至20×9年9月30日甲公司尚未支付。由于甲公司发生财务困难,短期内无法偿还债务。经过协商,乙公司同意甲公司用其一台机器设备抵偿债务。该项设备的账面原价为1 200 000元(假定增值税进项税额于购入时正常抵扣),累计折旧为330 000元,公允价值为850 000元。抵债设备于20×9年10月10日运抵乙公司,乙公司将其用于本企业产品的生产。

(1) 债务人甲公司的账务处理如下。

①计算债务重组利得。

债务重组利得=1 100 000-(850 000+850 000×13%)=139 500(元)

②计算固定资产清理损益。

固定资产清理损益=850 000-(1 200 000-330 000)=-20 000(元)

③编制会计分录。

a. 将固定资产净值转入固定资产清理时的会计分录。

借:固定资产清理——××设备　　　　　　　　　　　　870 000
　　累计折旧　　　　　　　　　　　　　　　　　　　 330 000
　　贷:固定资产——××设备　　　　　　　　　　　 1 200 000

b. 结转债务重组利得时的会计分录。

借:应付账款——乙公司　　　　　　　　　　　　　1 100 000
　　贷:固定资产清理——××设备　　　　　　　　　　850 000
　　　　应交税费——应交增值税(销项税额)　　　　110 500
　　　　营业外收入——债务重组利得　　　　　　　139 500

c. 结转转让固定资产损失时的会计分录。
借:资产处置损益——处置非流动资产损失　　　　　20 000
　　贷:固定资产清理——××设备　　　　　　　　　　20 000

(2) 债权人乙公司的账务处理如下。
① 计算债务重组损失。
　　债务重组损失=1 100 000-(850 000+850 000×13%)=139 500(元)
② 编制会计分录。
借:固定资产——××设备　　　　　　　　　　　　　850 000
　　应交税费——应交增值税(进项税额)　　　　　　110 500
　　营业外支出——债务重组损失　　　　　　　　　139 500
　　贷:应收账款——甲公司　　　　　　　　　　　　1 100 000

3.2.3　债务转化为资本

1. 债务人的会计处理

(1) 确认股份的入账。债务人为股份有限公司时,债务人应当在满足金融负债终止确认条件时,终止确认重组债务,并将债权人因放弃债权而享有股份的面值总额确认为股本;股份的公允价值总额(市价)与股本之间的差额作为资本公积(股本溢价)。

(2) 确认债务重组利得。重组债务的账面价值与股份的公允价值总额之间的差额作为债务重组利得,计入当期损益(营业外收入)。

债务人为其他企业时,债务人应当在满足金融负债终止确认条件时,终止确认重组债务,并将债权人因放弃债权而享有的股权份额确认为实收资本;股权的公允价值与实收资本之间的差额确认为资本公积(资本溢价)。

重组债务的账面价值与股权的公允价值之间的差额作为债务重组利得,计入当期损益(营业外收入)。

2. 债权人的会计处理

(1) 确认投资入账。债权人在债务重组日,应当将因放弃债权而享有股份的公允价值确认为对债务人的投资。

(2) 确认债务重组损失。重组债权的账面余额与股份的公允价值之间的差额确认为债务重组损失,计入营业外支出。

债权人已对债权计提减值准备的,应当先冲减已计提的减值准备;减值准备不足冲减的部分,作为债务重组损失计入营业外支出;减值准备冲减后仍有余额的,应予转回并抵减当期信用减值损失。

发生的相关税费,分别按照长期股权投资或者金融工具确认和计量的规定进行处理。

【例3-3】 20×9年2月10日，乙公司销售一批材料给甲公司，价款200 000元（包括应收取的增值税税额），合同约定6个月后结清款项。6个月后，由于甲公司发生财务困难，无法支付该价款，与乙公司协商进行债务重组。经双方协商，乙公司同意甲公司将该债务转为甲公司的股份。乙公司对该项应收账款计提了坏账准备10 000元。转股后甲公司注册资本为5 000 000元，抵债股权占甲公司注册资本的2%，该投资对甲公司构成重大影响。债务重组日，抵债股权的公允价值为152 000元。20×9年11月1日，相关手续办理完毕。假定不考虑其他相关税费。

(1) 债务人甲公司的账务处理如下。

① 计算应计入资本公积的金额。

应计入资本公积的金额＝152 000−5 000 000×2%＝52 000（元）

② 计算债务重组利得。

债务重组利得＝200 000−152 000＝48 000（元）

③ 编制会计分录。

借：应付账款——乙公司　　　　　　　　　　　　200 000
　　贷：实收资本——乙公司　　　　　　　　　　　100 000
　　　　资本公积——资本溢价　　　　　　　　　　 52 000
　　　　营业外收入——债务重组利得　　　　　　　 48 000

(2) 债权人乙公司的账务处理如下。

① 计算债务重组损失。

债务重组损失＝200 000−152 000−10 000＝38 000（元）

② 编制会计分录。

借：长期股权投资——甲公司　　　　　　　　　　152 000
　　坏账准备　　　　　　　　　　　　　　　　　　10 000
　　营业外支出——债务重组损失　　　　　　　　　38 000
　　贷：应收账款——甲公司　　　　　　　　　　 200 000

3.2.4 修改其他债务条件

企业采用修改其他债务条件进行债务重组的，应当区分是否涉及或有应付（或应收）金额进行会计处理。

或有应付（或应收）金额是指需要根据未来某种事项出现而发生的应付（或应收）金额，而且该未来事项的出现具有不确定性。

1. 不涉及或有应付（或应收）金额的债务重组

(1) 债务人的账务处理。债务人应当将重组后的债务按照公允价值入账。将重组债务的账面价值大于重组后债务的入账价值的差额作为债务重组利得，计入营业外收入。

(2) 债权人的账务处理。债权人应当将修改其他债务条件后的债权的公允价值作为重组后债权的账面价值。重组债权的账面余额与重组后债权账面价值之间的差额应确认为债务重组损失，计入营业外支出。

如果债权人已对该项债权计提了减值准备，应当首先冲减已计提的减值准备；减值准备不足以冲减的部分，作为债务重组损失计入营业外支出；减值准备冲减后仍有余额的，应予转回并抵减当期信用减值损失。

【例3-4】甲公司于20×8年6月5日销售一批商品给乙公司，价税合计3 480 000元，按照合同规定，乙公司应当于20×8年12月31日前偿付全部价税款。但是由于乙公司发生财务困难，无法在合同规定的期限内偿还债务，双方于20×9年1月5日进行债务重组。债务重组协议规定：甲公司同意豁免B公司480 000元的货款，余款3 000 000元在20×9年6月30日全部还清。甲公司对该项应收账款此前已计提坏账准备20 000元。

(1) 债务人乙公司的账务处理如下。

①计算债务重组利得。

债务重组利得=3 480 000-3 000 000=480 000（元）

②编制会计分录。

借：应付账款——甲公司	3 480 000
贷：应付账款——债务重组	3 000 000
营业外收入——债务重组利得	480 000

(2) 债权人甲公司的账务处理如下。

①计算债务重组损失。

债务重组损失=（3 480 000-20 000）-3 000 000=460 000（元）

②编制会计分录。

借：应收账款——债务重组	3 000 000
营业外支出——债务重组损失	460 000
坏账准备	20 000
贷：应收账款——乙公司	3 480 000

2. 涉及或有应付（或应收）的债务重组

(1) 债务人的账务处理。修改后的债务条款如涉及或有应付金额，且该或有应付金额符合或有事项中有关预计负债确认条件的，债务人应当将该或有应付金额确认为预计负债。

重组债务的账面价值减去重组后债务的入账价值和预计负债金额之和后的金额，作为债务重组利得，计入营业外收入。应编制的会计分录为：

借：应付账款
  贷：应付账款——债务重组
    预计负债
    营业外收入——债务重组利得

或有应付金额在随后会计期间没有发生的，企业应当冲销已确认的预计负债，同时确认营业外收入。应编制的会计分录为：

借：预计负债

贷：营业外收入

（2）债权人的账务处理。修改后的债务条款中涉及或有应收金额的，债权人不应当确认或有应收金额，不得将其计入重组后债权的账面价值。只有在或有应收金额实际发生时，才计入当期损益。

【例3-5】甲公司于20×7年6月5日销售一批商品给乙公司，价税合计3 480 000元，按照合同规定，乙公司应当于20×7年12月31日前偿付全部价税款。但是由于乙公司发生财务困难，无法在合同规定的期限内偿还债务，双方于20×8年1月5日进行债务重组。债务重组协议规定：甲公司同意豁免乙公司480 000元的货款，余款3 000 000元在20×9年12月31日全部归还；同时余款按年利率5%计息，利息按年支付；若乙公司在20×9年盈利，利率将提高到8%。甲公司对该项应收账款此前已计提坏账准备20 000元。

（1）债务人乙公司的账务处理如下。

①20×8年1月5日债务重组日。根据乙公司的预测，20×9年很可能实现盈利，其可能多付的利息作为或有应付金额符合确认负债的条件，应当确认为预计负债。

a. 计算预计负债。

预计负债=3 000 000×（8%-5%）=90 000（元）

b. 计算债务重组利得。

债务重组利得=3 480 000-3 000 000-90 000=390 000（元）

c. 编制会计分录。

借：应付账款——甲公司　　　　　　　　　　　　　3 480 000
　　贷：应付账款——债务重组　　　　　　　　　　　3 000 000
　　　　预计负债　　　　　　　　　　　　　　　　　　90 000
　　　　营业外收入——债务重组利得　　　　　　　　 390 000

②20×8年12月31日支付利息。

借：财务费用　　　　　　　　　　　　　　　　　　 150 000
　　贷：银行存款　　　　　　　　　　　　　　　　　 150 000

③20×9年乙公司没有盈利，12月31日支付本金和利息。

借：应付账款——债务重组　　　　　　　　　　　　3 000 000
　　预计负债　　　　　　　　　　　　　　　　　　　90 000
　　财务费用　　　　　　　　　　　　　　　　　　 150 000
　　贷：银行存款　　　　　　　　　　　　　　　　3 150 000
　　　　营业外收入——债务重组利得　　　　　　　　 90 000

④20×9年乙公司实现盈利，12月31日支付本金和利息。

借：应付账款——债务重组　　　　　　　　　　　　3 000 000
　　财务费用　　　　　　　　　　　　　　　　　　 150 000
　　预计负债　　　　　　　　　　　　　　　　　　　90 000
　　贷：银行存款　　　　　　　　　　　　　　　　3 240 000

（2）债权人甲公司的账务处理。

① 20×8年1月5日债务重组日。

a. 计算债务重组损失。

债务重组损失=（3 480 000-20 000）-3 000 000=460 000（元）

b. 编制会计分录。

借：应收账款——债务重组　　　　　　　　　　　　3 000 000
　　营业外支出——债务重组损失　　　　　　　　　　460 000
　　坏账准备　　　　　　　　　　　　　　　　　　　20 000
　　　贷：应收账款——乙公司　　　　　　　　　　　3 480 000

若20×9年乙公司很可能盈利，则形成或有应收金额，但是甲公司债务重组日无须进行会计处理，待实际收到时再处理。

② 20×8年12月31日收到利息。

借：银行存款　　　　　　　　　　　　　　　　　　150 000
　　　贷：财务费用　　　　　　　　　　　　　　　　150 000

③ 20×9年乙公司没有盈利，12月31日收到本金和利息。

借：银行存款　　　　　　　　　　　　　　　　　　3 150 000
　　　贷：应收账款——债务重组　　　　　　　　　　3 000 000
　　　　　财务费用　　　　　　　　　　　　　　　　150 000

④ 20×9年乙公司实现盈利，12月31日收到本金和利息。

借：银行存款　　　　　　　　　　　　　　　　　　3 240 000
　　　贷：应收账款——债务重组　　　　　　　　　　3 000 000
　　　　　财务费用　　　　　　　　　　　　　　　　240 000

3.2.5　以上三种方式的组合

1. 债务人的会计处理原则

债务重组以现金清偿债务、非现金资产清偿债务、债务转为资本、修改其他债务条件等方式的组合进行的，债务人应当依次以支付的现金、转让的非现金资产公允价值、债权人享有股份的公允价值冲减重组债务的账面价值，再按照修改其他债务条件的债务重组会计处理规定进行处理。

2. 债权人的会计处理原则

债务重组采用以现金清偿债务、非现金资产清偿债务、债务转为资本、修改其他债务条件等方式的组合进行的，债权人应当依次以收到的现金、接受的非现金资产公允价值、债权人享有股份的公允价值冲减重组债权的账面余额，再按照修改其他债务条件的债务重组会计处理规定进行处理。

【例3-6】20×8年1月10日，乙公司销售一批产品给甲公司，价款1 300 000元（包括应收取的增值税税额）。至20×8年12月31日，乙公司对该应收账款计提的坏账准备为18 000元。由于甲公司发生财务困难，无法偿还债务，与乙公司协商进行债务重组。20×9年1月1日，甲公司与乙公司达成债务重组协议如下：

第一，甲公司以一批材料偿还部分债务。该批材料的账面价值为280 000元（未提取跌价准备），公允价值为 300 000 元，适用增值税税率为 13%。假定材料同日送抵乙公司，甲公司开出增值税专用发票，乙公司将该批材料作为原材料验收入库。

第二，将 250 000 元的债务转为甲公司的股份，其中 50 000 元为股份面值。假定股份转让手续同日办理完毕，乙公司将其作为长期股权投资核算。

第三，乙公司同意减免甲公司所负全部债务扣除实物抵债和股权抵债后剩余债务的 40%，其余债务的偿还期延长至 20×9 年 6 月 30 日。

（1）债务人甲公司账务处理如下。

①计算债务重组后债务的公允价值。

债务重组后债务的公允价值 = [1 300 000-300 000×（1+13%）-250 000] ×（1-40%） = 1 011 000×60% = 606 600（元）

②计算债务重组利得。

债务重组利得 = 1 300 000-339 000-250 000-606 600 = 104 400（元）

③编制会计分录。

借：应付账款——乙公司	1 300 000
贷：其他业务收入——销售××材料	300 000
应交税费——应交增值税（销项税额）	39 000
股本	50 000
资本公积——股本溢价	200 000
应付账款——债务重组——乙公司	606 600
营业外收入——债务重组利得	104 400

同时，

借：其他业务成本——销售××材料	280 000
贷：原材料——××材料	280 000

（2）债权人乙公司的账务处理如下。

①计算债务重组损失。

债务重组损失 = 1 300 000-339 000-250 000-606 600-18 000 = 86 400（元）

②编制会计分录。

借：原材料——××材料	300 000
应交税费——应交增值税（进项税额）	39 000
长期股权投资——甲公司	250 000
应收账款——债务重组——甲公司	606 600
坏账准备	18 000
营业外支出——债务重组损失	86 400
贷：应收账款——甲公司	1 300 000

本章小结

本章主要对债务重组交易进行了阐述,具体包括两方面的内容。

一是债务重组方式。首先对债务重组进行了定义,强调只有债权人做出让步的才可定性为债务重组;其次详细阐述了包括以资产清偿债务、债务转为资本、修改其他债务条件和以上三种方式的组合在内的四种债务重组方式的要求;最后对债务重组日进行了界定。

二是债务重组会计处理。首先需要明确债务重组的会计处理的基本原则,即债务重组利得计入营业外收入,债务重组损失计入营业外支出;其次分别从债权人和债务人的角度根据上述四种方式进行会计处理。

知识链接

三九集团债务重组

三九企业集团(简称三九集团)组建于1991年12月,由原国家经贸委、中国人民解放军总后勤部批准成立,以医药为主营业务,以中药制造为核心,同时还涉及工程、房地产等领域,为国有大型中央企业。三九医药股份有限公司(简称三九医药)是大型国有控股医药上市公司,前身为深圳南方制药厂。1999年4月21日,由三九集团、三九药业股份有限公司等5家公司发起设立股份制公司。2000年3月9日在深圳证券交易所挂牌上市,股票代码000999,主要从事医药产品的研发、生产、销售及相关健康服务。公司以OTC(非处方药)、中药处方药、免煎中药、抗生素及普药为四大制药业务模块,辅以包装印刷、医疗服务等相关业务。

2008年度,公司实现主营业务收入43.16亿元,净利润(归属于上市公司股东的净利润)5亿元。公司所生产的999品牌系列产品,在国内药品市场上具有相当高的占有率和知名度,核心产品有三九胃泰、999感冒灵、999皮炎平、正天丸、参附注射液、新泰林(注射用五水头孢唑啉钠)等,单品种年销售额均超过亿元。其中,999感冒灵系列2008年销售额超过8亿元(含税),位居感冒药市场第一;999皮炎平年销售额近5亿元(含税)。

三九集团拥有上市公司三九医药及20多家通过GMP(良好生产规范)认证的医药生产企业,拥有近1 000个中西药产品和覆盖全国的医药销售网络,并已建成国家级企业技术中心,部分项目被列入国家"863"计划,曾多次获国家及省部级技术进步奖项。到2000年,三九集团已成为全国最大的中医药企业之一。三九集团的迅速扩张建立在大量并购的基础上,从1996年到2001年,三九集团出手并购了140多家地方企业,平均每个月并购2家,其中承债式占45%,控股式占35%,托管式占20%。在这种疯狂并购中,在迅速扩大公司规模的同时,也使得公司的财务风险不断上升,并最终陷入不得不进行债务重组的困境。

一、企业的债务困境

截至 2003 年年底，三九集团及其下属公司拖欠银行 98 亿元。三九集团负债率过高，以三九医药为例，2006 年年末其流动资产不到 64 亿元，而其流动负债却高达 51 亿元，流动比率仅为 1.25。三九集团总资产 178 亿元，其中，固定资产 38 亿元，长期投资 40 亿元，两项合并 78 亿元，仅约占总资产的 44%。三九集团旗下的三九医药的季报显示，其一季度主营业务收入及净利润均同比下降近 18%。三九集团已经陷入"资金紧缺、银行逼债"的困境，经营状况不容乐观，改制重组迫在眉睫。三九集团内部频密的关联交易也是银行收缩贷款的重要原因。在 2001 年被违规占用三九医药资金事件打断了资金链条后，三九集团之后两年资本运作活动的规模虽然明显缩小，但大量关联交易仍然存在。

二、债务重组方案

三九集团因欠银行债务过百亿元而难以为继，从 2004 年起便着手重组，拟引进战略投资者挽救三九集团。经国务院批准，三九企业集团（深圳南方制药厂）及其下属企业的 20 家金融债权人组成三九集团债权人委员会（以下简称三九债委会），同意对三九集团的债务进行重组。2004 年 9 月 26 日，三九医药发布公告表示，此次三九医药方面将一次性向银行偿还 44.57 亿元的债务，而该方案比此前业内曾流传的 43 亿元的方案多出了 1.57 亿元。

三九医药公告称，本次重组债务包括三个部分，分别为三九集团层面重组债务、三九医药层面重组债务及三九宜工生化股份有限公司、深圳市三九医药连锁股份有限公司及其控股的各级子公司重组债务。公告显示，三九医药层面重组债务（截至债权债务核实日 2007 年 6 月 20 日）本金共计 35.9 亿元，其中，三九医药因对三九药业部分债务及三九生化部分债务提供担保而需要承担连带还款责任的债务本金共计 5.1 亿元。债务重组协议生效日起 1 个月内，债务人三九集团及下属企业、战略投资者华润（集团）有限公司、收购方新三九控股有限公司共同作为偿付方，向债权人一次性全额支付 45 亿元，用以清偿集团和三九医药层面重组的债务本金、三九医药层面的欠息及诉讼费。

债务重组后，三九医药预计负有不超过 6 亿元的银行借款。债权人同意，豁免所有三九医药层面重组债务相关的罚息及复利；解除三九医药对相关重组债务的担保责任；解除所有与三九医药层面重组债务相关的抵押、质押及查封、冻结，并对其提起的所有与重组债务相关的诉讼案件、仲裁案件及执行案件予以撤诉或撤销执行申请。业内人士指出，三九医药的清欠方案与三九集团的债务重组密切相关。截至 2006 年年底，三九集团未清欠金额高达 37.4 亿元，大抵相当于三九医药资产总额的一半。

国务院国资委（简称国资委）选择了内部解决——由华润去重组三九。重组者和被重组者，同为国资委全资持有的央属企业。华润集团获得对三九集团的战略重组权后，在国家工商总局注册成立了新三九控股，作为重组三九集团的管理平台。三九医药作为三九集团下属核心企业，最后由华润集团、新三九控股有限公司、三九集团及其下属企业在自债务重组协议生效日起 1 个月内向债权人一次性全额支付 44.57 亿元，用以清偿全部集团层面和三九医药层面重组债务本金、三九医药层面欠息及诉讼费。至此，三九集团的债务重组最终得以完成。

练习题

一、单项选择题

1. 债务人（股份有限公司）以现金、非现金资产清偿债务，将债务转为资本并附或有条件等方式的组合清偿某项债务，则该事项中，不会影响债务人当期损益的是（　　）。

　　A. 或有应付金额

　　B. 重组债务的账面价值与债权人因重组享有股权的公允价值之间的差额

　　C. 抵债的非现金资产的公允价值与账面价值的差额

　　D. 债权人因重组享有股权的公允价值与债务人确认的股本之间的差额

2. 20×9年3月31日，甲公司应付某金融机构的一笔1 000 000元贷款到期，因发生财务困难，短期内无法支付。当日，甲公司与金融机构签订债务重组协议，约定减免甲公司债务的20%，其余部分延期两年支付，年利率为5%（相当于实际利率），利息按年支付。金融机构已对该项贷款计提了100 000元坏账准备。假定不考虑其他因素，甲公司在该项债务重组业务中确认的债务重组利得为（　　）元。

　　A. 100 000　　　　B. 120 000　　　　C. 160 000　　　　D. 200 000

3. 甲公司应收乙公司账款1 600 000元，由于乙公司发生财务困难，无法偿付欠款。经协商，乙公司以价值1 000 000元的材料抵债（增值税税率为13%），该批材料公允价值为1 200 000元。甲公司不再向乙公司另行支付增值税。甲公司按应收账款的5‰计提坏账准备。则乙公司应计入营业外收入的金额为（　　）元。

　　A. 400 000　　　　B. 244 000　　　　C. 204 000　　　　D. 200 000

4. 甲公司和乙公司为增值税一般纳税企业，增值税税率为13%。甲公司销售一批商品给乙公司，开出的增值税专用发票上注明销售价款为2 000 000元，增值税为260 000元，乙公司到期无力支付款项，甲公司同意乙公司将其拥有的一台20×9年年初购入的设备抵偿债务，乙公司设备的账面原值为2 000 000元，已累计计提折旧800 000元，不含税公允价值为1 600 000元；甲公司为该项应收账款计提200 000元坏账准备。则乙公司债务重组利得、处置非流动资产利得分别为（　　）元。

　　A. 452 000、400 000　　　　　　　　B. 400 000、0

　　C. 1 140 000、0　　　　　　　　　　D. 740 000、400 000

5. 在债务重组中，债权人收到债务人用以抵债的非现金资产，不考虑其他因素，则该抵债资产的入账价值是（　　）。

　　A. 该抵债资产在债务人账上的账面价值

　　B. 该抵债资产在债务人账上的成本

　　C. 该抵债资产的公允价值

　　D. 该抵债资产在债务人账上的账面余额

6. 关于债务重组的下列会计处理中，不正确的是（　　）。

　　A. 债务人应确认债务重组利得

B. 债权人未对债权计提减值准备的情况下，应确认债务重组损失

C. 用非现金资产清偿债务时，债务人应将应付债务账面价值大于非现金资产账面价值的差额计入营业外收入

D. 将债务转为资本时，债务人应将应付债务账面价值大于股权公允价值的差额计入营业外收入

7. 甲公司应收乙公司账款22 500 000元，由于乙公司无力偿付该应付账款，经双方协商同意，乙公司以普通股450万股偿还债务，普通股每股面值为1元，每股市价（即收盘价格）4.50元，甲公司对应收账款计提坏账准备1 000 000元，甲公司收到的股权划分为交易性金融资产，另支付交易费用200 000元。下列有关债务重组会计处理的表述中，不正确的是（   ）。

A. 甲公司确认交易性金融资产的入账价值为20 250 000元
B. 甲公司支付的交易费用200 000元计入投资收益
C. 甲公司确认债务重组损失1 250 000元
D. 乙公司确认债务重组利得1 250 000元

8. 以修改其他债务条件进行债务重组的，如债务重组协议中附有或有收益，债权人应将其或有收益（   ）。

A. 在债务重组时计入当期损益
B. 在债务重组时计入重组后债权的入账价值
C. 在债务重组时不计入重组后债权的入账价值，实际收到时冲减营业外支出
D. 在债务重组时不计入重组后债权的入账价值，实际收到时计入资本公积

9. 甲公司应收乙公司账款14 000 000元已逾期，甲公司为该笔应收账款计提了200 000元坏账准备，经协商决定进行债务重组。债务重组内容是：乙公司以银行存款偿付甲公司账款2 000 000元，并以一项长期股权投资偿付所欠账款的余额。长期股权投资的账面价值为5 500 000元，公允价值为11 000 000元。假定不考虑相关税费。甲公司应确认的债务重组损失为（   ）元。

A. 0   B. 1 000 000   C. 300 000   D. 800 000

10. 甲公司因乙公司发生严重财务困难，预计难以全额收回乙公司所欠货款2 400 000元。经协商，乙公司以银行存款1 800 000元结清了全部债务。甲公司对该项应收账款已计提坏账准备240 000元。假定不考虑其他因素，债务重组日甲公司应确认的损失为（   ）元。

A. 360 000   B. 0   C. 600 000   D. 120 000

二、多项选择题

1. 修改其他债务条件时，以下债权人可能产生债务重组损失的有（   ）。

A. 无坏账准备时，债权人重组债权的账面余额大于将来应收金额
B. 无坏账准备时，债权人重组债权的账面余额小于将来应收金额
C. 有坏账准备时，债权人放弃的部分债权小于已经计提的坏账准备
D. 有坏账准备时，债权人放弃的部分债权大于已经计提的坏账准备

2. 关于以非现金资产清偿债务，下列说法中正确的有（   ）。

A. 非现金资产属于增值税应税项目的,则债务重组利得应为转让非现金资产的含税公允价值与重组债务账面价值的差额

B. 债务人以固定资产清偿债务,应将固定资产的公允价值与该项固定资产账面价值的差额作为转让固定资产的损益处理;固定资产清理费用应冲减债务重组利得

C. 债务人以债券清偿债务时,应将相关金融资产的公允价值与账面价值的差额作为转让金融资产的处置损益处理;相关金融资产的公允价值与重组债务的账面价值的差额作为债务重组利得

D. 债务人以库存材料清偿债务,应视同销售进行核算,取得的收入作为主营业务收入处理

3. 下列有关债务重组的会计处理方法,不正确的有(　　)。

A. 以修改其他债务条件进行的债务重组涉及或有应付金额,重组后债务的公允价值一定大于重组后债权的公允价值

B. 以非现金资产清偿债务的,债务人应当将重组债务的账面价值与转让的非现金资产账面价值之间的差额计入当期损益;不确认转让的,非现金资产公允价值与其账面价值之间的差额计入当期损益

C. 将债务转为资本的,债务人应当将债权人放弃债权而享有股份的面值总额确认为股本(或实收资本),股份的公允价值总额与股本(或实收资本)之间的差额计入当期损益,重组债务的账面价值与股份的公允价值总额之间的差额,计入当期损益

D. 如果债权人受让涉及多项非现金资产,应在计算确定的入账价值范围内,按公允价值的相对比例确定各项非现金资产的入账价值

4. 因债务重组已确认为预计负债的或有应付金额,在随后会计期间最终没有发生的,企业需冲销原确认的预计负债,同时对方科目不可能为(　　)。

A. 财务费用　　　　B. 资本公积　　　　C. 投资收益　　　　D. 营业外支出

5. 下列属于债务重组方式的有(　　)。

A. 以低于债务账面价值的现金清偿债务

B. 以公允价值低于债务账面价值的非现金资产清偿债务

C. 修改债务条件,如减少债务本金、降低利率等

D. 债权人同意延长债务偿还期限且加收利息

三、判断题

1. 债务重组以现金清偿债务、非现金清偿债务、债务转为资本、修改其他债务条件等方式的组合进行的,债权人依次以收到的现金、接受的非现金资产原账面价值、债权人享有股份的面值冲减重组债权的账面余额。(　　)

2. 企业在债务人以非现金资产抵偿债务的方式下取得无形资产,按应收债权的账面价值作为无形资产的实际入账成本。(　　)

3. 将债务转为资本的债务重组中,债务人应将股份的公允价值总额与股本(或实收资本)之间的差额确认为投资收益。(　　)

4. 在延期付款清偿债务并附或有支出条件的情况下,债权人应当将修改其他债务条件后的债权将来的应收金额作为重组后债权的账面价值。重组债权的账面价值与重

组后债权的入账价值之间的差额,计入当期损益。   ( )

5. 修改其他债务条件涉及的或有应收金额,在债权人方面,属于或有资产,债权人应确认或有应收金额。   ( )

四、计算分析题

1. 甲、乙公司均为增值税一般纳税人。20×9 年 2 月 1 日,乙公司销售一批商品给甲公司,含税货款 47 000 000 元未收到。由于甲公司发生财务困难,不能按合同规定支付货款,经与乙公司协商,乙公司同意甲公司以一台 20×9 年 1 月新购管理设备和一项专利技术偿还债务。20×9 年 10 月 31 日办理完毕相关手续,并解除债权债务关系。

(1) 甲公司 20×9 年 1 月新购管理设备的价款为 3 000 000 元,增值税的进项税额为 390 000 元,当日交付使用,款项已经支付。对于该项固定资产甲公司采用年限平均法计提折旧,预计折旧年限为 5 年,净残值为零。处置时支付清理费用 20 000 元;该机器设备不含税公允价值为 5 000 000 元。甲公司专利技术的成本为 30 000 000 元,已计提摊销 10 000 000 元,公允价值为 40 000 000 元。20×9 年 10 月 31 日甲公司开出增值税发票,价款为 5 000 000 元,增值税的销项税额为 650 000 元。

(2) 乙公司对该项应收账款计提坏账准备 1 200 000 元。乙公司收到管理设备和专利技术作为固定资产和无形资产入账。税法规定专利技术免征增值税。

要求:

①计算甲公司债务重组日固定资产和无形资产的处置损益及债务重组利得,并编制甲公司(债务人)债务重组的会计分录;

②编制乙公司(债权人)债务重组的会计分录,并说明确认债务损失的金额。

2. 甲、乙公司均为增值税一般纳税人,适用的增值税率为 13%。甲公司于 20×7 年 3 月 31 日销售给乙公司一批产品,价款为 6 000 000 元(含增值税)。至 20×7 年 12 月 31 日甲公司仍未收到款项,甲公司对该应收账款计提了坏账准备 300 000 元。20×7 年 12 月 31 日乙公司与甲公司协商,达成的债务重组协议如下。

(1) 乙公司以其生产的一批产品和一台设备抵偿部分债务,产品账面成本为 800 000 元,已提存货跌价准备 20 000 元,公允价值为 1 000 000 元,计税价格为 1 204 500 元;设备账面原价为 2 000 000 元,已提折旧为 500 000 元,公允价值为 1 558 000 元(与计税价格相等)。甲公司收到的产品作为商品入账,设备作为固定资产入账。

(2) 甲公司同意免除抵债后剩余债务的 20%,并将剩余债务延期至 20×9 年 12 月 31 日偿还,按年利率 5%(与实际利率相等)计算利息。但如果乙公司 20×8 年开始盈利,则 20×9 年按年利率 10% 计算利息;如果乙公司 2×18 年没有盈利,则 2×19 年仍按年利率 5% 计算利息,利息于每年末支付。假定或有支出符合预计负债的确认条件。

(3) 乙公司 20×8 年没有盈利。

要求:

①编制甲公司债务重组的有关会计分录;

②编制乙公司债务重组的有关会计分录。

五、综合题

1. 甲公司20×7年至20×9年发生的相关交易或事项如下。

(1) 20×7年12月20日，甲公司就应收乙公司账款80 000 000元与乙公司签订债务重组合同。合同规定：乙公司以其拥有的一栋固定资产（写字楼）及一项交易性金融资产偿付该项债务；乙公司写字楼和股权投资所有权转移至甲公司后，双方债权债务结清。

(2) 20×7年12月31日，乙公司将写字楼和股权投资所有权转移至甲公司。同日，甲公司该重组债权已计提的坏账准备为30 000 000元；乙公司该写字楼的账面余额为20 000 000元，累计折旧3 000 000元，未计提减值准备，当日的公允价值为28 000 000元；乙公司的交易性金融资产，账面余额为26 000 000元，其中成本为20 000 000元，公允价值变动为6 000 000元，当日的公允价值为25 000 000元。甲公司将取得的写字楼作办公用，预计尚可使用年限为20年，净残值为零，采用直线法计提折旧；交易性金融资产仍作为交易性金融资产核算。假定不考虑与写字楼相关的税费影响。

(3) 20×8年6月25日，甲公司与丙公司签订经营租赁合同，将上述写字楼整体出租给丙公司，租赁期开始日为20×8年7月1日，租期为1年。甲公司认为此时其所在地的房地产交易市场足够成熟，具备了采用公允价值模式计量的条件，决定对上述投资性房地产采用公允价值模式计量。20×8年7月1日该写字楼的公允价值为30 000 000元。

(4) 20×8年12月31日，写字楼的公允价值为33 000 000元。

(5) 20×9年7月1日，租赁期满，甲公司将该写字楼出售给丙公司，售价40 000 000元，已收存银行。

要求：

①计算甲公司在债务重组过程中应确认的损益并编制相关会计分录；
②计算乙公司在债务重组过程中应确认的债务重组利得并编制相关会计分录；
③编制甲公司20×8年与写字楼相关的会计分录；
④编制甲公司20×9年出售投资性房地产的相关会计分录。

第 4 章

租赁会计核算

> **学习目标**
> 1. 了解租赁会计的确认与计量，以及列示与披露。
> 2. 理解租赁业务及其特点、类别，租赁会计的产生和发展，租赁会计的核算内容。
> 3. 掌握租赁会计业务的核算。

4.1 租赁概述

4.1.1 租赁的含义

租赁是指在一定期间内，出租人将资产的使用权让与承租人以获取对价的合同。租赁的主要特征是转移资产的使用权，而不是转移资产的所有权，并且这种转移是有偿的，取得使用权是以支付租金为代价，从而使租赁有别于资产购置和不把资产的使用权从合同的一方转移给另一方的服务性合同，如劳务合同、运输合同、保管合同、仓储合同等，以及无偿提供使用权的借用合同。

4.1.2 租赁业务的特点、分类及一般程序

1. 租赁业务的特点

企业的租赁业务与一般商品交易不同，具有以下特点。

（1）租赁资产的使用权和所有权分离。从法律关系上看，租赁资产的所有权和使用权相分离，租赁交易中的出租人始终拥有租赁资产的所有权，承租人只是经出租人授权，在约定的期限内获得租赁资产的使用权。

(2) 融资与融物相结合。从融资租赁方式上看，租赁交易融资是以融物为形式，达到融资的目的，融资与融物相结合。租赁交易中出租人和承租人的债务关系，不同于单纯的货币信贷关系。

(3) 租赁资产分期获得补偿。从租赁业务关系上看，在使用消耗的租赁资产以分期收入租金的形式得到补偿，即出租人定期收取承租人的租金。这种定期收取租金的形式既可满足企业一次性支付能力不足而需要购买设备的需要，又可满足企业短期拥有所需设备的要求。

2. 租赁业务的分类

租赁业务多种多样，为深入认识和理解租赁业务的内容，现按一定标准将租赁业务进行分类。

(1) 按租赁的目的分类。租赁业务按其目的不同，可分为经营租赁和融资租赁。

①经营租赁是为满足经营使用上的临时或季节性需要而发生的资产租赁。经营租赁中，出租人拥有租赁资产的所有权和保有风险与报酬。租赁资产一般需要经过多次出租，才能收回其投资；承租人也并不准备拥有资产设备。

②融资租赁是出租方和承租方在资产租赁合同中约定租金总额后，承租方定期支付租金，同时对租入固定资产未付租金部分计付利息，当付清最后一笔租金后，租赁资产的所有权可在一定条件下归承租方（如不需要也可退还出租方）的资产租赁业务。我国《企业会计准则第21号——租赁》认定，融资租赁是指实质上转移了与资产所有权相关的全部风险和报酬的租赁。

(2) 按租赁资产投资来源分类。按租赁资产投资来源的不同，租赁业务可分为直接租赁、杠杆租赁、售后租回和转租赁。

①直接租赁是指由出租人承担购买租赁资产所需全部资金的租赁业务。购买租赁资产的这部分资金可以是出租人的自由资金，也可以是其借入的资金。

②杠杆租赁是出租人的租赁资产主要依靠第三者提供资金购买或制造，再将资产出租的租赁业务。通常，出租人自筹所需资金的一部分（20%~40%）。由于在这项租赁业务中出租人利用了财务杠杆原理，以较少投资经营较大金额项目，故称杠杆租赁。杠杆租赁一般适用于金额较大的租赁项目。

③售后租回又称返回租赁，是指企业（买主兼出租人）将其拥有的自制或外购资产售出后再租赁回来的租赁业务。企业出售资产的目的是利用购买者的自有资金，而购买者出租购入资产则是其选择的投资方式。

④转租赁是指从事租赁的单位一方面租入其他企业的资产成为承租人，另一方面又将租入的资产再转租给他人而成为出租人的租赁业务。转租赁简称转租。

3. 租赁业务的一般程序

租赁业务的一般程序包括租赁资产的购入、租赁合同的履行和租赁期届满时租赁资产的处置。下面以业务程序较为复杂的直接租赁中的融资租赁为例，说明租赁业务一般程序。

(1) 租赁资产的购入。

①租赁业务的准备。企业在选择直接融资租赁方式筹集资金后，就应审慎地选择

适当的出租公司，并向其提出申请书。出租公司在收到承租申请后，须对承租企业进行审查与评估。

②签订租赁合同。出租人在完成对租赁项目的审查与评估后，应与承租人就有关租赁事宜进行磋商，以便签订租赁合同。租赁合同应包括下列条款。

◆合同当事人。租赁合同中应说明出租人和承租人的名称、法定地址及各自的法人代表。

◆租赁资产。租赁合同中应列明租赁资产的名称、数量、技术性能、规格型号、生产厂商、交货时间、地点等。

◆租赁期限。租赁合同中应明确租赁的开始日期及租赁期限。

◆租金。租赁合同中应写明租金的支付时间、金额、地点、支付次数、付款方式、支付币种等。

◆租赁资产的购买与验收。承租人根据自己选定的租赁资产，对出租人与供货方所签订的购货条款加以确认；同时，承租人应向出租人提供必要的有关租赁资产的证明文件或许可证明。

◆租赁资产的所有权和使用权。在租赁期内，出租人拥有租赁资产的所有权，承租人拥有租赁资产的使用权，同时负责租赁资产的维修、保养等。

◆租赁保证金和经济担保。按规定，承租人应在合同生效的同时缴纳一定数额的保证金。此外，为保证承租人切实履行租赁条款，合同中还要规定有经济担保人。

◆违约处理。出租人、承租人和担保人在合同中要明确可能发生的争议及违约行为的处理方法。

◆租赁资产租期届满时的处理。租赁期满时，承租人支付全部租金并办完有关手续后，租赁资产可按合同规定条款续租、退租或留购。

③签订购货合同。购货合同是在融资租赁业务中租赁公司根据承租人与供应商达成的条件以购买者身份代承租人与供应商签订，并经承租人签字确认的购进租赁资产的书面协议。融资租赁的购货合同是融资租赁合同的必要附件。

④租赁资产款项交付。租赁资产的供应商依据合同规定的日期和要求，将租赁资产转交承租人，并与承租人办理交接事宜。供应商持承租人签发的实物收据向出租人收取货款，出租人按合同规定的支付时间、支付方式支付货款。

(2) 租赁合同的履行。租赁合同各方在租赁期间，应按合同的规定，认真履行自己的义务，享受规定的权利。主要包括以下权利。

①租赁资产的验收。出租人要及时办理租赁资产的购买手续，支付货款。承租人要负责对租赁资产进行调试验收。因此，应由承租人指定租赁物资交货地点，并进行性能重点测试。

②租金支付。承租人按照租赁合同，在有效期内向出租人支付租金。

③租赁资产的担保。融资租赁投保业务中，出租人办理投保手续，承租人支付保险费。若期限届满，租赁资产的所有权将转移给承租人，也可以由承租人办理投保手续并承担保险费。

④租赁资产的使用、维修、保养与计提折旧。在租赁期内，承租人拥有租赁资产

的使用权,负责租赁资产的日常保养和修理,并计提租赁资产的折旧。

(3)租赁期届满租赁资产的处置。租赁期届满,融资租赁资产的处置方法有退租、续租和留购。由于资产的处置方式会影响租赁金额,因此对于租赁资产的处置方法应在租赁合同中明确规定,并于租赁期届满后认真执行,以免承租双方产生纠纷。

4.1.3 租赁的识别、分拆和合并

1. 租赁的识别

在合同开始时,企业应当评估合同是否是租赁或者是否包含租赁。如果合同让渡了在一定期间内控制一项或多项已识别资产使用的权利以换取对价,则该合同是租赁或者包含租赁。

除非合同条款发生变化,企业无须重新评估合同是否是租赁或者是否包含租赁。为确定合同是否让渡了在一定期间内控制已识别资产使用的权利,企业应当评估合同中的客户是否有权在该使用期间主导已识别资产的使用,并获得因使用已识别资产所产生的几乎全部经济利益。已识别资产通常由合同明确指定,也可以在资产可供客户使用时隐性指定。

存在下列情况之一的,可视为客户有权主导已识别资产的使用:第一,客户有权在使用期间主导已识别资产的使用方式和使用目的;第二,在已识别资产的使用方式和使用目的已预先确定的情况下,该资产由客户设计,或者客户有权在使用期间自行或主导他人按照其确定的方式运营该资产。

在评估是否有权获得因使用已识别资产所产生的几乎全部经济利益时,企业应当在约定的客户可使用资产的权利范围内考虑其所产生的经济利益。

2. 租赁的分拆

合同同时包含租赁和非租赁部分的,承租人和出租人应当将该合同包含的各租赁部分和非租赁部分进行分拆。其中,各租赁部分应当分别按照《企业会计准则第21号——租赁》进行会计处理,非租赁部分应当按照其他适用的企业会计准则进行会计处理。

为简化处理,承租人可以按照租赁资产的类别选择是否分拆合同包含的租赁和非租赁部分。承租人选择不分拆的,应当将各租赁部分及与其相关的非租赁部分分别合并为租赁,并按照《企业会计准则第21号——租赁》进行会计处理。

对于满足《企业会计准则第22号——金融工具确认和计量》有关嵌入衍生工具分拆条件的非租赁部分,承租人不应将其与租赁部分合并进行会计处理。

在分拆合同包含的租赁和非租赁部分时,承租人应当按照各租赁部分及非租赁部分的单独价格的相对比例分摊合同对价,出租人应当根据《企业会计准则第14号——收入》关于交易价格分摊的规定分摊合同对价。

3. 租赁的合并

承租人和出租人与交易方或其关联方在同一时间或相近时间订立的两份或多份包含租赁的合同,在满足下列条件之一时,应当合并为一份合同进行会计处理。

(1)该两份或多份合同基于总体商业目的作为一揽子交易而订立,若不作为整体

考虑就无法理解其总体商业目的。

(2) 该两份或多份合同中的某份合同的支付对价取决于其他合同的价格或履约情况。

(3) 该两份或多份合同让渡的控制租赁资产使用的权利构成一项单独的租赁部分。

4.1.4 租赁会计核算的基本内容

1. 租赁会计的相关定义与术语

根据我国《企业会计准则第21号——租赁》要求，在处理租赁会计业务时应掌握相关的定义与术语。

(1) 租赁是指在约定的期间内，出租人将资产使用权让与承租人，以获取租金的协议。这一定义表明会计以租约的视角界定租赁。它区别了从经济业务角度对租赁的定义。

(2) 租赁开始日是指租赁协议日与租赁各方就主要租赁条款做出承诺日中的较早者。对租赁开始日的定义区别了租赁期开始日。在租赁开始日，承租人和出租人应当将租赁认定为融资租赁或经营租赁，并确定在租赁期开始日应确认的金额。

(3) 租赁期是指租赁合同规定的不可撤销的租赁期间。已签订的租赁合同一般不可撤销。只有经出租人同意，或者承租人与原出租人就同一项（同一类）租赁资产签订了新的租赁合同时，才可以撤销。另外，当承租人支付出租人一笔足够大的额外补偿款项时，或者发生某些很少会出现的或有事项时，可以撤销已签订的租赁合同。

如果租约表明承租人有权选择继续租用租赁资产，并且在租赁开始日就可以合理确定承租人将会行使这种选择权，租赁期应将续租期包括在内，承租人有权选择终止租赁该资产，但合理确定将不会行使该选择权的，租赁期应当包含终止租赁选择权涵盖的期间。

发生承租人可控范围内的重大事件或变化，且影响承租人是否合理确定将行使相应选择权的，承租人应当对其是否合理确定将行使续租选择权、购买选择权或不行使终止租赁选择权进行重新评估。

(4) 租赁期开始日是指承租人有权行使其使用租赁资产权利的日期，表明租赁行为的开始。在租赁期开始日，承租人应当对租入资产、最低租赁付款额和未确认融资费用进行初始确认；出租人应当对应收融资租赁款、未担保余值和未实现融资收益进行初始确认。

(5) 或有租金是指金额不固定，以时间长短以外的其他因素（如销售量、使用量、物价指数）为依据计算的租金。比如，某租约中规定，承租人除按期支付租金外，当产品销售额达到约定金额时承租人再按这一金额乘以约定的比率支付租金。由于承租人销售额是否可以达到约定金额是不确定的，因此称这种租金为或有租金。

(6) 履约成本是指租赁期内为租赁资产支付的各种使用费用，如技术咨询和服务费、人员培训费、维修费、保险费等。

(7) 担保余值就承租人而言，是指由承租人或与其有关的第三方担保的资产余值；就出租人而言，是指就承租人而言的担保余值加上独立于承租人和出租人的第三方担保的资产余值。

(8) 未担保余值是指租赁资产余值中扣除就出租人而言的担保余值以后的资产余值。定义表明，未担保余值是出租人出租资产中没有转移风险和报酬的部分，出租人仍承担着风险。因此，出租人在应收融资租赁中不计入未担保余值。

2. 租赁会计核算的基本内容

租赁会计主要处理租赁业务会计分类、租赁业务的会计确认与计量、租赁业务在财务报表内的列报，以及在财务报表外的披露问题。租赁会计核算以出租人、承租人的角度展开。

(1) 出租人会计核算内容。出租人在租赁开始时将租赁业务划分为融资租赁与经营租赁。

①融资租赁业务核算。在融资租赁业务中，要确认应收融资租赁款的入账价值，计算与分配未实现融资收益，核算当期的融资收入，收取租金（包括或有租金）。

②经营租赁业务核算。将经营租赁的资产列示在资产负债表的相关项目内。合理计算与确认经营租赁的租金，对经营租赁资产中的固定资产计提折旧，收取或有租金。

③租赁期届满时资产的处置。租赁期届满时，依据租赁合同办理相关手续，做相应会计处理。

④出租人融资租赁与经营租赁在财务报表中的列示及在报表附注中的披露。

(2) 承租人会计核算内容。承租人也要在租赁开始时将租赁业务划分为融资租赁与经营租赁。

①融资租赁业务核算。在融资租赁业务中，要确认融资租入租赁资产的入账价值，计算和分配未确认融资费用，计提租入固定资产的折旧，支付租金（包括或有租金）及履约成本。

②经营租赁业务核算。在经营业务中，支付及分配租金，处理相关费用及发生的或有租金。

③租赁期届满时租赁资产的处理。租赁期届满时，根据租赁合同中对资产处置的条款办理手续，并做相应会计处理。

④承租人融资租赁与经营租赁在财务报表中的列示及在报表附注中的披露。

4.2 承租人的会计处理

4.2.1 租赁的确认和初始计量

1. 租赁的确认

在租赁期开始日，承租人应当对租赁确认使用权资产和租赁负债，进行简化处理的短期租赁和低价值资产租赁除外。

使用权资产是指承租人可在租赁期内使用租赁资产的权利。租赁负债是指承租人为获得资产的使用权需向出租人支付一定的费用（租金）。它等于租赁期开始日尚未支付的租赁付款额的现值。

【例4-1】假设20×1年12月21日，甲公司与乙公司签订了一份租赁合同。合同规定如下。

（1）租赁期开始日为20×2年1月1日。

（2）租赁期为20×2年1月1日至20×4年12月31日，共3年。

（3）租金支付方式为每年年末支付200 000元。

（4）租赁期届满后承租人可以每年40 000元的租金续租2年，即续租期为20×5年1月1日至20×6年12月31日，估计租赁期届满时该项租赁资产每年的正常租金为160 000元。

分析：本例涉及的租赁业务。在本例中，租赁合同规定的租赁期为3年；续租租金40 000÷正常租金160 000=25%，可以合理确定承租人将来会续租。因此，本例中的租赁期应为5年（3年+2年），即20×2年1月1日至20×6年12月31日。

2. 租赁的初始计量

（1）使用权资产的初始计量。使用权资产应当按照成本进行初始计量。该成本包括以下几项。

①租赁负债的初始计量金额。

②在租赁期开始日或之前支付的租赁付款额。存在租赁激励的，扣除租赁激励相关金额。租赁激励是指出租人为达成租赁向承租人提供的优惠，包括出租人向承租人支付的与租赁有关的款项及出租人为承租人偿付或承担的成本。

③承租人发生的初始直接费用。初始直接费用是指为达成租赁所发生的增量成本。增量成本是指若企业不取得该租赁，则不会发生的成本。

④承租人为拆卸及移除租赁资产、复原租赁资产所在场地或将租赁资产恢复至租赁条款约定状态预计将发生的成本。其中，为生产存货而发生的成本除外。

（2）租赁负债的初始计量。租赁负债应当按照租赁期开始日尚未支付的租赁付款额的现值进行初始计量。租赁付款额是指承租人向出租人支付的与在租赁期内使用租赁资产的权利相关的款项，包括以下几类。

①固定付款额及实质固定付款额，存在租赁激励的，扣除租赁激励相关金额。实质固定付款额是指在形式上可能包含变量但实质上无法避免的付款额。

②取决于指数或比率的可变租赁付款额。可变租赁付款额是指承租人为取得在租赁期内使用租赁资产的权利，向出租人支付的因租赁期开始日后的事实或情况发生变化（而非时间推移）而变动的款项。取决于指数或比率的可变租赁付款额包括与消费者价格指数挂钩的款项、与基准利率挂钩的款项等。

③购买选择权的行权价格，前提是承租人合理确定将行使该选择权。

④行使终止租赁选择权需支付的款项，前提是租赁期反映出承租人将行使终止租

赁选择权。

⑤根据承租人提供的余值担保预计应支付的款项。余值担保是指与出租人无关的一方向出租人提供的在租赁结束时租赁资产的价值至少为某指定金额的担保。

在计算租赁付款额的现值时，承租人应当采用租赁内含利率作为折现率；无法确定租赁内含利率的，应当采用承租人增量借款利率作为折现率。承租人增量借款利率是指承租人在类似经济环境下为获得与使用权资产价值接近的资产，在类似期间以类似抵押条件借入资金须支付的利率。

取决于指数或比率的可变租赁付款额，应当根据租赁期开始日的指数或比率确定。

【例4-2】20×0年12月21日，乙公司与甲公司签订了一份租赁合同，乙公司向甲公司租入塑钢机一台。合同主要条款如下。

(1) 租赁标的物：塑钢机。

(2) 起租日：20×1年1月1日。

(3) 租赁期：20×1年1月1日—20×3年12月31日，共36个月。

(4) 租金支付：自20×1年1月1日起，每隔6个月于月末支付租金150 000元。

(5) 该机器的保险、维护等费用均由乙公司负担，估计每年约1 000元。

(6) 该机器在20×1年1月1日的公允价值为700 000元。

(7) 乙公司增量借款利率为7%（6个月利率）（出租方租赁内含利率未知）。

(8) 乙公司发生租赁初始直接费用1 000元。

(9) 该机器的估计使用年限为8年，已使用3年，期满无残值。承租人采用年限平均法计提折旧。

(10) 租赁期届满时，乙公司享有优惠购买该机器的选择权，购买价为100元，估计该日租赁资产的公允价值为80 000元。

(11) 20×2年和20×3年两年，乙公司每年按该机器所生产的产品——塑钢窗户的年销售收入的5%向甲公司支付经营分享收入。

乙公司在租赁期开始日（20×1年1月1日）的账务处理如下。

(1) 计算租赁付款额的现值，确定租赁资产入账价值。

$$租赁付款额 = 各期租金之和 + 购买选择权行权价格$$
$$= 150\ 000 \times 6 + 100$$
$$= 900\ 100（元）$$

每期租金150 000元的年金现值 = $150\ 000 \times PVIFA_{7\%,6}$

优惠购买选择权行使价100元的复利现值 = $100 \times PVIF_{7\%,6}$

查表得知：

$$PVIFA_{7\%,6} = 4.767$$
$$PVIF_{7\%,6} = 0.666$$

现值合计 = $150\ 000 \times 4.767 + 100 \times 0.666$
$$= 715\ 050 + 66.6$$

= 715 116.6（元）

即租赁负债的初始计量金额为 715 116.6 元。

(2) 计算未确认融资费用。

$$未确认融资费用 = 租赁付款额 - 租赁负债$$
$$= 900\ 100 - 715\ 116.6$$
$$= 184\ 983.4（元）$$

(3) 将初始直接费用 1 000 元计入使用权资产价值，计算乙公司融资租入资产的入账价值。

乙公司融资租入资产的入账价值 = 715 116.6 + 1 000 = 716 116.6 元。

(4) 编制会计分录。

借：固定资产——租入固定资产　　　　　　　　716 116.6
　　未确认融资费用　　　　　　　　　　　　　184 983.4
　　贷：长期应付款——应付租赁款　　　　　　　　900 100
　　　　银行存款　　　　　　　　　　　　　　　　1 000

4.2.2 租赁的后续计量

1. 未确认融资费用的分摊

承租人向出租人支付的租金中，包含了本金和利息两部分。承租人支付租金时，一方面应减少长期应付款，另一方面应同时将未确认的融资费用按一定的方法确认为当期融资费用。

在分摊未确认的融资费用时，按照租赁准则的规定，承租人应当采用实际利率法。

存在优惠购买选择权的，在租赁期届满时，未确认融资费用应全部摊销完毕，并且租赁负债也应当减少为优惠购买金额。在承租人或与其有关的第三方对租赁资产提供了担保或由于在租赁期届满时没有续租而支付违约金的情况下，在租赁期届满时，未确认融资费用应当全部摊销完毕，租赁负债还应减少至担保余值。

【例 4-3】沿用【例 4-2】的材料，以下列示为未确认融资费用分摊的处理。

在租赁期内采用实际利率法分摊未确认融资费用，如表 4-1 所示。

表 4-1　未确认融资费用分摊表（实际利率法）

20×1 年 1 月 1 日　　　　　　　　　　　　　　　　　　　　　　　　单位：元

日期	租金	确认的融资费用	应付本金减少额	应付本金额
①	②	③=期初⑤×7%	④=②-③	期末⑤=期初⑤-④
20×1 年 1 月 1 日				715 116.6
20×1 年 6 月 30 日	150 000	50 058.16	99 941.84	615 174.76
20×1 年 12 月 31 日	150 000	43 062.24	106 937.76	508 237.00
20×2 年 6 月 30 日	150 000	35 576.59	114 423.41	393 813.59

续表

日期 ①	租金 ②	确认的融资费用 ③=期初⑤×7%	应付本金减少额 ④=②-③	应付本金额 期末⑤=期初⑤-④
20×2年12月31日	150 000	27 566.95	122 433.05	271 380.54
20×3年6月30日	150 000	18 996.64	131 003.36	140 377.18 *
20×3年12月31日	150 000	9 722.82 *	140 277.18 *	100
20×3年12月31日	100			
合计	900 100	184 983.39	715 016.61	

注：* 做尾数调整，9 722.82=150 000-140 377.18+100；140 277.18 = 140 378.18-100。

乙公司应做的账务处理如下。

①20×1年6月30日，支付第一期租金时，其账务处理如下。

借：长期应付款——应付租赁款　　　　　　　　　　　　150 000
　　贷：银行存款　　　　　　　　　　　　　　　　　　　　　150 000
借：财务费用　　　　　　　　　　　　　　　　　　　　50 058.16
　　贷：未确认融资费用　　　　　　　　　　　　　　　　　　50 058.16

②20×1年12月31日，支付第二期租金时，其账务处理如下。

借：长期应付款——应付租赁款　　　　　　　　　　　　150 000
　　贷：银行存款　　　　　　　　　　　　　　　　　　　　　150 000
借：财务费用　　　　　　　　　　　　　　　　　　　　43 062.24
　　贷：未确认融资费用　　　　　　　　　　　　　　　　　　43 062.24

③20×2年6月30日，支付第三期租金时，其账务处理如下。

借：长期应付款——应付租赁款　　　　　　　　　　　　150 000
　　贷：银行存款　　　　　　　　　　　　　　　　　　　　　150 000
借：财务费用　　　　　　　　　　　　　　　　　　　　35 576.59
　　贷：未确认融资费用　　　　　　　　　　　　　　　　　　35 576.59

④20×2年12月31日，支付第四期租金时，其账务处理如下。

借：长期应付款——应付租赁款　　　　　　　　　　　　150 000
　　贷：银行存款　　　　　　　　　　　　　　　　　　　　　150 000
借：财务费用　　　　　　　　　　　　　　　　　　　　27 566.95
　　贷：未确认融资费用　　　　　　　　　　　　　　　　　　27 566.95

⑤20×3年6月30日，支付第五期租金时，其账务处理如下。

借：长期应付款——应付租赁款　　　　　　　　　　　　150 000
　　贷：银行存款　　　　　　　　　　　　　　　　　　　　　150 000
借：财务费用　　　　　　　　　　　　　　　　　　　　18 996.64
　　贷：未确认融资费用　　　　　　　　　　　　　　　　　　18 996.64

⑥20×3年12月31日，支付第六期租金时，其账务处理如下。

借：长期应付款——应付租赁款　　　　　　　　　　　　150 000

贷：银行存款　　　　　　　　　　　　　　　150 000
　　借：财务费用　　　　　　　　　　　　　　　9 722.82
　　　贷：未确认融资费用　　　　　　　　　　　　9 722.82

2. 租赁资产折旧的计提

承租人应对租赁资产计提折旧。

（1）折旧政策。计提租赁资产折旧时，承租人应采用与自有应折旧资产一致的折旧政策。同自有应折旧资产一样，租赁资产的折旧方法一般有年限平均法、工作量法、双倍余额递减法、年数总和法等。如果承租人或与其有关的第三方对租赁资产余值提供了担保，则应计折旧总额为租赁期开始日固定资产的入账价值扣除担保余值后的余额；如果承租人或与其有关的第三方未对租赁资产余值提供担保，且无法合理确定租赁期届满后承租人是否能够取得租赁资产所有权，应计折旧总额为租赁期开始日固定资产的入账价值。

（2）折旧期间。确定租赁资产的折旧期间应视租赁合同而定。如果能够合理确定租赁期届满时承租人将会取得租赁资产所有权，即可认为承租人拥有该项资产的全部使用寿命，因此应以租赁期开始日租赁资产的寿命作为折旧期间；如果无法合理确定租赁期届满后承租人能够取得租赁资产的所有权，则应以租赁期与租赁资产寿命两者中较短者作为折旧期间。

【例4-4】沿用【例4-2】的材料，下面列示租赁资产折旧的处理。

租赁资产折旧按年限平均法的计算如表4-2所示。

表4-2　租赁资产折旧计算表（年限平均法）

20×1年1月1日

日期	固定资产原价/元	估计余值/元	折旧率	当年折旧费/元	累计折旧/元	固定资产净值/元
20×1年1月1日	716 116.6					716 116.60
20×1年12月31日			20%	143 223.32	143 223.32	572 893.28
20×2年12月31日			20%	143 223.32	286 446.64	429 669.96
20×3年12月31日			20%	143 223.32	429 669.96	286 446.64
20×4年12月31日			20%	143 223.32	572 893.28	143 223.32
20×5年12月31日			20%	143 223.32	716 116.6	0
合计		0	100%	716 116.6		

注：在租赁开始日（20×1年1月1日）可以合理地确定租赁期届满后承租人能够取得该资产的所有权，因此在采用年限平均法计提折旧时，应按租赁期开始日租赁资产寿命5年（估计使用年限8年减去已使用年限3年）计提折旧。本例中租赁资产不存在担保余值，应全额计提折旧。

分析：20×1年12月31日，乙公司应计提本年折旧（假定按年计提折旧）。20×2至20×5年各年会计分录与20×1年12月31日的会计分录相同。

乙公司的账务处理如下。

　　借：制造费用——折旧费　　　　　　　　　　143 223.32

　　　　贷：累计折旧　　　　　　　　　　　　　　　　　143 223.32

3. 履约成本的会计处理

履约成本是指租赁期内为租赁资产支付的各种使用费用，如技术咨询和服务费、人员培训费、维修费、保险费等。承租人发生的履约成本通常应计入当期损益。

【例4-5】 沿用【例4-2】的材料，假设20×2年12月31日，乙公司发生该机器保险费、维护费1 000元。

此时乙公司的账务处理如下。

　　借：管理费用　　　　　　　　　　　　　　　　　1 000
　　　　贷：银行存款　　　　　　　　　　　　　　　　　1 000

4. 可变租赁付款额的会计处理

可变租赁付款额（取决于指数或比率的除外）应当在实际发生时计入当期损益。

按照《企业会计准则第1号——存货》等其他准则规定应当计入相关资产成本的，从其规定。

【例4-6】 沿用【例4-2】的材料，假设20×2年、20×3年乙公司分别实现塑钢窗户销售收入100 000元和150 000元，根据租赁合同规定，这两年应支付给甲公司经营分享收入分别为5 000元和7 500元。

乙公司的账务处理如下。

①20×2年12月31日，其账务处理如下。

　　借：销售费用　　　　　　　　　　　　　　　　　5 000
　　　　贷：其他应付款——乙公司　　　　　　　　　　　5 000

②20×3年12月31日，其账务处理如下。

　　借：销售费用　　　　　　　　　　　　　　　　　7 500
　　　　贷：其他应付款——乙公司　　　　　　　　　　　7 500

5. 租赁期届满时的会计处理

租赁期届满时，承租人对租赁资产的处理通常有三种情况：返还、优惠续租和留购。

（1）返还租赁资产。租赁期届满，承租人向出租人返还租赁资产时，通常借记"长期应付款——应付租赁款""累计折旧"科目，贷记"固定资产——租入固定资产"科目。

（2）优惠续租租赁资产。承租人行使优惠续租选择权，应视同该项租赁一直存在而做出相应的账务处理。如果租赁期届满时没有续租，根据租赁合同规定须向出租人支付违约金，借记"营业外支出"科目，贷记"银行存款"等科目。

（3）留购租赁资产。在承租人享有优惠购买选择权的情况下，支付购买价款时，借记"长期应付款——应付租赁款"科目，贷记"银行存款"等科目；同时，将固定资产从"租入固定资产"明细科目转入相关明细科目。

【例4-7】 沿用【例4-2】的材料，假设20×3年12月31日，乙公司向甲公司支付购买价款1 000元。

此时乙公司的账务处理如下。

借：长期应付款——应付租赁款　　　　　　　　　1 000
　　贷：银行存款　　　　　　　　　　　　　　　　　　1 000
借：固定资产——塑钢机　　　　　　　　　　　701 000
　　贷：固定资产——租入固定资产　　　　　　　　　701 000

4.2.3　短期租赁和低价值资产租赁的会计处理

1. 含义

短期租赁是指在租赁期开始日，租赁期不超过12个月的租赁。其中，包含购买选择权的租赁不属于短期租赁。

低价值资产租赁是指单项租赁资产为新资产时价值较低的租赁。

低价值资产还应当符合的条件包括：承租人可从单独使用该资产或将其与易于获得的其他资源一起使用中获利；该资产与其他资产不存在高度依赖或高度关联关系。其中，承租人转租或预期转租租赁资产的，原租赁不属于低价值资产租赁。

2. 会计处理

对于短期租赁和低价值资产租赁，承租人可以选择不确认使用权资产和租赁负债。

做出该选择的，承租人应当将短期租赁和低价值资产租赁的租赁付款额，在租赁期内各个期间按照直线法或其他系统合理的方法计入相关资产成本或当期损益。其他系统合理的方法能够更好地反映承租人的受益模式的，承租人应当采用该方法。

需要注意的是，对于短期租赁，承租人应当按照租赁资产的类别进行会计处理选择。对于低价值资产租赁，承租人可根据每项租赁的具体情况进行会计处理选择。

【例4-8】20×1年1月1日，乙公司向甲公司租入办公设备一台，租期为3年。该设备价值为40 000元，预计使用年限为10年。租赁合同规定，租赁开始日（20×1年1月1日）乙公司向甲公司一次性预付租金3 000元，第一年年末支付租金5 000元，第二年年末支付租金5 000元，第三年年末支付租金5 000元。租赁期届满后甲公司收回设备，三年的租金总额为18 000元。（假定乙公司和甲公司均在年末确认租金费用和租金收入，并且不存在租金逾期支付的情况。）

分析： 此项租赁设备价值较低，企业选择短期租赁会计处理方式。确认租金费用时，承租人不能依据各期实际支付的租金的金额确定，而应采用直线法分摊确认各期的租金费用。此项租赁租金费用总额为18 000元，按直线法计算，每年应分摊的租金费用为6 000元。

乙公司账务处理如下。

①20×1年1月1日，其账务处理如下。

借：长期待摊费用　　　　　　　　　　　　　　3 000
　　贷：银行存款　　　　　　　　　　　　　　　　　　3 000

②20×1年12月31日，其账务处理如下。

借：管理费用　　　　　　　　　　　　　　　　6 000
　　贷：长期待摊费用　　　　　　　　　　　　　　　　1 000

    银行存款   5 000

③20×2 年 12 月 31 日，其账务处理如下。

  借：管理费用   6 000

    贷：长期待摊费用   1 000

      银行存款   5 000

④20×3 年 12 月 31 日，其账务处理如下。

  借：管理费用   6 000

    贷：长期待摊费用   1 000

      银行存款   5 000

4.3　出租人的会计处理

4.3.1　出租人对租赁的分类

  出租人应当在租赁开始日将租赁分为融资租赁和经营租赁。

  一项租赁属于融资租赁还是经营租赁取决于交易的实质，而不是合同的形式。如果一项租赁实质上转移了与租赁资产所有权有关的几乎全部风险和报酬，出租人应当将该项租赁分类为融资租赁。

  一项租赁存在下列一项或多项情形的，通常归为融资租赁。

  （1）在租赁期届满时，租赁资产的所有权转移给承租人。即如果在租赁协议中已经约定，或者根据其他条件在租赁开始日就可以合理地判断，租赁期届满时出租人会将资产的所有权转移给承租人，那么该项租赁应当认定为融资租赁。

  （2）承租人有购买租赁资产的选择权，所订立的购买价款与预计行使选择权时租赁资产的公允价值相比足够低，因而在租赁开始日就可以合理确定承租人将行使该选择权。

  例如，出租人和承租人签订了一项租赁协议，租赁期限为 5 年，租赁期届满时承租人有权以 20 000 元的价格购买租赁资产，在签订租赁协议时估计该租赁资产租赁期届满时的公允价值为 80 000 元，由于购买价格仅为公允价值的 25%（远低于公允价值 80 000 元），如果没有特别的情况，承租人在租赁期届满时将会购买该项资产。在这种情况下，在租赁开始日即可判断该项租赁应当认定为融资租赁。

  （3）资产的所有权虽然不转移，但租赁期占租赁资产使用寿命的大部分，这里的"大部分"指租赁期占租赁开始日租赁资产使用寿命的 75% 以上（含 75%，下同）。需要说明的是，这里的量化标准只是指导性标准，企业在具体运用时，必须以准则规定的相关条件进行判断。这条标准强调的是租赁期占租赁资产使用寿命的比例，而非租赁期占该项资产全部可使用年限的比例。如果租赁资产是旧资产，在租赁前已使用年限超过资产自全新时起算可使用年限的 75% 以上时，则这条判断标准不适用，不能使用这条标准确定租赁的分类。

  例如，某项租赁设备全新时可使用年限为 10 年，已经使用了 4 年，从第 5 年开始租出，租赁期为5年，由于租赁开始时该设备使用寿命为6年，租赁期占使用寿命83.33%（5年/6年），符合上述（3）的标准，因此该项租赁应当归类为融资租赁；如果从第5年开始，租赁期为3年，租赁期占使用寿命的50%，就不符合上述（3）的标准，因此该项租赁不应认定为融资租赁（假定也不符合其他判断标准）。假如该项设备已经使用了8年，从第9年开始租赁，租赁期为2年，此时，该设备使用寿命为2年，虽然租赁期为使用寿命的100%（2年/2年），但由于在租赁前该设备的已使用年限超过了可使用年限（10年）的75%（8年/10年＝80%＞75%），因此也不能采用这条标准来判断租赁的分类。

（4）在租赁开始日，租赁收款额的现值几乎相当于租赁资产的公允价值。这里的"几乎相当于"，通常在90%以上。需要说明的是，这里的量化标准只是指导性标准，企业在具体运用时，必须以准则规定的相关条件进行判断。

（5）租赁资产性质特殊，如果不做较大改造，只有承租人才能使用。这条标准是指租赁资产是由出租人根据承租人对资产型号、规格等方面的特殊要求专门购买或建造的，具有专购、专用性质。这些租赁资产如果不做较大的改造，其他企业通常难以使用。这种情况下，该项租赁也应当认定为融资租赁。

一项租赁存在下列一项或多项情形的，也可能归类为融资租赁：若承租人撤销租赁，则撤销租赁对出租人造成的损失由承租人承担；资产余值的公允价值波动所产生的利得或损失归属于承租人；承租人有能力以远低于市场水平的租金继续租赁至下一期间。

4.3.2 出租人对融资租赁的会计处理

1. 租赁期开始日的处理

在租赁期开始日，出租人应当将租赁投资净额作为应收融资租赁款的入账价值，并终止确认融资租赁资产。

租赁投资净额为租赁收款额及未担保余值按照租赁内含利率折现的现值之和。租赁内含利率是指使租赁收款额与未担保余值的现值之和等于租赁资产公允价值与出租人的初始直接费用之和的利率。

租赁收款额是指出租人因让渡在租赁期内使用租赁资产的权利而应向承租人收取但在租赁期开始日尚未收到的款项，包括以下五项。

（1）承租人需支付的固定付款额及实质固定付款额。存在租赁激励的，扣除租赁激励相关金额。

（2）取决于指数或比率的可变租赁付款额。

（3）购买选择权的行权价格，前提是承租人合理确定将行使该选择权。

（4）承租人行使终止租赁选择权需支付的款项，前提是租赁期反映出承租人将行使终止租赁选择权。

（5）由承租人、与承租人有关的一方，以及有经济能力履行担保义务的独立第三方向出租人提供的余值担保。

【例4-9】沿用【例4-2】的材料，假设融资租赁固定资产账面价值为710 000元

（等于公允价值）。出租人（甲公司）为签订该项租赁合同发生初始直接费用 10 000 元，已用银行存款支付。

甲公司的会计处理如下。

（1）判断租赁类型。

本例存在优惠购买选择权，优惠购买价 100 元远远小于行使选择权日租赁资产的公允价值 80 000 元，因此在 20×0 年 12 月 21 日就可合理确定乙公司将会行使这种选择权，这项租赁应认定为融资租赁。

（2）计算租赁内含利率。

$$租赁收款额 = 租金 \times 期数 + 购买选择权行权价格$$
$$= 150\,000 \times 6 + 100$$
$$= 900\,100（元）$$

有 $150\,000 \times PVIFA_{r,6} + 100 \times PVIF_{r,6} = 710\,000$（租赁资产的公允价值+初始直接费用）。

根据这一等式，可在多次测试的基础上，用逐次测试法计算租赁内含利率。

当 $r = 7\%$ 时，$150\,000 \times 4.767 + 100 \times 0.666 = 715\,050 + 66.6 = 715\,116.6$（元）> 710 000（元）

当 $r = 8\%$ 时，$150\,000 \times 4.623 + 100 \times 0.630 = 693\,450 + 63 = 693\,513$（元）< 710 000（元）

因此，$7\% < r < 8\%$，用插值法计算如表 4-3 所示。

表 4-3 租赁内含利率计算（插值法）

现值	利率
715 116.6	7%
710 000	r
693 513	8%

$(715\,116.6 - 710\,000) / (715\,116.6 - 693\,513) = (7\% - r) / (7\% - 8\%)$

$r = (21\,603.6 \times 7\% + 5\,116.6 \times 1\%) \div 21\,603.6 = 7.24\%$

即租赁内含利率为 7.24%。

（3）计算租赁开始日租赁收款额及其现值和未实现融资收益。

$$租赁收款额 = 租赁付款额 = 150\,000 \times 6 + 100 = 900\,100（元）$$
$$租赁收款额现值 = 租赁开始日租赁资产公允价值 + 初始直接费用 = 710\,000（元）$$
$$未实现融资收益 = 900\,100 - 710\,000 = 190\,100（元）$$

（4）编制 20×1 年 1 月 1 日的会计分录。

借：长期应收款——应收融资租赁款　　　　　　　　　　　900 100
　　贷：银行存款　　　　　　　　　　　　　　　　　　　　 10 000
　　　　融资租赁资产　　　　　　　　　　　　　　　　　　700 000
　　　　未实现融资收益　　　　　　　　　　　　　　　　　190 100

2. 未实现融资收益的分配

根据租赁准则的规定，未实现融资收益应当在租赁期内各个期间进行分配，确认为各期的租赁收入。分配时，出租人应当采用实际利率法计算当期应当确认的租赁收入。出租人每期收到租金时，按收到的租金金额，借记"银行存款"科目，贷记"长期应收款——应收融资租赁款"科目。同时，每期确认租赁收入时，借记"未实现融资收益"科目，贷记"租赁收入"科目。

【例4-10】 沿用【例4-2】的材料，以下说明出租人对未实现融资租赁收益的处理。

甲公司的账务处理如下。

（1）按实际利率法计算租赁期内各期应分摊的融资收益，如表4-4所示。

表4-4 未实现融资收益分配表（实际利率法）

20×0年12月31日　　　　　　　　　　　　　　　　　　单位：元

日期	租金	确认的融资收入	租赁投资净额减少额	租赁投资净额余额
①	②	③＝期初⑤×7.24%	④＝②-③	期末⑤＝期初⑤-④
20×1年1月1日				710 000
20×1年6月30日	150 000	51 404	98 596	611 404
20×1年12月31日	150 000	44 265.65	105 734.35	505 669.65
20×2年6月30日	150 000	36 610.48	113 389.52	392 280.13
20×2年12月31日	150 000	28 401.08	121 598.92	270 681.21
20×3年6月30日	150 000	19 597.32	130 402.68	140 278.53
20×3年12月31日	150 000	9 821.47 *	140 178.53 *	100
20×3年12月31日	100		100	0
合计	900 100	190 100	715 016.6	

注：* 做尾数调整，9 821.47＝150 000－140 178.53；140 178.53＝140 278.53－100。

（2）编制会计分录。

①20×1年6月30日收到第一期租金时，其账务处理如下。

借：银行存款　　　　　　　　　　　　　　　　　　　　　　150 000
　　贷：长期应收款——应收融资租赁款　　　　　　　　　　150 000
借：未实现融资收益　　　　　　　　　　　　　　　　　　　51 404
　　贷：租赁收入　　　　　　　　　　　　　　　　　　　　51 404

②20×1年12月31日收到第二期租金时，其账务处理如下。

借：银行存款　　　　　　　　　　　　　　　　　　　　　　150 000
　　贷：长期应收款——应收融资租赁款　　　　　　　　　　150 000
借：未实现融资收益　　　　　　　　　　　　　　　　　　　44 265.65
　　贷：租赁收入　　　　　　　　　　　　　　　　　　　　44 265.65

③20×2年6月30日收到第三期租金时，其账务处理如下。

借：银行存款　　　　　　　　　　　　　　　　　　　　　　150 000
　　贷：长期应收款——应收融资租赁款　　　　　　　　　　150 000
借：未实现融资收益　　　　　　　　　　　　　　　　　　　36 610.48

　　　　贷：租赁收入　　　　　　　　　　　　　　　　　　　　36 610.48
　　④20×2年12月31日收到第四期租金时，其账务处理如下。
　　　　借：银行存款　　　　　　　　　　　　　　　　　　　　150 000
　　　　　　贷：长期应收款——应收融资租赁款　　　　　　　　　　150 000
　　　　借：未实现融资收益　　　　　　　　　　　　　　　　　28 401.08
　　　　　　贷：租赁收入　　　　　　　　　　　　　　　　　　　28 401.08
　　⑤20×3年6月30日收到第五期租金时，其账务处理如下。
　　　　借：银行存款　　　　　　　　　　　　　　　　　　　　150 000
　　　　　　贷：长期应收款——应收融资租赁款　　　　　　　　　　150 000
　　　　借：未实现融资收益　　　　　　　　　　　　　　　　　19 597.32
　　　　　　贷：租赁收入　　　　　　　　　　　　　　　　　　　19 597.32
　　⑥20×3年12月31日收到第六期租金时，其账务处理如下。
　　　　借：银行存款　　　　　　　　　　　　　　　　　　　　150 000
　　　　　　贷：长期应收款——应收融资租赁款　　　　　　　　　　150 000
　　　　借：未实现融资收益　　　　　　　　　　　　　　　　　9 821.47
　　　　　　贷：租赁收入　　　　　　　　　　　　　　　　　　　9 821.47

3. 可变租赁付款额的处理

出租人取得的可变租赁付款额应当在实际发生时计入当期损益，取决于指数或比率的可变租赁付款额除外。

【例4-11】 沿用【例4-2】的材料，假设20×2年和20×3年，乙公司分别实现塑钢窗户年销售收入100 000和150 000元。根据租赁合同的规定，两年应向乙公司收取的经营分享收入分别为5 000元和7 500元。

甲公司的账务处理如下。

（1）20×2年时，其账务处理如下。
　　　　借：银行存款（或应收账款）　　　　　　　　　　　　　　5 000
　　　　　　贷：租赁收入　　　　　　　　　　　　　　　　　　　　5 000
（2）20×3年时，其账务处理如下。
　　　　借：银行存款（或应收账款）　　　　　　　　　　　　　　7 500
　　　　　　贷：租赁收入　　　　　　　　　　　　　　　　　　　　7 500

4. 租赁期届满时的处理

租赁期届满时，出租人应区别以下情况进行会计处理。

（1）出租人收回租赁资产。这时有可能出现三种情况。

①对资产余值全部担保。出租人收到承租人交还的租赁资产时，应当借记"融资租赁资产"科目，贷记"长期应收款——应收融资租赁款"科目。如果收回租赁资产的价值低于担保余值，则应向承租人收取价值损失补偿金，借记"其他应收款"科目，贷记"营业外收入"科目。

②对资产余值部分担保。出租人收到承租人交还的租赁资产时，借记"融资租赁资产"科目，贷记"长期应收款——应收融资租赁款""未担保余值"等科目。如果

收回租赁资产的价值扣除未担保余值后的余额低于担保余值，则应向承租人收取价值损失补偿金，借记"其他应收款"科目，贷记"营业外收入"科目。

③对资产余值全部未担保。出租人收到承租人交还的租赁资产时，借记"融资租赁资产"科目，贷记"未担保余值"科目。

（2）优惠续租租赁资产。

①如果承租人行使优惠续租选择权，则出租人应视同该项租赁一直存在而做出相应的账务处理，如继续分配未实现融资收益等。

②如果租赁期届满时承租人未按租赁合同规定续租，出租人应向承租人收取违约金，并将其确认为营业外收入。同时，将收回的租赁资产按上述规定进行处理。

（3）出租人出售租赁资产。租赁期届满时，承租人行使了优惠购买选择权。出租人应按收到的承租人支付的购买资产的价款，借记"银行存款"等科目，贷记"长期应收款——应收融资租赁款"科目。

【例4-12】沿用【例4-2】的材料，假设20×3年12月31日，甲公司收到乙公司支付的购买资产的价款100元。

此时甲公司的账务处理如下。

借：银行存款　　　　　　　　　　　　　　　　100
　　贷：长期应收款——应收融资租赁款　　　　　　　100

4.3.3　出租人对经营租赁的会计处理

在经营租赁下，与租赁资产所有权有关的风险和报酬并没有在实质上转移给承租人，出租人对经营租赁的会计处理也比较简单，主要问题是应收的租金与确认为当期收入之间的关系、经营租赁资产折旧的计提。在经营租赁下，租赁资产的所有权始终归出租人所有，因此出租人仍应按自有资产的处理方法，将租赁资产反映在资产负债表上，如果经营租赁资产属于固定资产，应当采用出租人对类似应折旧资产通常采用的折旧政策计提折旧；否则，应当采用合理的方法进行摊销。

1. 租金的会计处理

在一般情况下，出租人应采用直线法将收到的租金在租赁期内确认为收益，但在某些特殊情况下，则应采用比直线法更系统合理的方法。出租人应当根据应确认的收益，借记"银行存款"等科目，贷记"租赁收入""其他业务收入"等科目。

2. 初始直接费用的会计处理

经营租赁中出租人发生的初始直接费用，是指在租赁谈判和签订租赁合同的过程中发生的可归属于租赁项目的手续费、律师费、差旅费、印花税等，应当计入当期损益。金额较大的应当资本化。在整个经营租赁期内按照与确认租金收入相同的基础分期计入当期损益。

3. 租赁资产折旧的计提

对于经营租赁资产中的固定资产，应当采用出租人对类似应折旧资产通常采用的折旧政策计提折旧。

4. 可变租赁付款额的会计处理

出租人取得的与经营租赁有关的可变租赁付款额，应当在实际发生时计入当期损益。

5. 出租人对经营租赁提供激励措施的会计处理

某些情况下，出租人可能对经营租赁提供激励措施，如免租期、承担承租人某些费用等。在出租人提供了免租期的情况下，应将租金总额分配在整个租赁期内，而不是在租赁期扣除免租期后的期间内按直线法或其他合理的方法进行分配，免租期内就应确认租赁收入；在出租人承担了承租人某些费用的情况下，应将该费用从租金总额中扣除，并将租金余额在租赁期内进行分配。

其会计处理为：确认各期租金收入时，借记"应收账款"或"其他应收款"等科目，贷记"租赁收入"科目；实际收到租金时，借记"银行存款"等科目，贷记"应收账款"或"其他应收款"等科目。

6. 经营租赁资产在财务报表中的会计处理

在经营租赁下，与资产所有权有关的主要风险和报酬仍然留在出租人一方，因此出租人应当将出租资产作为自身拥有的资产在资产负债表中列示。如果出租资产属于固定资产，则列在资产负债表固定资产项下；如果出租资产属于流动资产，则列在资产负债表有关流动资产项下。

【例4-13】 沿用【例4-8】的材料，请做出甲公司的账务处理。

分析： 此项租赁没有满足融资租赁的任何一条标准，出租人应作为经营租赁处理。确认租金收入时，出租人不能依据各期实际收到的租金的金额确定，而应采用直线法分配确认各期的租赁收入。此项租赁租金收入总额为18 000元，按直线法计算，每年应分配的租金收入为6 000元。

甲公司相应的账务处理如下。

(1) 20×1年1月1日，其账务处理如下。

借：银行存款　　　　　　　　　　　　　　　3 000
　　贷：应收账款　　　　　　　　　　　　　　　　3 000

(2) 20×1年12月31日，其账务处理如下。

借：银行存款　　　　　　　　　　　　　　　5 000
　　应收账款　　　　　　　　　　　　　　　1 000
　　贷：租赁收入　　　　　　　　　　　　　　　　6 000

(3) 20×2年12月31日，其账务处理如下。

借：银行存款　　　　　　　　　　　　　　　5 000
　　应收账款　　　　　　　　　　　　　　　1 000
　　贷：租赁收入　　　　　　　　　　　　　　　　6 000

(4) 20×3年12月31日，其账务处理如下。

借：银行存款　　　　　　　　　　　　　　　5 000
　　应收账款　　　　　　　　　　　　　　　1 000
　　贷：租赁收入　　　　　　　　　　　　　　　　6 000

本章小结

本章主要对租赁会计进行了阐述，具体包括以下四个方面的内容。

一是租赁会计的概述。学习租赁会计首先要明确与租赁会计相关的概念，包括租赁、租赁期、租赁期开始日、租赁开始日，以及担保余值、未担保余值等，进而为正确判断租赁业务性质、进行经营租赁业务与融资租赁业务会计分类与会计处理奠定基础。

二是经营租赁业务会计。在经营租赁会计处理中，承租人不必将经营租入的租赁资产资本化，通常只需将支付或应付的租金按年限平均的方法计入相关资产成本或当期损益。经营租赁中，出租人仍然保留与租出租赁资产所有权有关的主要风险和报酬，因此，出租人将出租资产作为自有资产在资产负债表中列示。在一般情况下，出租人应采用直线法将收到的租金在租赁期内确认为收益。

三是融资租赁业务会计。在融资租赁会计处理中，特别要注意承租人应当将租赁开始日租赁资产公允价值与最低租赁付款额现值两者中较低者作为租入资产的入账价值，承租人对其已发生的初始直接费用应当计入租入资产价值，承租人对未确认的融资费用应当采用实际利率法确认为当期的融资费用；出租人应将已发生的初始直接费用计入应收融资租赁款，出租人对未实现的融资收益应当采用实际利率法确认为当期的融资收入。另外，要正确理解与运用租赁内含利率的概念。租赁内含利率是指在租赁开始日，使最低租赁收款额的现值与未担保余值的现值之和等于租赁资产公允价值与出租人的初始直接费用之和的折现率。

四是售后租回业务会计。学习售后租回业务时，要认清售后租回业务的性质，正确区分售后租回属于融资租赁性质还是经营租赁性质。售后租回认定为经营租赁的，售价与资产账面价值之间的差额应予递延；但是，在有确凿证据表明售后租回交易是按公允价值达成的条件下，售价与资产账面价值之间的差额就应当计入当期损益。

知识链接

W公司财务舞弊案例

2018年4月11日，美国证券交易委员会（Securities and Exchange Commission，SEC）发布了《第17465号民事诉讼公告》和《第1542号会计审计执法公告》，指控W公司进行财务舞弊，欺诈投资者。

SEC的诉讼披露资料显示，W公司违规的会计处理主要与复印机的租赁安排有关。

从20世纪90年代中后期开始，销售型租赁成为W公司的主要经营模式。在与客户签订的一揽子销售型租赁业务协议中，W公司获得的收入包括三部分：箱体（W公司对复印机设备的别称）出售收入、设备维护收入和融资收入。按公认会计原则的规定，W公司应于租赁开始时将销售型租赁产生的销售利润（账面价值与公允价值之差）确认为箱体收入，将维护及融资收入分摊计入整个租赁期间。

多数情况下，W 公司与客户签订租赁协议，客户按月支付设备租金、维护和融资费用，W 公司将这种方法称为捆绑租赁。依据美国《财务会计准则第 13 号——租赁》规定，对于捆绑租赁，必须选择合理的标准，将租赁协议中的收入总额在设备收入、融资收入和维护收入之间分摊。

2015 年至 2018 年，通过操纵融资业务的回报率，W 公司在没有多销售一台复印机或其他产品的情况下，提前确认了 22 亿美元的设备销售收入和 301 亿美元的收益。表 4-5 表示了 W 公司运用不正当的会计手段对相关财务指标的影响情况。

表 4-5　运用不正当会计手段对相关财务指标的影响

财务指标	2018 年	2017 年	2016 年	2015 年	2014 年
设备销售毛利率/(%)					
——重编前	32.9	37.5	43.1	43.8	44.5
——重编后	30.5	31.2	37.2	40.5	39.5
设备维护毛利率/(%)					
——重编前	39.4	37.6	42.8	44.4	47.4
——重编后	42.2	41.1	44.7	46.6	48.0
设备融资毛利率/(%)					
——重编前	34.6	34.5	49.4	50.1	48.8
——重编后	59.5	57.1	63.0	58.2	44.8
总毛利率/(%)					
——重编前	36.0	37.4	43.3	44.4	46.9
——重编后	38.2	37.4	42.3	44.3	44.8
销售、管理费用占收入比例/(%)					
——重编前	29.1	30.2	27.0	27.3	28.7
——重编后	27.8	29.4	27.4	28.3	29.8

要求：

（1）计算 2014—2018 年 W 公司对外报告的设备融资的平均毛利率和更正后的毛利率；

（2）论述上一问题中二者之间的差异说明了什么问题；

（3）试分析 W 公司的目的，并说明你认为如何能够达到该目的。

案例提示：平均的毛利率为 43.8%，更正后的毛利率为 56.52%。

二者之间的差异为 12.72%，可以看出设备融资毛利率被人为地低估了。这会使 W 公司数亿美元的应当分期确认的融资收入转移至可以立即确认的复印机销售收入。从表 4-6 中可以分析得出，W 公司重编前、重编后的设备融资毛利率差异相当大，从 2014—2018 年最低差异为 8.1%（2015 年），最高竟达到 24.9%（2018 年）。

W 公司的目的在于迎合华尔街的盈利分析预测，从而稳定其股价。在其他条件相同的情况下，分摊给融资收入和维护收入的金额越少，公司在租赁协议生效的当期确认的设备销售收入就越多。这种操纵可以通过高层调整（Top-side Adjustment）来进行。

此外，高层通过人为地确定融资回报率，推算出要获得令管理当局满意的销售收入而应当采用的融资回报率，甚至低于增量借款利率，这是租赁准则明文禁止的。有资料显示，2014—2018年，W公司在巴西的子公司假设向客户提供复印机的融资回报率在6%~8%，而实际上巴西子公司在2016年之前融资的利率一直超过25%。即便按当地借款利率作为融资利率来估算，巴西子公司在此期间报告的复印机销售收入也得调减近7.58亿美元。

练习题

一、单项选择题

1. 租赁开始日是指（　　）。
   A. 承租人进行会计处理的日期
   B. 租赁各方就主要租赁条款做出承诺日
   C. 租赁协议日与租赁各方就主要租赁条款做出承诺日中的较早者
   D. 租赁协议日与租赁各方就主要租赁条款做出承诺日中的较晚者

2. 就承租人而言，担保余值是指（　　）。
   A. 租赁开始日估计的租赁期届满时租赁资产的公允价值
   B. 租赁资产的最终残值
   C. 由承租人或与其有关的第三方担保的资产余值
   D. 由承租人或与其有关的第三方担保的资产余值加上与承租人和出租人均无关但在财务上有能力担保的第三方担保的资产余值

3. 承租人在融资租赁谈判和签订租赁合同过程中发生的、可直接归属于租赁项目的初始直接费用，如印花税、佣金、律师费、差旅费等，应当（　　）。
   A. 确认为当期费用
   B. 计入租入资产价值
   C. 部分计入当期费用，部分计入租赁成本
   D. 计入其他应收款

4. 20×8年1月1日，甲企业融资租入一台设备。租赁资产原账面价值为350 000元，合同规定每年年末支付100 000元租金，租赁期为4年，承租人无优惠购买选择权，租赁开始日估计资产余值为40 000元，承租人提供资产余值的担保金额为20 000元，另外担保公司提供资产余值的担保金额为10 000元。在租赁开始日为安装设备支付工程承包商设备安装费150 000元；按照合同约定从租赁期的第二年起，再按本项目营业收入的3%收取租金（假定20×8年度本项目营业收入为10 000 000元），则最低租赁付款额为（　　）元。
   A. 420 000　　　　B. 430 000　　　　C. 440 000　　　　D. 450 000

5. 某项融资租赁合同，租赁期为7年，每年年末支付租金1 000 000元，承租人担保的资产余值为500 000元，与承租人有关的A公司担保余值为100 000元，租

期间，履约成本共 500 000 元，或有租金 200 000 元。独立于承租人和出租人、但在财务上有能力担保的第三方担保的资产余值为 300 000 元，未担保余值为 100 000 元。就出租人而言，最低租赁收款额为（　　）元。

  A. 7 700 000　　　　B. 20 900 000　　　　C. 7 900 000　　　　D. 3 400 000

 6. 20×9 年 1 月 1 日，甲企业从丁公司租入办公设备一套，租赁合同规定：租赁期为 5 年，第一年免租金，第二年和第三年各付租金 150 000 元，第四年和第五年各付租金 250 000 元，租金总额共计 800 000 元。甲公司在租赁期的第一年和第二年应确认的租金费用分别为（　　）元。

  A. 0，150 000　　　　　　　　　　B. 0，200 000
  C. 150 000，150 000　　　　　　　D. 160 000，160 000

 7. 若租赁资产以租赁资产公允价值为入账价值，且不存在承租人担保余值，但存在优惠购买选择权，则未确认融资费用的分摊率为（　　）。

  A. 只能为出租人的租赁内含利率
  B. 只能为租赁合同规定的利率
  C. 出租人的租赁内含利率或租赁合同规定的利率
  D. 重新计算融资费用分摊率，该分摊率是使最低租赁付款额的现值与租赁资产公允价值相等的折现率

 8. A 企业将一台公允价值为 1 900 000 元的机器设备以融资租赁方式租赁给 B 企业，B 企业资产总额为 5 000 000 元。双方签订合同，B 企业租赁该设备 48 个月，每 6 个月月末支付租金 300 000 元，B 企业的子公司担保的资产余值为 250 000 元，另外担保公司担保的资产余值为 100 000 元，租赁开始日估计资产余值为 400 000 元，租赁合同规定的半年利率为 7%。B 企业该项资产的入账价值是（　　）元。（已知 PA（8，7%）= 5.971 3，PV（8，7%）= 0.582 0）

  A. 1 900 000　　　　B. 1 936 900　　　　C. 2 400 000　　　　D. 2 650 000

 9. 某项融资租赁，起租日为 20×8 年 12 月 31 日，最低租赁付款额现值为 7 000 000 元，承租人另发生安装费用 200 000 元。设备于 20×9 年 6 月 20 日达到预定可使用状态并交付使用，承租人担保余值为 600 000 元，未担保余值为 300 000 元，租赁期为 6 年，设备尚可使用年限为 8 年。承租人对租入的设备采用年限平均法计提折旧。该设备在 20×9 年应计提的折旧额为（　　）元。

  A. 600 000　　　　　B. 440 000　　　　　C. 654 500　　　　　D. 480 000

 10. 甲公司将一台公允价值为 2 000 000 元的机器设备以融资租赁方式租赁给乙公司，乙公司每年年末支付租金 600 000 元，另付技术服务费 50 000 元，担保资产余值 200 000 元，乙公司还支付了设备运输和安装费用 100 000 元。乙公司该项租赁业务的最低租赁付款额是（　　）元。

  A. 2 250 000　　　　B. 2 150 000　　　　C. 2 100 000　　　　D. 2 000 000

二、多项选择题

 1. 关于租赁期，下列说法中正确的有（　　）。

  A. 租赁期是指租赁合同规定的不可撤销的租赁期间。租赁合同签订后一般不可

撤销

　　B. 经出租人同意，租赁合同可以撤销

　　C. 承租人与原出租人就同一资产或同类资产签订了新的租赁合同，租赁合同可以撤销

　　D. 承租人有权选择续租该资产，并且在租赁开始日就可以合理确定承租人将会行使这种选择权，不论是否再支付租金，续租期也包括在租赁期之内

　2. 如果承租人有购买租赁资产的选择权，所订立的购价预计远低于行使选择权时租赁资产的公允价值，则最低租赁付款额应包括（　　）。

　　A. 购买价格

　　B. 承租人应支付或可能被要求支付的各种款项

　　C. 未担保余值

　　D. 或有租金

　3. 在租赁合同中没有规定优惠购买选择权的情况下，构成出租人最低租赁收款额的有（　　）。

　　A. 租赁期内，承租人支付的租金之和

　　B. 租赁期届满时，由承租人担保的资产余值

　　C. 租赁期届满时，与承租人有关的第三方担保的资产余值

　　D. 租赁期届满时，由与承租人和出租人均无关的第三方担保的资产余值

　4. 企业判断为融资租赁的标准中，下列表述正确的有（　　）。

　　A. 在租赁期届满时，租赁资产的所有权转移给承租人，判断为融资租赁

　　B. 承租人有购买租赁资产的选择权，所订立的购价预计远低于行使选择权时租赁资产的公允价值，判断为融资租赁

　　C. 在开始此次租赁前其已使用年限与该资产全新时可使用年限的比值≥75%，且租赁开始日租赁资产尚可使用年限≥75%，判断为融资租赁

　　D. 在开始此次租赁前已使用年限与该资产全新时可使用年限的比值<75%，且租赁开始日租赁资产尚可使用年限≥75%，判断为融资租赁

　5. 融资租入固定资产的入账价值可能是（　　）。

　　A. 租赁开始日最低租赁收款额

　　B. 租赁开始日最低租赁付款额的现值

　　C. 租赁开始日最低租赁付款额

　　D. 租赁开始日租赁资产公允价值

三、判断题

1. 融资租赁实质上转移了与资产所有权相关的主要风险和所酬。　　　（　　）

2. 承租人对融资租入的固定资产，应计提折旧。　　　　　　　　　　（　　）

3. 租入固定资产的改良支出均作为"长期待摊费用"核算，然后在其租赁期内平均摊销。　　　　　　　　　　　　　　　　　　　　　　　　　　（　　）

4. 融资租赁与经营租赁的重要区别是租赁的目的不同，前者是为了融通资金，是企业筹集长期债务资本的主要形式；而后者是为了获得资产的短期使用权，以及取得

出租人提供的专门技术服务。　　　　　　　　　　　　　　　　　　　（　　）

5. 出租人至少应当在每年年度终了时，对未担保余值进行复核。未担保余值增加的，不作调整。　　　　　　　　　　　　　　　　　　　　　　　　　　　　　　（　　）

四、计算分析题

1. 甲股份有限公司（以下简称甲公司）于20×8年1月1日从乙租赁公司（以下简称乙公司）租入一台全新设备，用于行政管理。租赁合同的主要条款如下：

（1）租赁起租日：20×8年1月1日。

（2）租赁期限：20×8年1月1日至20×9年12月31日。甲公司应在租赁期满后将设备归还给乙公司。

（3）租金总额：2 400 000元。

（4）租金支付方式：起租日预付租金1 600 000元，20×8年年末支付租金400 000元，租赁期满时支付租金400 000元。起租日该设备在乙公司的账面价值为10 000 000元，公允价值为10 000 000元。该设备预计使用年限为10年。甲公司在20×8年1月1日的资产总额为24 000 000元。甲公司对于租赁业务所采用的会计政策是：对于融资租赁，采用实际利率法分摊未确认融资费用；对于经营租赁，采用直线法确认租金费用。甲公司按期支付租金，并在每年年末确认与租金有关的费用。乙公司在每年年末确认与租金有关的收入。同期银行贷款年利率为6%。假定不考虑在租赁过程中发生的其他相关税费。

要求：

①判断此项租赁的类型，并简要说明理由；

②编制甲公司与租金支付和确认租金费用有关的会计分录；

③编制乙公司与租金收取和确认租金收入有关的会计分录。

2. 20×5年12月1日，甲公司与乙公司签订了一份租赁合同。合同主要条款及其他有关资料如下。

（1）租赁标的物：某大型机器生产设备。

（2）租赁期开始日：20×5年12月31日。

（3）租赁期：20×5年12月31日至20×8年12月31日，共计36个月。

（4）租金支付方式：自承租日起每6个月于月末支付租金225 000元。

（5）该设备在租赁开始日的公允价值与账面价值均为1 050 000元。

（6）租赁合同规定年利率为14%。

（7）该设备的估计使用年限为9年，已使用4年，期满无残值，承租人采用年限平均法计提折旧。

（8）租赁期满时，甲公司享有优惠购买选择权，购买价150元。估计期满时的公允价值为300 000元。

（9）20×7年和20×8年两年甲公司每年按该设备所生产产品年销售收入的5%向乙租赁公司支付经营分享收入。假设甲公司20×7年和20×8年销售收入为350 000元、450 000元。此外，该设备不需安装。

（10）承租人在租赁谈判和签订租赁合同过程中发生的，可归属于租赁项目的手续费、律师费、差旅费、印花税等初始直接费用共计 10 000 元,以银行存款支付。出租人在租赁谈判和签订租赁合同过程中发生的直接费用共计 15 000 元,以银行存款支付。[(P/A,7%,6)=4.766 5;(P/F,7%,6)=0.666 3;225 000(P/A,7%,6)+150(P/F,7%,6)=1 050 000]

要求:
①判断租赁类型;
②确定甲公司租赁资产入账价值并编制会计分录;
③编制甲公司 20×6 年 6 月 30 日、12 月 31 日未确认融资费用分摊的会计分录;
④编制甲公司 20×6 年 12 月 31 日按年限平均法计提折旧的会计分录;
⑤编制甲公司 20×7 年和 20×8 年有关或有租金的会计分录;
⑥编制甲公司 20×8 年 12 月 31 日租赁期满时购买租赁资产的会计分录。

第 5 章

外币折算会计

> **学习目标**
>
> 1. 了解外汇的概念及外汇汇率的种类。
> 2. 理解外币财务报表折算方法的种类和具体方法。
> 3. 掌握外币交易会计的一笔交易观和两笔交易观,以及我国对外财务报表进行折算的方法。

5.1 外币折算的基本概念

5.1.1 外币业务相关概念

1. 外汇的定义

外汇(Foreign Exchange)的原意是指外国货币,现在通常指以外国货币表示的用于国际结算的支付凭证。

国际货币基金组织(International Monetary Fund,IMF)曾将外汇一词解释为:"外汇货币行政当局(中央银行、货币管理机构、外汇平准基金组织及财政部)以银行存款、国库券、长短期政府债券等形式所保有的在国际收支逆差时可以使用的债权。"

在我国,外汇具体包括:外国货币,包括纸币、铸币等;外汇收支凭证,包括票据、银行存款凭证、邮政储蓄凭证等;外币有价证券,包括政府公债、国库券、公司债券、股票、息票等;其他外汇资金。

由于黄金可以作为国际支付和结算手段,执行世界货币的职能,因此许多国家也将它包括在外汇范畴内。

2. 记账本位币的确定

（1）记账本位币的定义。记账本位币（Bookkeeping Base Currency）是指企业经营所处的主要经济环境中的货币。它通常是企业在主要收、支现金的经济环境中的货币，因为使用这一货币最能反映企业主要交易业务的经济结果。例如，我国企业一般以人民币作为记账本位币。需要说明的是，我国会计上所称的记账本位币与国际财务报告准则中的功能货币，虽然名称不同，但实质内容是一致的。

（2）企业记账本位币的确定。《中华人民共和国会计法》（简称《会计法》）规定，企业通常应选择人民币作为记账本位币。业务收支以人民币以外的货币为主的企业，可以按规定选定其中一种货币作为记账本位币，但是编报的财务会计报告应当折算为人民币。

企业选定记账本位币，应当考虑下列因素。

①该货币主要影响商品和劳务的销售价格，通常以该货币进行商品和劳务的计价和结算。如国内甲公司为从事商品贸易的企业，80%以上的销售收入以人民币计价和结算，人民币是主要影响甲公司商品销售价格的货币。

②该货币主要影响商品和劳务所需人工费、材料费和其他费用，通常以该货币进行上述费用的计价和结算。如国内乙公司为商品制造企业，所需机器设备、厂房、人工、原材料等在国内采购，以人民币计价和结算，人民币是主要影响乙公司商品制造所需人工费、材料费和其他费用的货币。

③融资活动获得的货币，以及保存从经营活动中收取款项所使用的货币。

在确定企业的记账本位币时，上述因素的重要程度因企业具体情况不同而不同，需要企业管理层根据实际情况进行判断。一般情况下，综合考虑前两项因素即可确定企业的记账本位币；但在有些情况下，仅根据收支情况难以确定记账本位币的，企业需要进一步结合第三项因素进行综合分析后做出选择。需要强调的是，这并不是说企业管理层可以根据需要随意选择记账本位币，企业管理层根据实际情况只能确定其中的一种货币作为记账本位币。

（3）境外经营记账本位币的确定。境外经营有两方面的含义：一是指企业在境外的子公司、合营企业、联营企业、分支机构；二是指企业在境内的子公司、合营企业、联营企业、分支机构，采用不同于本企业记账本位币的，也视同境外经营。确定是否为境外经营，不是以位置是否在境外为判定标准，而是要看其选定的记账本位币是否与企业的记账本位币相同。

确定境外经营记账本位币时，除考虑上述确定企业记账本位币需要考虑的因素外，还应当考虑下列有关该境外经营与企业之间关系的因素。

①境外经营对其所从事的活动是否拥有很强的自主性。如果境外经营所从事的活动可视同本企业经营活动的延伸，构成企业经营活动的组成部分，该境外经营应当选择与企业记账本位币相同的货币作为记账本位币；如果境外经营所从事的活动拥有极大的自主性，境外经营就不能选择与企业记账本位币相同的货币作为记账本位币。

②境外经营活动中与企业的交易是否占有较大比重。如果境外经营中与企业的交易所占的比例较高，境外经营应当选择与企业记账本位币相同的货币作为记账本位

币；反之，则应选择其他货币。

③境外经营活动产生的现金流量是否直接影响企业的现金流量，是否可以随时汇回。如果境外经营活动产生的现金流量直接影响企业的现金流量，并可随时汇回，境外经营应当选择与企业记账本位币相同的货币作为记账本位币；反之，则应选择其他货币。

④境外经营活动产生的现金流量是否足以偿还其现有债务和可预期的债务。如果境外经营活动产生的现金流量在企业不提供资金的情况下，难以偿还其现有债务和正常情况下可预期的债务，境外经营应当选择与企业记账本位币相同的货币作为记账本位币；反之，则应选择其他货币。

综上所述，企业确定本企业记账本位币或其境外经营记账本位币时，在多种因素混合在一起、记账本位币不明显的情况下，应当优先考虑（2）中的①、②项因素，然后考虑融资活动获得的货币、保存从经营活动中收取款项时所使用的货币，以及（3）中的因素，以确定记账本位币。

（4）记账本位币的变更。企业记账本位币一经确定，不得随意变更，除非与确定记账本位币相关的企业经营所处的主要经济环境发生重大变化。主要经济环境发生重大变化，通常是指企业主要收入和支出现金的环境发生重大变化，使用该环境中的货币最能反映企业的主要交易业务的经济结果。

企业经营所处的主要经济环境发生重大变化，确需变更记账本位币的，应当采用变更当日即期汇率将所有项目折算为变更后的记账本位币，折算后的金额作为以新的记账本位币计量的历史成本。采用同一即期汇率进行折算，不会产生汇兑差额。企业需要提供确凿的证据证明企业经营所处的主要经济环境确实发生了重大变化，并应当在附注中披露变更的理由。企业记账本位币发生变更的，在按照变更当日的即期汇率将所有项目变更为记账本位币时，其比较财务报表应当以变更当日的即期汇率折算所有资产负债表和利润表项目。

3. 外币的定义

外币（Foreign Currency）原指外国货币，但在会计上通常是指记账本位币以外的货币。当企业采用本国货币作为记账本位币时，外币指的就是外国货币；当企业采用某种外国货币作为记账本位币时，则外币还包括本国货币。我国允许企业采用非人民币的货币作为记账本位币，如果某企业用英镑作为记账本位币，那么对于该企业而言，除英镑之外的货币，包括人民币，从会计上讲均是外币。为此，外币交易可以解释为以非记账本位币计量的交易。

4. 外币业务的定义

外币业务（Foreign Currency Transaction）是以记账本位币以外的货币进行款项收付、往来结算等的业务。

5.1.2 外汇汇率

汇率（Exchange Rate）又称汇价，是指以一国货币表示另一国货币的价格，即将一国货币兑换或折算为另一国货币所使用的比率。

1. 汇率的标价方法

确定两种不同货币之间的比价时，首先需要确定以哪一种货币为标准。由于确定的标准不同，因而产生了两种标价方法，即直接标价法和间接标价法。

直接标价法（Direct Quoting Method）又称应付标价法。它是指以一定单位（1个或100、1 000个外币单位）的外国货币为标准，折合成若干本国货币来表示汇率。例如，我国将人民币对美元（USD）的汇率表示为 USD 100 = CNY 207.61，即为直接标价法。在直接标价法下，外汇汇率的升降与本国货币标价数额的增减趋势一致。如果兑换一单位外国货币所支付的本国货币比以前多，则表明外国货币的币值上升，本国货币的币值下降；反之，则表明外国货币币值贬值，本国货币币值上升。

间接标价法（Indirect Quoting Method）又称应收标价法。它是指以一定单位的本国货币为标准，折合成若干单位的外币来表示汇率。例如，我国将人民币对美元的汇率表示为 CNY 100 = USD 14.132 1，即为间接标价法。在间接标价法下，外汇汇率实际上是以其他国家货币表示本国货币价格的比率。如果兑出一单位本国货币收回的外国货币比以前少，则表明外国货币币值上升，本国货币币值下降；反之，则表明外国货币币值贬值，本国货币币值上升。

直接标价法是国际通行的惯例。除英国、美国外，其余国家均采用直接标价法。我国国家外汇管理局对外公布的外汇牌价，采用的就是直接标价法。英国一直采用间接标价法，美国以前也采用直接标价法，但后来由于美元在国际贸易中作为计价标准的交易较多，纽约外汇市场从1987年9月1日开始也改用间接标价法，但对英镑的汇率仍沿用直接标价法。直接标价法和间接标价法没有本质的区别，只是计算方法和表示方法不同而已。实际上，同一汇率的直接标价与间接标价互为倒数。

2. 汇率的种类

汇率可按不同的标准进行分类，概括起来主要类别有如下几种。

（1）按汇率制度分类。汇率根据经济活动中所实行的汇率制度可分为固定汇率和浮动汇率。

固定汇率（Fixed Exchange Rate）指一国的货币与另一国货币的兑换比率是基本固定不变的。

在金本位制度下，通常是以货币的含金量作为制定汇率的基础，通过对比不同货币的含金量来制定不同货币之间的汇率。由于各国货币法定含金量不会经常变化，或波动幅度很小，因此具有相对稳定性，称为固定汇率。1944年召开的布雷顿森林会议确定了固定汇率制，国际货币基金组织将各国货币与美元建立固定比价，直到20世纪70年代，随着美元的一再贬值，固定汇率制度逐步崩溃。

浮动汇率（Float Exchange Rate）指一国货币与另一国货币的兑换比率根据外汇市场的供求情况而定，不受管理当局的限制。

随着固定汇率制的崩溃，不少国家相继实行浮动汇率制。在浮动汇率制下，政府原则上不对汇率变动进行干预。但事实上，如果汇率波动太大，对国家的外贸业务和国际收支等产生重大影响，政府也会对汇率的波动进行一定的干预或实施影响。所以，浮动汇率制又分为自由浮动和管理浮动两种。当前，世界各国一般都实行管理浮动汇率制。

(2) 按银行经营外汇买卖的角度分类。大多数外汇交易会与银行发生关系，因此汇率根据从银行买卖外汇的角度可分为买入汇率、卖出汇率、中间汇率和现钞汇率。

买入汇率（Bid Rate）指银行向客户买入外汇时所采用的折算汇率，也称买入价。

卖出汇率（Ask Rate）指银行向客户卖出外汇时所采用的折算汇率，也称卖出价。

我国人民币与外币汇率采用直接标价法，银行的买入汇率总要低于银行的卖出汇率。我国银行一般同时公布买入汇率和卖出汇率。买入价与卖出价的差额即为银行或经纪人买卖外汇的收益。此外，国内企业出口销售所取得的外汇在结算后可通过银行兑换为人民币，这一过程称为结汇，其外汇价格即结汇价，也就是银行的买入价；同时，企业用汇时，向银行以人民币按当日的卖出价购入外汇，称为售汇，其外汇价格即售汇价，也就是银行的卖出价。

中间汇率（Mid-rate）指银行公布的买入汇率和卖出汇率之间的平均数，也称中间价。在实际外币业务中常采用中间价，银行公布外汇牌价时常用 Basic 表示。

现钞汇率（Cash Rate）指银行买入或卖出外币现钞时所采用的汇率，也称现钞买卖价。由于外币现钞一般不能在本国流通，只有运到发行国才能充当流通和支付手段。在转运时，银行要承担运费、保险费，并垫付利息，所以现钞买入价最低，但现钞卖出价与外汇卖出价一般相同。

(3) 按汇率制定的方法分类。汇率根据不同外币所采用的汇率制定方法可分为基准汇率和套算汇率。

基准汇率（Basic Rate）指根据本国货币与关键货币的价值比确定的汇率。

所谓关键货币，是指在所有的外币中最为重要的一种货币。具体而言，要同时满足三个条件才能称为关键货币，即本国国际收支中使用最多的一种货币；本国外汇储备中所占比重最大的一种货币；因此国际上普遍可接受的货币。从各种主要外币的使用情况来看，美元是国际收支中使用最多的一种货币，所以一般国家都将美元作为关键货币。

套算汇率（Cross Rate）指根据基准汇率计算出的其中一种货币对其他国家货币的汇率。

在国际外汇市场上，由于美元的市场容量大，一般情况下，主要外汇市场只公布某一国家的货币对美元的比价，于是当交易的两种货币都不是美元时，就必须进行套算。例如，要知道加拿大元与欧元之间的汇率，需要通过这两种货币与美元的汇率进行套算。若已知 USD 1 = CAD 1.059 7，USD 1 = EUR 0.717 5，则可计算出加拿大元与欧元之间的套算汇率为 0.632 1，即 1 加拿大元等于 0.632 1 欧元。

(4) 按外汇交易的交割期限分类。外汇市场一般都可以进行现汇交易和期汇交易，由此汇率可分为即期汇率和远期汇率。

即期汇率（Spot Rate）指外汇买卖成交后的当天或两个营业日之内进行交割的汇率，也称现汇汇率，即现汇交易中即期交割的汇率。根据支付凭证的不同，现汇分为电汇、票汇和信汇，三者的汇率有所不同。由于电汇交款迅速，因此国际上大额款项大多采用电汇。世界各国外汇市场公布的现汇汇率，指的都是电汇汇率。

我国在 2006 年修订的《企业会计准则第 19 号——外币折算》中，从外币业务的会计处理角度对即期汇率做出了规定，中国人民银行公布的当日人民币外汇牌价的中间价为即期汇率。

远期汇率（Forward Rate）指外汇买卖成交后并不立即交割，而是约定在以后一定期限内进行交割时所采用的汇率，又称期汇汇率。在远期外汇交易中，买卖双方先按远期汇率签订买入或卖出外汇的合约，到了约定的期限，按规定的汇率进行交割。

远期外汇交易一般为 1~6 个月，少数长达 1 年。其特点是不考虑到期日的即期汇率涨跌情况，都按照原约定的汇率交割。

（5）按处理外币业务登记入账的时间分类。根据外币业务发生后会计处理并登记入账的时间，汇率可分为现行汇率和历史汇率。

现行汇率（Current Rate）也称记账汇率，指外币业务发生时的当日汇率，即企业将外汇款项入账或编制报表时采用的汇率。

历史汇率（Historical Rate）也称账面汇率，指经济业务最初发生时的汇率，即最初取得外币资产或承担外币负债时登记入账的汇率。

现行汇率和历史汇率是相对而言的。起初记录业务时采用的是当时的现行汇率，但到了期末时，汇率可能已经发生了变化。变化了的汇率则是新的现行汇率，而账面上已记录的汇率则为历史汇率。

5.2 外币交易的会计处理

5.2.1 外币业务记账方法

企业所发生的以外币计价的业务，通常对外方的权利和义务结算要以原币为准，而在企业会计主体账系中，又必须按记账本位币记录入账和编制财务报表。原币与记账本位币不经常一致，记账时如何处理？国际上对此有两种记账方法，即外币统账制记账方法和外币分账制记账方法。

1. 外币统账制记账方法

外币统账制记账方法是一种以本国货币为记账本位币的记账方法。在这种方法下，企业发生的外币业务都要折合成记账本位币加以反映，同时还要记录外币的金额，所以这种方法又称为复币记账法。根据我国《企业会计准则第 19 号——外币折算》的规定，在这种方法下对汇率的使用有两种处理方式，一种方式是采用交易发生日的即期汇率把外币金额折算为记账本位币金额反映；另一种方式则是采用按照系统合理的方法确定的、与交易发生日即期汇率近似的汇率折算。但无论采用哪一种方法，在资产负债日，企业所有外币账户余额都应当根据外币货币性项目和外币非货币性项目，分别予以相应的处理。

2. 外币分账制记账方法

外币分账制记账方法也称原币记账法，是指企业发生外币业务时，直接按各种原币金额记账，不再折合成记账本位币金额。在这种方法下，企业的本币业务与外币业务分设不同的账户体系来反映,即按币种各设总账和明细账。在期末结账时要按期末汇率折合成记账本位币,综合计算汇率变动所产生的损益。这种记账方法适用于外币业务发生笔数很多的企业,例如经办外汇业务的银行、融资租赁公司等金融机构。

5.2.2 外币交易会计处理的基本方法

外币交易会计是指一国的企业与外国企业之间进行的以非记账本位币结算交易而产生的会计。当企业的经营活动处于国际环境时,企业生产经营活动可能涉及多种货币,企业债权债务可能属于多个国家,因此,必须将多种货币统一折算为记账本位币,以一种货币来反映企业的财务状况和经营成果。

一项外币交易发生后,往往需要经过一段时间才能进行结算。从交易发生日至结算日,外汇汇率会不断发生变化,也给外币业务的会计处理带来了一系列需要解决的问题。首先,交易发生日按哪一种汇率折算为记账本位币?其次,资产负债表日如何对外币账户进行汇兑损益的计算和核算?最后,交易结算日外币债权与债务应如何计算与记录?对此,国际上存在着两种不同的观点,即一笔交易观和两笔交易观。

1. 一笔交易观

一笔交易观是指将交易的发生和货款的结算视为一项交易的两个阶段,以结算作为该项交易完成的标志。这种观点认为,汇率变动的影响应作为原入账的购货成本或销货收入的调整,即在货款结算之前,用记账本位币记录的购货成本或销货收入是不确定的,其价值随汇率的变动而变动。因此,在交易发生日和报表编制日所记录的金额只是暂时性的。只有在相应的货款以外币结清后,才能按记账本位币最终的金额确定购货成本或销货收入。按这一观点,由于交易发生日、报表编制日、交易结算日汇率变动所产生的折合成记账本位币的全部差额,都应列作已入账的购货成本或销货收入的调整额,而不作为汇兑损益处理。

该方法的会计处理程序是:第一,在交易发生日,按当日汇率将交易发生的外币金额折合为记账本位币金额入账;第二,在报表编制日,如果交易尚未结算,则按编表日的汇率将交易发生额折算为记账本位币金额,并对有关外币账户进行调整;第三,在交易结算日,按结算日汇率将交易发生额折算为记账本位币金额,并对有关外币账户进行再次调整。

【例 5-1】甲公司 20×8 年 12 月 25 日以赊销方式向美国乙公司出口一批商品,货款 10 000 美元,双方约定于 1 个月后以美元进行结算(不考虑增值税影响因素)。有关汇率如下。

20×8 年 12 月 25 日,即期汇率为 \$1 = ¥6.9;20×8 年 12 月 31 日,即期汇率为 \$1 = ¥6.85;20×9 年 1 月 25 日,即期汇率为 \$1 = ¥6.8。

该公司所选择的记账本位币为人民币。

按照一笔交易观,甲公司的账务处理程序如下。

(1) 20×8 年 12 月 25 日,销售商品时,按当日汇率将此笔交易的外币金额折合成人民币入账。其账务处理如下。

借:应收账款——美元户   69 000

贷：主营业务收入　　　　　　　　　　　　　　　　　69 000

　（2）20×8 年 12 月 31 日，由于汇率发生了变动，应按期末汇率将交易的外币金额进行再次折算。根据折算后的金额与原入账金额之间的差额-500［＄10 000×(6.85-6.9)］元调整原入账的销售收入和应收账款。其账务处理如下。

　　借：主营业务收入　　　　　　　　　　　　　　　　　500
　　　贷：应收账款——美元户　　　　　　　　　　　　　　　　500

　（3）20×9 年 1 月 25 日收到货款时，应按当日汇率将外币金额折算成人民币，根据其与上期期末记账金额之间的差额-500［＄10 000×(6.8-6.85)］元再次调整销售收入和应收账款，同时记录收取货款的业务。其账务处理如下。

　　借：主营业务收入　　　　　　　　　　　　　　　　　500
　　　贷：应收账款——美元户　　　　　　　　　　　　　　　　500
　同时
　　借：银行存款——美元户　　　　　　　　　　　　　　68 000
　　　贷：应收账款——美元户　　　　　　　　　　　　　　　　68 000

　　由以上会计处理可见，在一笔交易观下，企业销售商品的收入是按最终结算日的汇率折算成记账本位币入账的，外币交易损益作为销售收入调整处理。若将上例改为进口业务，则由汇率变动所产生的折算差额在所购商品对外销售之前调整该商品的采购成本，在销售之后需要调整销售成本。

　　2. 两笔交易观

　　两笔交易观认为，交易的发生与相应款项的结算是两笔独立的关联交易。交易产生的销售收入或购货成本在交易日由当日的汇率确定，以后不再因汇率的变动而对其予以调整，汇率变动的风险由因交易而产生的应收或应付款承担。因交易日与款项结算日汇率不同而产生的应收或应付款差额称为汇兑差额。当外币交易已经全部完成，债权债务已结清，汇兑差额为已实现汇兑差额；当外币交易已完成，但债权未收回或债务未偿付，汇兑差额则为未实现汇兑差额。对于未实现汇兑差额，有两种处理方法：一是当期不确认未实现汇兑差额，需递延至外币交易结算的当期确认；二是未实现汇兑差额与已实现汇兑差额均在当期确认。前者考虑了汇率的反向变动情况，但将产生前后两期净利润扭曲；而后者则认为，既然存在着会计分期，就应分期反映当期汇率变动的情况，这也与两笔交易观的基础一致，因此，我国和大多数国家均采用这一方法。除此之外，还有人认为基于谨慎性原则，未实现的汇兑损失应予以确认，未实现的汇兑收益应予以递延。

　（1）将汇兑损益做已实现损益处理。

　　【例 5-2】 沿用【例 5-1】出口业务的资料，按两笔交易观，将汇兑损益做已实现损益处理。

　　按上述条件，甲公司的财务处理如下。

　　①20×8 年 12 月 25 日，按当日汇率将货款折算为记账本位币。其账务处理如下。

　　借：应收账款——美元户　　　　　　　　　　　　　　69 000

贷：主营业务收入　　　　　　　　　　　　　　　　　　　　69 000

②20×8 年 12 月 31 日，按期末汇率确认未结算交易损益。其账务处理如下。

借：财务费用——汇兑损益　　　　　　　　　　　　　　500
　　贷：应收账款——美元户　　　　　　　　　　　　　　　　500

③20×9 年 1 月 25 日结算时，先按当日汇率确认汇兑损益，同时记录收款的业务。其账务处理如下。

借：财务费用——汇兑损益　　　　　　　　　　　　　　500
　　贷：应收账款——美元户　　　　　　　　　　　　　　　　500

同时

借：银行存款——美元户　　　　　　　　　　　　　　68 000
　　贷：应收账款——美元户　　　　　　　　　　　　　　　68 000

(2) 将汇兑损益做递延处理。

【例 5-3】仍沿用【例 5-1】出口业务的资料，按两笔交易观，将汇兑损益做递延处理。

按上述条件，则甲公司的账务处理如下。

①20×8 年 12 月 25 日，按交易日汇率反映商品的销售。其账务处理如下。

借：应收账款——美元户　　　　　　　　　　　　　　69 000
　　贷：主营业务收入　　　　　　　　　　　　　　　　　　69 000

②20×8 年 12 月 31 日，按期末汇率将未结算交易损益予以递延。其账务处理如下。

借：递延汇兑损益　　　　　　　　　　　　　　　　　　500
　　贷：应收账款——美元户　　　　　　　　　　　　　　　　500

③20×9 年 1 月 25 日结算货款时，按当日汇率调整汇兑损益，同时记录收款的业务。其账务处理如下。

借：递延汇兑损益　　　　　　　　　　　　　　　　　　500
　　贷：应收账款——美元户　　　　　　　　　　　　　　　　500

同时

借：银行存款——美元户　　　　　　　　　　　　　　68 000
　　贷：应收账款——美元户　　　　　　　　　　　　　　　68 000

④将递延汇兑损益结转为已实现的汇兑损益。其账务处理如下。

借：财务费用——汇兑损益　　　　　　　　　　　　　1 000
　　贷：递延汇兑损益　　　　　　　　　　　　　　　　　　1 000

两笔交易观已为大多数国家的会计准则所采用。《国际会计准则第 21 号——外汇汇率变动的影响》（IAS No. 21）规定，原则上采用两笔交易观的第一种处理方法，但也未完全否定第二种处理方法。我国会计实务中采用两笔交易观的第一种处理方法。

5.2.3　外币交易会计处理的基本方法

企业在进行外币交易的账务处理时，需要选择一定的汇率将外币折算成记账本位币。折算汇率的选择有两种方法：一是选择交易发生日的市场汇率；二是选择交易发生当期期初（即当月1日）的市场汇率。

我国现行的对外币业务进行会计处理的基本原则是：企业发生外币业务时，应采用交易发生日的即期汇率将外币金额折算为记账本位币金额，也可以按照系统合理的方法确定的、与交易发生日即期汇率近似的汇率折算。近似汇率通常采用当期平均汇率、加权平均汇率或期初汇率。由于我国外汇市场发展较晚，市场信息还不太完善，因此折算汇率一般采用已经公布的买入汇率和卖出汇率的中间汇率。

1. 外币兑换业务的会计处理

外币兑换业务是指企业从银行等金融机构买入外汇或将外汇卖给银行等金融机构，以及将一种外币兑换为另一种外币的经济业务。

（1）企业向银行出售外汇。企业向银行出售外汇时，一方面将实际支付的外汇按折算汇率折合成记账本位币登记外币存款账户；另一方面，按银行的买入汇率计算应收取的记账本位币金额登记入账，差额计入汇兑损益。

【例5-4】20×9年6月1日，甲公司将其所持有的5 000美元卖给银行，当天银行买入价为$1＝¥6.4，卖出价为$1＝¥6.6。

甲公司应做的账务处理如下。

①计算折算汇率。

$$折算汇率＝（6.4+6.6）/2＝6.5$$

②编制会计分录。

借：银行存款——人民币户　　　　　　　　　　　　32 000
　　财务费用——汇兑损益　　　　　　　　　　　　　　500
　　贷：银行存款——美元户　　　　　　　　　　　　32 500

（2）企业从银行买入外汇。企业因业务需要从银行买入外汇时，一方面要按银行的卖出价计算应支付的记账本位币金额并登记入账；另一方面要按从银行取得的外汇金额和折算汇率折合为记账本位币登记外币存款账户，差额计入汇兑损益。

【例5-5】20×9年6月1日，甲公司从银行买进20 000美元，银行当天的卖出价为$1＝¥6.8，买入价为$1＝¥6.6。

甲公司应做的账务处理如下。

①计算折算汇率。

$$折算汇率＝（6.8+6.6）/2＝6.7$$

②编制会计分录。

借：银行存款——美元户　　　　　　　　　　　　134 000
　　财务费用——汇兑损益　　　　　　　　　　　　2 000
　　贷：银行存款——人民币户　　　　　　　　　　136 000

2. 外币借款业务的会计处理

外币借款是企业外币筹资的重要方式。企业应将借入的外币按当日或当期期末的市场汇率折合成记账本位币入账。

【例5-6】甲公司20×8年7月1日从银行借入一年期的贷款10 000美元，年利率为5%，借款当日的市场汇率为 $1 = ¥6.8。20×8 年 12 月 31 日的即期汇率为 $1 = ¥6.5。20×9 年 7 月 1 日偿还贷款本金和利息，还款时的即期汇率为 $1 = ¥6.2。

甲公司应做的账务处理如下。

①20×8 年 7 月 1 日，借入美元时，其账务处理如下。

  借：银行存款——美元户   68 000
    贷：短期借款——美元户   68 000

②还款时做相反分录。

3. 外币购销业务的会计处理

外币购销业务是企业发生的以记账本位币以外的货币进行结算的购销业务。发生这些业务时，均按折算汇率折合为记账本位币入账，以确认购货成本或销售收入的入账价值，平时不产生汇兑损益。

【例 5-7】 甲公司的记账本位币是人民币。20×9 年 3 月 15 日向法国某公司出售一批商品，以欧元结算，货款 10 000 欧元。当日的即期汇率为 1 欧元 = 10.20 元。货款尚未收到。5 月 5 收回货款，当日即期汇率为 1 欧元 = 10.50 元。

甲公司应做的账务处理如下。

（1）3 月 15 日，销售商品时，其账务处理如下。

  借：应收账款——欧元   102 000
    贷：主营业务收入   102 000

（2）5 月 5 日，收到款项时，其账务处理如下。

  借：银行存款——欧元   105 000
    贷：应收账款——欧元   105 000

【例 5-8】 甲公司为一般纳税人，以人民币作为记账本位币。20×9 年 2 月 18 日，从法国购入一批货物作为原材料使用，货款 50 000 欧元，尚未支付，当日的汇率为 1 欧元 = 10 元。进口关税为 10 000 元，进口增值税为 65 000 元，以银行存款支付。3 月 19 日，支付货款，当日的汇率为 1 欧元 = 10.20 元。

甲公司应做的账务处理如下。

（1）2 月 18 日，购入原材料时，其账务处理如下。

  借：原材料   510 000
    应交税费——应交增值税（进项税额）   65 000
    贷：应付账款   500 000
      银行存款   75 000

（2）3 月 19 日，支付货款时，其账务处理如下。

  借：应付账款   510 000
    贷：银行存款——欧元   510 000

"应收账款""应付账款"账户的差额到期末和其他外币账户一起进行统一的汇兑损益调整。

4. 接受外币资本业务的会计处理

企业收到投资者以外币投入的资本，应当采用交易发生日的即期汇率将外币资本折算为记账本位币，其与相应的货币性项目的记账本位币金额之间不产生折算差额。

【例5-9】甲公司收到某外商的外币投资10 000英镑，收到出资当天的即期汇率为1英镑=15.40元。

甲公司应做的账务处理如下。

借：银行存款——英镑　　　　　　　　　　　　　　　154 000
　　贷：实收资本　　　　　　　　　　　　　　　　　　154 000

5. 期末外币账户余额的调整

(1) 货币性项目。在资产负债表日，企业应对所有外币账户（包括外币现金、外币银行存款、外币债权债务账户）的期末余额，按照期末市场汇率折合为记账本位币金额；该金额与原账面记账本位币金额之间的差额，确认为汇兑损益，计入"财务费用"或有关账户。

在资产负债表日，外币账户余额的调整程序如下。

①根据各外币账户的期末原币余额和按一定的汇率计算出应记账的记账本位币余额。

②将期末折合的应记账的人民币余额与原已记账的人民币余额进行比较，计算出记账本位币余额的差额。

③根据应调整的记账本位币的差额，确定所产生的汇兑损益的数额。

④调整额进行账务处理，并将汇兑损益计入有关账户。

【例5-10】甲公司根据有关外币账户的余额和资产负债表日的即期汇率等数据资料编制的期末外币账户余额调整计算表，如表5-1所示。

表5-1　期末外币账户余额调整计算表

账户名称	美元余额/美元	期末汇率	应记账的余额/元	已记账的余额/元	需要调整的金额/元
银行存款	1 000	8.0	8 000	9 000	-1 000
应收账款	0	8.0	0	300	-300
应付账款	300	8.0	2 400	2 200	200
短期借款	2 000	8.0	16 000	18 000	-2 000
合计					500

根据上述计算结果，做账务处理如下。

借：短期借款——美元户　　　　　　　　　　　　　　2 000
　　贷：银行存款——美元户　　　　　　　　　　　　　1 000
　　　　应收账款——美元户　　　　　　　　　　　　　 300
　　　　应付账款——美元户　　　　　　　　　　　　　 200
　　　　财务费用——汇兑损益　　　　　　　　　　　　 500

(2) 非货币性项目。非货币性项目是货币性项目以外的项目，如交易性金融资产、存货、长期股权投资、固定资产、无形资产等。在资产负债表日，企业对非货币性账户期末余额是否调整、如何调整视情况而定。

①对于以历史成本计量的外币非货币性项目,已在交易发生日按当日即期汇率折算,资产负债表日不应改变其原记账本位币金额,不产生汇兑差额。如【例5-9】的资料,甲公司收到某外商的外币投资10 000英镑时已按收到出资当天的即期汇率折算为人民币,登记实收资本账户,实收资本账户属于非货币性账户。因此,期末不需要按当日即期汇率进行调整。

②对于以成本和可变现净值孰低计量的非货币性项目,如果其可变现净值以外币确定,则在确定非货币性项目的期末价值时,应先将可变现净值折算为记账本位币,再与以记账本位币反映的余额进行比较,确定需计提的资产减值损失。

【例5-11】甲公司以人民币为记账本位币。20×8年12月4日,从美国购进最新型号的甲器材10台(该器材在国内市场无供应),单价1 000美元,当日汇率为1美元=6.8元,当日支付了相应货款(假定该公司有美元存款)。至20×9年12月31日,已经售出甲器材2台,库存有8台,国内市场仍无供应,其在国际市场的价格已降至每台950美元,12月31日的汇率为1美元=6.4元。假定不考虑增值税等相关税费。

分析:本例中由于存货在资产负债表日采用成本和可变现净值孰低计量,因此在以外币购入存货并且该存货在资产负债表日获得的可变现净值以外币反映时,在计提存货跌价准备时,应当考虑汇率变动的影响。

甲公司应做的账务处理如下。

(1) 20×9年12月31日,对甲器材计提存货跌价准备。

对甲器材计提的存货跌价准备=8×1 000×6.8-8×950×6.4=5 760(元)

(2) 编制会计分录。

借:资产减值损失　　　　　　　　　　　　　　　　　　　5 760
　　贷:存货跌价准备　　　　　　　　　　　　　　　　　　5 760

③对于以公允价值计量的外币非货币性项目,期末公允价值以外币反映的,应当先将该外币金额按照公允价值确定当日的即期汇率折算为记账本位币金额,再与原记账本位币金额进行比较。属于以公允价值计量且其变动计入当期损益的金融资产(股票基金等)的,折算后的记账本位币金额与原记账本位币金额之间的差额应作为公允价值变动损益(含汇率变动),计入当期损益。指定为以公允价值计量且其变动计入其他综合收益的非交易性权益工具投资的,其折算后的记账本位币金额与原记账本位币金额之间的差额应计入其他综合收益。

【例5-12】甲公司的记账本位币为人民币,其外币交易采用交易日的即期汇率折算。20×8年6月8日,以每股4美元的价格购入乙公司B股20 000股,划分为以公允价值计量且其变动计入当期损益的金融资产核算,当日汇率为1美元=6.82元,款项已支付。20×8年6月30日,乙公司B股市价变为每股3.5美元,当日汇率为1美元=6.83元。假定不考虑相关税费的影响。

20×8年6月8日,甲公司购入股票时,应做的账务处理如下。

借:交易性金融资产——乙公司B股——成本　　　　　　545 600
　　贷:银行存款——××银行(美元)　　　　　　　　　545 600

根据《企业会计准则第22号——金融工具确认和计量》的相关规定,交易性金融资产以公允价值计量。由于该项交易性金融资产以外币计价,在资产负债表日不仅应考虑 B 股股票市价的波动,还应考虑美元与人民币之间汇率变动的影响。上述交易性金融资产在资产负债表日应按 478 100 元(3.5×20 000×6.83)入账。与原账面价值 545 600 元的差额为 67 500 元,应直接计入公允价值变动损益。这 67 500 元的差额实际上既包含了甲公司所购乙公司 B 股股票公允价值(股价)变动的影响,又包含了人民币与美元之间汇率变动的影响。甲公司相关的账务处理如下。

  借:公允价值变动损益——乙公司 B 股   67 500
    贷:交易性金融资产——乙公司 B 股——公允价值变动 67 500

20×8 年 7 月 24 日,甲公司将所购乙公司 B 股股票按当日市价每股 4.2 美元全部售出,所得价款为 84 000 美元,按当日汇率 1 美元 = 6.84 元折算为 574 560(4.2×20 000×6.84)元,与其原账面价值 478 100 元的差额为 96 460 元。

对汇率的变动和股价的变动不进行区分,均作为投资收益进行处理。因此,售出乙公司 B 股当日,甲公司相关的账务处理如下。

  借:银行存款——××银行(美元)   574 560
    交易性金融资产——乙公司 B 股——公允价值变动 67 500
    贷:交易性金融资产——乙公司 B 股——成本 545 600
      投资收益——出售乙公司 B 股   96 460
  借:投资收益——出售乙公司 B 股   67 500
    贷:公允价值变动损益——乙公司 B 股   67 500

5.3 外币报表折算

5.3.1 外币报表折算的含义及意义

1. 外币报表折算的含义

外币报表折算是指从事国际经营活动的公司,使用其记账本位币重新表述会计报表中按外币计量的资产、负债、收入和费用的会计程序和方法。

外币报表折算是为了编制合并报表或便于了解境外实体经营状况,将一套已编制完成的以外国货币为记账本位币的会计报表,运用一定的折算方法,折算为以本国货币表述的会计报表的过程。

对于跨国公司而言,要定期将其分布在不同国家和地区的子公司及分支机构的会计报表进行合并,以全面综合地反映一个企业集团总的财务状况和经营成果。由于国外的子公司通常是使用所在国货币编制会计报表,其编报货币与母公司的编报货币不同,因而在合并报表之前,先要将以外币表示的子公司会计报表折算为以母公司编报货币表示的会计报表,然后再进行合并。因此,外币会计报表的折算是从事国际经营活动的公司在会计处理上一个必不可少的步骤。

外币报表折算不同于外币兑换,后者是以一种货币兑换另一种货币,它会发生实际货币的等值交换;而前者并不涉及不同货币的实际兑换,只是将会计报表中各项目的表述从一种货币单位转化为另一种货币单位。所以应当指出,从理论上说,外币报表折算不影响报表中资产、负债的计量基础。外币报表的折算是为了满足报表使用者的需要,不涉及按照一定的会计原则重新计算原来的会计资料的问题。

2. 外币报表折算的意义

概括地说,进行外币报表折算主要有以下三方面的意义。

(1) 满足各方面信息使用者的需要。编制会计报表的主要目的是为不同的信息使用者提供决策有用信息,而信息使用者概括起来可分为两大类,一类是显示的投资者和债权人,一类是潜在的投资者和债权人。对于前者,企业有义务向他们提供所需要的会计信息,并成为企业的一项基本会计工作;而对于后者,随着企业在国际间投资、融资业务的不断扩大,会计信息在国际间交流的重要性日益增强。企业为了在国际金融市场上融资,就必须向各国潜在的投资者和债权人提供相关的信息。也就是说,企业需要在国外发行股票、债券时,就要将以本国货币编制的会计报表折算为按某种外国货币表述的会计报表,以便国外潜在的投资者和债权人了解企业的财务状况,做出投资决策,从而达到企业国际融资的目的。

(2) 满足编制合并报表的需要。跨国公司通过控制股权的方式达到合并经营的目的,从而使母公司与子公司之间形成特殊的经济关系。一方面,母公司与子公司各自是独立的法律实体或会计主体;另一方面,它们又共同结合成一个经济实体,因此需要编制跨国公司的合并会计报表,以反映公司整体的财务状况。然而,鉴于母公司与其国外子公司的个别会计报表使用不同的货币表述,因此在编制合并报表时,不能把母公司、子公司不同种类的货币数量相加,必须使用一种统一的货币单位,才能把母公司、子公司的经营成果汇总起来。这就意味着必须将国外子公司按某种外币表述的会计报表折算为按另一种货币表述的会计报表。由于编制合并报表的主要目的是满足母公司股东和债权人的需要,故合并报表是以母公司报表所用货币来表述的。

(3) 满足母公司了解国外子公司财务状况、考核与评价经营成果的需要。子公司、分支机构的经营活动往往是母公司经济活动整体中的一个组成部分,母公司为了统一管理和控制整个公司的经营,必须考核、评价国外子公司的经营成果,了解财务状况的变动情况,需要将国外子公司用外币编制的会计报表转换为按母公司报表货币表述的会计报表。特别是对于跨国公司而言,在国外拥有多家子公司,且这些子公司通常是以所在国货币作为其记账本位币,因此,要比较各子公司的财务状况与经营成果,就需要将以不同货币表述的会计报表进行折算。

5.3.2 外币报表折算的主要会计问题

外币业务的核算是国际会计公认的三大会计难题之一,外币报表折算是个复杂的会计问题,主要存在以下两方面问题。

1. 外币报表折算汇率的选择

若外汇汇率是稳定不变的,则外币报表折算就很简单。然而,由于汇率是不断变动的,在编制合并报表时,存在现行汇率、历史汇率和平均汇率。其中,现行汇率是指报表编制日的汇率;历史汇率是报表中各项目发生时的汇率,由于不同汇率发生的时间不一，因此相对于各项目的历史汇率的具体值也各不相同；平均汇率一般是某一历史汇率与现行汇率的平均值。由于资产与负债、货币性项目与非货币性项目性质上的差异，不同的报表项目对汇率变动的反映程度不尽相同。选用不同的汇率折算，其折算结果自然也不相同。因此，怎样恰当地选择汇率才更合理，多年来一直有所争论，各国至今尚未形成一致的国际惯例。

2. 外币报表折算损益的处理

外币报表折算损益来源于采用一定汇率对报表进行的折算，不同的折算方法（即选用不同的折算汇率），其折算损益数额也各不相同。例如，在确定的折算汇率条件下，若折算汇率相对于原汇率是外币升值，则将使外币资产项目产生折算利得，而使负债项目产生折算损失；相反，如果折算汇率相对于原汇率是外币贬值，则将使外币资产项目产生折算损失，而使负债项目产生折算利得。最后综合起来其结果不是折算利得就是折算损失，关键是这一折算损益的出现打破了资产负债表的平衡，也带来了在会计上如何处理的问题。

5.3.3 外币报表折算方法

外币报表折算方法是针对企业外币报表所列示的各项资产、负债、收入和费用等项目，采用何种汇率折算，以及针对外币折算损益所采取的相应对策。

根据报表各项目的内容及所选的汇率，外币报表折算方法主要有四种，即现行汇率法、流动与非流动法、货币性与非货币性项目法、时态法。

1. 现行汇率法

现行汇率法是一种以现行汇率为主要折算汇率的外币报表折算方法。在现行汇率法下，外币报表上的资产、负债项目均按编报日的现行汇率（即期末汇率）进行折算，即使用统一的汇率，故又称单一汇率法。其主要内容如下。

(1) 资产负债表各资产与负债项目均按编表日现行汇率进行折算。

(2) 资产负债表上的实收资本项目，按投入资本时的当日汇率（历史汇率）折算。

(3) 资产负债表上的留存利润或未分配利润项目属于平衡数，可倒轧确定。其计算公式为：

折算后资产负债表上的留存利润 = 折算后的资产总额 − 折算后的负债总额 − 折算后的实收资本总额

(4) 利润表上的收入和费用项目，按确认这些项目时的汇率折算，或者为了简化，按编表期内的平均汇率折算。

现行汇率法的主要优点是简便易行，采用单一汇率对各资产、负债项目进行折算，等于对这些项目乘以同一系数，因而折算后的资产负债表各项目基本上能够保持原外币报表中各项目之间的比例关系（只有所有者权益的内部结构发生变化）。但据此计算出的各方面数据缺乏足够的理论依据。例如，按此方法对资产项目折算的结果，既不代表资产的历史成本，也不代表资产的现行市价，而只是以某种外币表示的资产历史成本与编表日现行汇率这两个不同时点数字的乘积，因而这样折算后的资产价值不能说明问题。

2. 流动与非流动法

流动与非流动法是将资产与负债项目划分为流动性项目与非流动性项目两大类，将流动性项目按现行汇率折算，非流动性项目按历史汇率折算的一种外币报表折算方法。这种方法的基本内容如下。

（1）流动资产与流动负债各项目按编表日现行汇率折算。

（2）其他资产负债表项目，除留存利润外，均按历史汇率折算。

（3）资产负债表上的留存利润属于平衡数，与现行汇率法一样，不必按特定汇率折算，可倒轧确定。

（4）利润表上的折旧费用、摊销费用项目，按有关资产取得时的历史汇率折算。

（5）利润表上的其他项目，按业务发生（确认这些项目）时的汇率折算，为了简化，也可按编表期的平均汇率折算。

流动与非流动法试图对不同的资产与负债项目采用不同的折算汇率，但折算汇率的选择标准缺乏足够的理论依据，没有充分的理由说明为什么流动性项目要按现行汇率折算，而非流动性项目则必须按历史汇率折算。

3. 货币性与非货币性项目法

货币性与非货币性项目法是将资产与负债项目分为货币性项目与非货币性项目，将货币性项目按现行汇率折算，非货币性项目按历史汇率折算的一种外币报表折算方法。

货币性项目包括货币性资产和货币性负债，货币性资产是指以货币形态存在的各项资产，如现金、银行存款、应收账款和应收票据等金额固定的长短期债权；货币性负债是指以货币形态存在的各项负债，如应付账款、应付票据等金额固定的长短期债务。

非货币性项目是指除货币性项目以外的资产、负债项目，如存货、固定资产、长期投资、无形资产等。

货币性与非货币性项目法的基本内容如下。

（1）资产负债表上的货币性项目，包括货币性资产与货币性负债（如现金、应收账款、应付账款、长期负债等），均按现行汇率折算。

（2）资产负债表上的非货币性资产与非货币性负债项目（如存货、长期投资、固定资产等），均按历史汇率折算。

（3）资产负债表上的实收资本项目按历史汇率折算。

（4）留存利润属于平衡数，与前述两种方法的处理相同。

（5）利润表上的折旧费用与摊销费用项目，按有关资产取得时的历史汇率折算。由于存货按历史汇率折算，因而销售成本也按历史汇率折算，在实际折算时，一般按倒轧法确定，即销售成本＝期初存货＋本期购货－期末存货。

(6) 利润表上的其他项目均按业务发生时的汇率或编表期的平均汇率折算。

这一方法试图通过对资产与负债进行分类组合，从而选用不同的汇率进行折算，它的优点是考虑到了货币性项目容易受汇率变动的影响。因为货币性项目所代表的价值相当于一定的货币金额，汇率的每次变动都直接引起等量外币金额的变化，因而货币性项目采用现行汇率进行折算。但这种方法仍有其难以解决的问题，例如，如果非货币性项目（如存货、投资等）是按现行市价表述的，按历史汇率折算就不可能得出合理的结果。

4. 时态法

时态法是一种以资产、负债项目的计量基础作为选择折算汇率的依据的一种外币报表折算方法。这种方法的理论依据是，外币的折算实际上是将外币报表按一种新的货币单位重新表述的过程，在这一过程中，改变的只是计量单位，而不是被计量项目的计量属性。因此，各个外币报表项目应按其计量日期的实际汇率折算，这样才能保证不改变各外币报表项目的计量基础。时态法的基本内容如下。

（1）资产负债表上的现金、应收账款和应付账款及长期负债等货币性项目，按现行汇率折算。

（2）资产负债表上按历史成本计价的各项非货币性资产（如固定资产、无形资产等），按取得这些资产时的历史汇率折算。

（3）资产负债表上按现行市价计价的非货币性资产项目（如存货、投资可能是按市价计价的），按编表日的现行汇率折算。

（4）资产负债表上各所有者权益项目的折算，与前述三种方法相同。

（5）利润表上的折旧费用和摊销费用，按有关资产取得时的历史汇率折算。

（6）利润表上的其他项目均按确认这些项目时的汇率折算，或按编表期的平均汇率折算。

时态法的主要优点是折算汇率的选择标准具有较强的理论依据。这种方法的主要缺点是由于对资产负债表各项目的折算采用不同的汇率，因而折算后的资产负债表不能保持折算前有关项目之间的比率关系。

对利润表的折算，以上四种方法所用折算汇率是基本相同的；而对资产负债表项目的折算，各种方法所用折算汇率有较大的差异。

外币报表折算方法的比较如表 5-2 所示。

表 5-2 外币报表折算方法的比较

项目		现行汇率法	流动与非流动项目法	货币性与非货币性项目法	时态法
现金		现行汇率	现行汇率	现行汇率	现行汇率
应收账款		现行汇率	现行汇率	现行汇率	现行汇率
存货	按成本	现行汇率	现行汇率	历史汇率	历史汇率
	按市价	现行汇率	现行汇率	历史汇率	现行汇率

续表

项目		现行汇率法	流动与非流动项目法	货币性与非货币性项目法	时态法
投资	按成本	现行汇率	历史汇率	历史汇率	历史汇率
	按市价	现行汇率	历史汇率	历史汇率	现行汇率
固定资产		现行汇率	历史汇率	历史汇率	历史汇率
无形资产		现行汇率	历史汇率	历史汇率	历史汇率
应付账款		现行汇率	现行汇率	现行汇率	现行汇率
长期负债		现行汇率	历史汇率	现行汇率	现行汇率
实收资本		历史汇率	历史汇率	历史汇率	历史汇率
留存收益		平衡数	平衡数	平衡数	平衡数

5. 选择外币报表折算方法的原则

选择外币报表折算方法的原则为，在折算外币会计报表时，涉及不同折算汇率的选择问题，可以将全部报表项目按一个统一的汇率折算，也可以根据报表项目的不同性质，采用不同的汇率折算，从而形成了不同的外币报表折算方法。

外币报表折算方法的选择总的来说，应遵循三条基本原则。

（1）目标原则。外币报表折算方法应服从于外币报表折算的目标，离开折算目标的折算方法提供不了有用的报表信息。

（2）功能货币原则。在选择折算方法时，应以功能货币为原则。

（3）经济环境原则。要求在选择折算方法时考虑子公司所在国的经济环境，这里的经济环境主要指一个国家的通货膨胀情况和外汇管理体制。

6. 我国外币报表折算方法

我国外币报表折算，包括境外子公司以外币表示的会计报表的折算，以及境内子公司采用与母公司记账本位币不同的货币编报的会计报表的折算。

（1）资产负债表的折算方法如下。

①所有资产类账户和负债类账户均按照合并会计报表决算日的市场汇率折算为母公司记账本位币。

②所有者权益类账户除"未分配利润"项目外，均按照发生时的市场汇率折算为母公司记账本位币。

③"未分配利润"项目以折算后利润分配表中该项目的金额直接填列。

④折算后资产类账户、负债类账户和所有者权益类账户合计数的差额，作为外币会计报表折算差额，在"未分配利润"项目下单列项目反映。

⑤年初数按照上年折算后的资产负债表有关项目金额列示。

（2）外币利润表和利润分配表的折算方法如下。

①利润表所有项目和利润分配表有关反映发生额的项目，应按照当期平均汇率折算，也可以采用合并会计报表决算日的市场汇率折算。但是，若采用合并报表决算日的市场汇率折算，须在合并报表附注中说明。

②利润分配表中，"净利润"项目按折算后利润表中该项目的金额填列。

③利润分配表中，"年初未分配利润"项目，以上期折算后的会计报表中的"未分配利润"项目期末数列示。

④利润分配表中，"未分配利润"项目根据折算后的利润分配表其他各项目金额计算确定。

⑤上年实际数按照上年折算后利润表和利润分配表有关数字列示。

5.3.4 外币报表折算损益的处理

1. 外币报表折算损益与外币交易汇兑损益的区别

外币报表折算损益是指在对子公司外币资产负债表进行折算时，由于报表各项目采用不同的汇率折算而形成的差额。

外币报表折算损益不同于外币交易汇兑损益，二者的区别主要表现在以下几个方面。

（1）两者产生的途径不同。外币交易汇兑损益产生于两种情况：一是在外币交易过程中产生；二是在会计期末将外币账户余额按当日汇率折算为记账本位币时产生。而外币报表折算损益则是在国外子公司外币报表的基础上，将以一种货币表示的会计报表折算为另一种货币表示的报表所产生的差额。

（2）两者包括的内容性质不同。外币交易汇兑损益包括已实现的汇兑损益和未实现的汇兑损益，而外币报表折算损益则全部为未实现的损益。

（3）两者反映的形式不同。外币交易汇兑损益应在会计账簿中进行记录，而外币报表折算损益通常不记录在账簿之中，只是反映在折算后的会计报表之中。

2. 影响外币报表折算损益的主要因素

外币报表折算损益主要受三方面因素的影响。

（1）外币报表的折算方法。由上述外币报表折算的四种方法可以发现，各种方法对报表不同项目的折算汇率的选用均有差异，由此而产生的折算损益金额也不同。

（2）暴露在汇率风险之下的报表项目性质。在外汇汇率的变动下，外币资产与外币负债所受到的影响有所不同。因此，子公司暴露在汇率变动风险之下的有关资产与负债相比的差额，即净资产或净负债也会影响外币报表折算损益。

（3）汇率变动的方向。汇率变动的方向即外汇汇率的变动是升值还是贬值。

以上三方面因素的影响又是紧密结合在一起的。由于受汇率变动影响的只是按照资产负债表日现行汇率折算的项目，而不包括按照历史汇率折算的项目，在不同的折算方法下，对不同的项目使用不同的汇率折算，使受汇率变动影响的资产和负债项目的范围不同，从而使暴露在外汇风险下的资产和负债项目也不相同。那么，如果暴露在外汇风险下的资产项目金额大于负债项目金额，当外币升值时将产生折算利得，而贬值时将产生折算损失。但是，如果暴露在外汇风险下的负债项目金额大于资产项目金额，则当外币升值时将产生折算损失，而贬值时将产生折算利得。当然，如果暴露在外汇风险下的资产项目金额与负债项目金额相等，那么资产项目产生的折算利得就会被负债项目产生的折算损益抵销，而这种情况极少出现。

3. 外币报表折算损益的会计处理

外币报表折算损益的会计处理是外币会计中争论较多的一个难题，它与外币报表折算方法一样，在国际上存在着各种观点。概括起来，目前主要有四种不同的处理方式。

（1）折算损益全部计入当期损益。将本期发生的外币报表折算损益，全部计入本期利润表。主要采用这一方法的人认为，汇率的变动是客观存在的，汇率变动已引起资产和负债折算后价值的变化，使资产的净值发生变动。而利润可界定为净资产的增加，因此，将外币报表折算后所产生的价值差额确认为本期损益，这一处理方法是合乎情理的。采用时态法进行外币报表折算时，就是将折算损益全部计入当期损益。

但这一处理方法也受到了批评，批评者认为，报表折算只是将按一种货币反映的会计报表重新以另一种货币来表述的过程，折算损益就是这一转换过程的产物。而这种损益并未导致子公司现金流量的增减，所以将其计入当期损益就会歪曲子公司的收益信息，使利润表中的利润项目难以反映公司的正常经营成果。特别是对于有较多国外子公司的企业集团而言，这种影响更为突出。

（2）折算损益全部递延。将外币报表折算损益以单独项目列示于资产负债表内，作为递延处理。主要采用这一方法的人认为，外币报表折算损益只是将外币表示的资产、负债项目以母公司记账本位币重新计量所产生的调整额，而不是已经实现的损益。由于汇率的多变，本期表现为外币折算利得（或损失），下期就有可能转变为外币折算损失（或利得），从而使二者相互抵销。因此，如果将这项未实现的损益计入当期损益，就有可能使会计报表使用者对公司的获利能力产生误解。而递延处理则可避免这种情况。至于递延处理的做法，就是按照认为的标准将折算损益在若干个会计期间分摊。

针对递延法提出的批评是，该方法缺乏足够的理论依据，因为产生于某一期间的报表折算损益，与其后的会计期间并没有关系。采用递延处理的结果是使子公司各期收益平稳化，实际上是掩盖了汇率变动的真实情况。

（3）作为所有者权益的调整项。由于以上两种折算损益处理方法均存在缺陷，从而导致了第三种处理方法的出现，即将外币报表折算损益直接列入资产负债表的股东权益项目下，作为折算调整额，而不反映于利润表中。其理由是，外币报表折算损益并没有实现，这种处理方法使汇率变动因素不影响会计报表上所反映的本期收益。然而，也有人认为这种处理方法并不符合收益的总括观点，总括观点要求在利润表内包括一切非正常和非营业性的损益项目。

（4）报表折算损失计入当期损益，折算利得递延。在实务中还存在另一种处理方法，即根据谨慎性原则的要求，对于折算损失或利得采取不同的处理。若为外币报表折算损失，计入当期损益，列于当期利润表；若为折算利得，则列示于资产负债表内，作为递延项目，用来抵销以后会计期间可能发生的损失。如在流动与非流动项目法下，就是采用这种方法处理折算损益。但这种方法还是受到了批评，批评者认为，报表折算差额属于未实现的损益，因此对折算损失和折算利得应采取同样的处理方式，确认折算损失而将折算利得递延是不合理的。

综上所述，外币报表折算损益究竟采用哪一种方法处理更为合理，目前仍是一个有待探讨的会计实务问题。

4. 我国外币报表的折算

根据我国现行的企业会计准则规定，企业将境外经营子公司的会计报表并入本企业会计报表时，应遵循下列规定进行折算。

（1）资产负债表项目。资产负债表中的资产、负债项目，采用资产负债表日的即期汇率折算；所有者权益项目除未分配利润外，其他项目均采用发生时的即期汇率折算。也就是说，将资产和负债项目全部按照资产负债表日的现行汇率折算，对于所有者权益项目（未分配利润除外）均按照权益发生时的历史汇率折算。

（2）利润表项目。利润表的收入和费用项目采用交易发生日的即期汇率折算，也可以采用按照系统、合理的方法确定的与交易日即期汇率近似的汇率折算。当汇率波动不大时，可以采用年度平均汇率等作为交易日汇率的近似值。

（3）报表折算差额。按照上述两步折算所产生的外币报表折算差额应当在并入后的资产负债表中作为所有者权益单独列示，其中属于少数股东权益的部分，应列入少数股东权益项目。

由此可见，我国外币报表的折算实质上采用的是现行汇率法。

本章小结

本章主要对外币折算会计进行了阐述，具体包括三方面的内容。

一是外币折算的基本概念。明确了外币、外汇、汇率、外汇交易、外汇标价方法及记账本位币等概念，以及企业在选择记账本位币时需要综合考虑的各种因素，为后面两部分内容的学习奠定了基础。

二是外币交易的会计处理。简要介绍了外币业务记账方法和外币交易会计处理的基本方法，在此基础上，对企业日常生产经营活动中产生的外币交易日的会计处理进行了详细介绍，列举了一些具有代表性的实例，明确了外币交易的外币金额在折算为记账本位币时应当按照交易日的即期汇率或以与交易发生日即期汇率近似的汇率进行折算；同时还对会计期末或结算日的外币交易余额的会计核算进行了详细说明。

三是外币报表折算的处理。外币报表折算主要涉及外币报表折算汇率的选择和外币报表折算损益的处理两个会计问题。对这两个问题的解决，主要介绍了国际上外币财务报表折算的四种方法：现行汇率法、流动与非流动项目法、货币性与非货币性项目法和时态法，并明确我国外币报表折算方法采用的是现行汇率法。

知识链接

世界主要货币缩写

AFA   Afghanistan Afghani 阿富汗尼   Afghanistan 阿富汗

ARA   Argentina Austral 阿根廷奥斯特拉尔 Argentina 阿根廷

代码	货币	国家/地区
ATS	Austrian Schilling 奥地利先令	Austria 奥地利
AUD	Australian Dollar 澳大利亚元	Australia 澳大利亚
BDT	Bangladesh Taka 孟加拉塔卡	Bangladesh 孟加拉
BEF	Belgian Franc 比利时法郎	Belgium 比利时
BGL	Bulgarian Lev 保加利亚列弗	Bulgaria 保加利亚
BMD	Bermuda Dollar 百慕大元	Bermuda 百慕大
BOB	Bolivia Boliviano 玻利维亚诺	Bolivia 玻利维亚
BRZ	Brazil Cruziero 巴西克鲁赛罗	Brazil 巴西
CAD	Canadian Dollar 加拿大元	Canada 加拿大
CHF	Swiss Franc 瑞士法郎	Switzerland 瑞士
CLP	Chile Peso 智利比索	Chile 智利
CNY	China Yuan 中国人民币	China 中国
COP	Colombia Peso 哥伦比亚比索	Colombia 哥伦比亚
CRC	Costa Rica Colon 哥斯达黎加科朗	Costa Rica 哥斯达黎加
CSK	Czech Koruna 捷克克朗	Czech 捷克
CUP	Cuban Peso 古巴比索	Cuba 古巴
DEM	Deutsche Mark 德国马克	Germany 德国
DKK	Danish Krone 丹麦克朗	Denmark 丹麦
DOP	Dominican Republic Peso 多米尼加共和国比索	Dominican Republic 多米尼加共和国
DZD	Algerian Dinar 阿尔及利亚第纳尔	Algeria 阿尔及利亚
ECS	Ecuador Sucre 厄瓜多尔苏克雷	Ecuador 厄瓜多尔
ECU	European Euro 欧元	European Union 欧盟
EGP	Egyptian Pound 埃及镑	Egypt 埃及
ESP	Spanish Peseta 西班牙比塞塔	Spain 西班牙
ETB	Ethiopia Birr 埃塞俄比亚比尔	Ethiopia 埃塞俄比亚
FIM	Finnish Markka 芬兰马克	Finland 芬兰
FJD	Fiji Dollar 斐济元	Fiji 斐济
FRF	French Franc 法国法郎	France 法国
GBP	British Pound 英镑	Great Britain 英国
GHC	Ghana Cedi 加纳塞迪	Ghana 加纳
GRD	Greek Drachma 希腊德拉克马	Greece 希腊
GTQ	Guatemala Quetzal 危地马拉格查尔	Guatemala 危地马拉
HNL	Honduras Lempira 洪都拉斯伦皮拉	Honduras 洪都拉斯
HTG	Haiti Gourde 海地古德	Haiti 海地
HUF	Hungarian Forint 匈牙利福林	Hungary 匈牙利
IDR	Indonesian Rupiah 印尼卢比	Indonesia 印度尼西亚
IEP	Irish Pound 爱尔兰镑	Ireland 爱尔兰

ILS	Israeli New Shekel 以色列新克尔	Israel 以色列
INR	Indian Rupee 印度卢比	India 印度
IQD	Iraq Dinar 伊拉克第纳尔	Iraq 伊拉克
IRR	Iran Rial 伊朗里亚尔	Iran 伊朗
ISK	Icelandic Krona 冰岛克朗	Iceland 冰岛
ITL	Italian Lira 意大利里拉	Italy 意大利
JMD	Jamaican Dollar 牙买加元	Jamaica 牙买加
JOD	Jordanian Dinar 约旦第纳尔	Jordan 约旦
JPY	Japanese Yen 日元	Japan 日本
KES	Kenya Shilling 肯尼亚先令	Kenya 肯尼亚
KWD	Kuwaiti Dinar 科威特第纳尔	Kuwait 科威特
LAK	Laos Kip 老挝基普	Laos 老挝
LBP	Lebanese Pound 黎巴嫩镑	Lebanon 黎巴嫩
LKR	Sri Lanka Rupee 斯里兰卡卢比	Sri Lanka 斯里兰卡
LRD	Liberia Dollar 利比里亚元	Liberia 利比里亚
LSL	Lesotho Maloti 莱索托马洛蒂	Lesotho 莱索托
LUF	Luxembourg Franc 卢森堡法郎	Luxembourg 卢森堡
LYD	Libya Dinar 利比亚第纳尔	Libya 利比亚
MAD	Morocco Dirham 摩洛哥迪拉姆	Morocco 摩洛哥
MTL	Maltese Lira 马耳他里拉	Malta 马耳他
MUR	Mauritius Rupee 毛里求斯卢比	Mauritius 毛里求斯
MXP	Mexican Peso 墨西哥比索	Mexico 墨西哥
MYR	Malaysian Ringgit 马来西亚林吉特	Malaysia 马来西亚
NGN	Nigerian Naira 尼日利亚奈拉	Nigeria 尼日利亚
NIC	Nicaragua Cordoba 尼加拉瓜科多巴	Nicaragua 尼加拉瓜
NLG	Netherlands Guilder 荷兰盾	The Netherlands 荷兰
NOK	Norwegian Krone 挪威克朗	Norway 挪威
NPR	Nepalese Rupee 尼泊尔卢比	Nepal 尼泊尔
NZD	New Zealand Dollar 新西兰元	New Zealand 新西兰
OMR	Oman Rial 阿曼里亚尔	Oman 阿曼
PAB	Panama Balboa 巴拿马巴波亚	Panama 巴拿马
PEI	Peru Inti 秘鲁印第	Peru 秘鲁
PHP	Philippine Peso 菲律宾比索	Philippines 菲律宾
PKR	Pakistani Rupee 巴基斯坦卢比	Pakistan 巴基斯坦
PLZ	Polish Zlty 波兰兹罗提	Poland 波兰
PTE	Portuguese Escudo 葡萄牙埃斯库多	Portugal 葡萄牙
PYG	Paraguay Guarani 巴拉圭瓜尼	Paraguay 巴拉圭
QAR	Qatar Riyal 卡塔尔里亚尔	Qatar 卡塔尔

ROL	Romanian Leu 罗马尼亚列伊	Romania 罗马尼亚
RUR	Russian Rouble 卢布	Russia 俄罗斯
RWF	Rwanda Franc 卢旺达法郎	Rwanda 卢旺达
SAR	Saudi Riyal 沙特里亚尔	Saudi Arabia 沙特阿拉伯
SDP	Sudanese Pound 苏丹镑	Sudan 苏丹
SEK	Swedish Krona 瑞典克朗	Sweden 瑞典
SGD	Singapore Dollar 新加坡元	Singapore 新加坡
SOS	Somali Shilling 索马里先令	Somalia 索马里
SYP	Syrian Pound 叙利亚镑	Syria 叙利亚
SVC	El Salvador Colon 萨尔瓦多科朗	El Salvador 萨尔瓦多
THB	Thailand Baht 泰国铢	Thailand 泰国
TND	Tunisian Dinar 突尼斯第纳	Tunisia 突尼斯
TRL	Turkish Lira 土耳其里拉	Turkey 土耳其
TZS	Tanzanian Shilling 坦桑尼亚先令	Tanzania 坦桑尼亚
UGS	Uganda Shilling 乌干达先令	Uganda 乌干达
USD	U. S. Dollar 美元	USA 美国
UYP	Uruguay New Peso 乌拉圭比索	Uruguay 乌拉圭
VEB	Venezuela Bolivar 委内瑞拉博利瓦	Venezuela 委内瑞拉
VND	Vietnam Dong 越南盾	Vietnam 越南
YUN	Yugoslav Dinar 南斯拉夫第纳尔	Yugoslavia 南斯拉夫
ZAR	South African Rand 南非兰特	South Africa 南非
ZMK	Zambian Kwacha 赞比亚克瓦查	Zambia 赞比亚
ZRZ	Zairian Zaire 扎伊尔扎伊尔	Zaire 扎伊尔

练习题

一、单项选择题

1. 某外商投资企业收到外商作为实收资本投入的固定资产1台，协议作价500 000美元，当日市场汇率为1美元=6.24元。投资合同约定的汇率为1美元=6.20元。另发生运杂费30 000元，进口关税50 000元，安装调试费30 000元。该设备的入账价值为（　　）元。

   A. 3 210 000　　　　B. 3 200 000　　　　C. 3 230 000　　　　D. 3 170 000

2. 下列关于外币报表折算的表述中，不正确的是（　　）。

   A. 资产和负债项目应当采用资产负债表日的即期汇率进行折算

   B. 所有者权益项目，除未分配利润外，其他项目均应采用发生时的即期汇率进行折算

   C. 利润表中的收入和费用项目，应当采用交易发生日的即期汇率折算，也可以采用与交易发生日即期汇率近似的汇率进行折算

D. 在部分处置境外经营时，应将资产负债表中所有者权益项目下列示的、与境外经营相关的全部外币财务报表折算差额转入当期损益

3. X公司为国内工业企业，主要从事汽车零部件的销售。该公司15%的销售收入源自出口，出口货物采用欧元计价和结算；从美国进口所需20%的原材料，进口原材料以美元计价和结算。不考虑其他因素，则X公司应选择的记账本位币是（　　）。

　　A. 人民币

　　B. 美元

　　C. 欧元

　　D. 任何一种都可以，企业可以自行确定和变更

4. 某企业存货的可变现净值以外币确定，在确定存货的期末价值时，需要将存货可变现净值折算为记账本位币，对于折算后的金额小于成本的差额应计入（　　）。

　　A. 公允价值变动损益　　　　　　B. 财务费用

　　C. 营业外收入　　　　　　　　　D. 资产减值损失

5. A公司的记账本位币为人民币，采用交易发生日的即期汇率进行折算，20×9年12月1日，以每件100美元的价格从国外购入10 000件甲商品，A公司当日支付了货款。由于该产品国内市场暂无供应，因此其可变现净值以外币确定，20×9年12月31日，国际市场上该商品的单价为95美元，该批商品在本期未出售。12月1日的即期汇率为1美元=7.6元，12月31日的即期汇率为1美元=7.8元，不考虑其他因素，则12月31日A公司对该批商品应计提的存货跌价准备的金额为（　　）元。

　　A. 0　　　　　　　　　　　　　　B. 50 000

　　C. 190 000　　　　　　　　　　　D. 100 000

6. M股份有限公司对外币业务采用业务发生时的市场汇率进行折算，按月计算汇兑损益。1月10日销售价款为400 000美元的产品一批，货款尚未收到，当日的市场汇率为1美元=6.80元。1月31日的市场汇率为1美元=6.87元。2月28日的市场汇率为1美元=6.84元，货款将于3月3日收回。该外币债权在2月份发生的汇兑收益为（　　）元。

　　A. 3 000　　　　　　　　　　　　B. 2 000

　　C. 12 000　　　　　　　　　　　　D. -12 000

7. 下列关于企业记账本位币变更的表述中，正确的是（　　）。

　　A. 企业记账本位币一经确定，不得随意变更，除非企业经营所处的主要经济环境发生重大变化

　　B. 企业记账本位币一经确定，不得变更

　　C. 企业的记账本位币一定是人民币

　　D. 企业编报财务报表的货币可以按照人民币以外的币种来反映

8. A公司以人民币为记账本位币，外币交易采用交易日的即期汇率折算，按月计算汇兑损益。20×9年6月1日，将1 000 000美元到银行兑换为人民币，银行当日的美元买入价为1美元=6.55元，中间价为1美元=6.60元，卖出价为1美元=6.65元。则计入当日财务费用的金额为（　　）元。

A. 50 000　　　　　　　　　　　　B. 100 000
C. -50 000　　　　　　　　　　　 D. 80 000

9. A公司采用交易发生日即期汇率对外币业务进行折算，并按月计算汇兑损益。1月10日，A公司从银行借入短期外币借款1 000 000美元，以补充流动资金，当日市场汇率为1美元=7.2元。1月31日，市场汇率为1美元=7.25元。2月15日，A公司以人民币偿还该笔短期借款，当日银行的美元卖出价为1美元=7.14元，市场汇率为1美元=7.12元。不考虑其他因素，则该项借款业务对A公司第一季度损益的影响金额为（　　）元。

A. -80 000　　　　　　　　　　　B. 60 000
C. -50 000　　　　　　　　　　　D. -110 000

10. 下列各项外币资产发生的汇兑差额中，不计入当期损益的是（　　）。

A. 应收账款　　　　　　　　　　B. 交易性金融资产
C. 债权投资　　　　　　　　　　D. 其他权益工具投资

二、多项选择题

1. 我国某企业的记账本位币为欧元，则下列说法中正确的有（　　）。
A. 该企业以人民币计价和结算的交易属于外币交易
B. 该企业期末编制的财务报表应当折算为人民币
C. 该企业以欧元计价和结算的交易不属于外币交易
D. 该企业期末编制报表的货币应是欧元，不需要折算

2. 以下关于外币折算的说法中，正确的有（　　）。
A. 以历史成本计量的外币非货币性项目，按交易发生日当日即期汇率折算，不产生汇兑差额
B. 投资者以外币投入的资本，应按合同约定汇率折算
C. 以外币计量的交易性金融资产，由于汇率变动引起的公允价值变动计入公允价值变动损益
D. 其他债权投资形成的汇兑差额，应计入当期损益

3. 对于企业发生的汇兑差额，下列说法中正确的有（　　）。
A. 外币交易性金融资产发生的汇兑差额计入财务费用
B. 外币专门借款发生的汇兑差额，应计入财务费用
C. 企业的外币应收、应付款项所产生的汇兑差额，应计入财务费用
D. 企业的外币银行存款发生的汇兑差额，应计入财务费用

4. 关于资产负债表日外币项目折算，下列表述中不正确的有（　　）。
A. 外币货币性项目的期末汇兑差额均应计入当期损益
B. 以历史成本计量的外币非货币性项目，不会产生汇兑差额
C. 外币非货币性项目均应采用交易发生日的即期汇率折算，不改变其初始入账时的记账本位币金额
D. 以公允价值计量的外币非货币性项目，其公允价值变动金额不受汇率变动影响

5. 境外经营的财务报表在进行折算时,按资产负债表日的即期汇率折算的项目有( )。

　　A. 无形资产　　　B. 资本公积　　　C. 盈余公积　　　D. 长期借款

三、判断题

1. 企业收到投资者投入的资本,应按照合同约定的汇率进行折算。( )

2. 企业部分境外经营的,应当将全部的外币报表折算差额,转入当期损益。( )

3. 业务收支以人民币以外的货币为主的境内企业,可以选择其中的一种货币作为记账本位币,且在编报财务报表时不需要折算为人民币。( )

4. 以成本和可变现净值孰低计量的存货,资产负债表日不应改变其记账本位币金额,不产生汇兑差额。( )

5. 企业记账本位币发生变更的,其会计报表应当以变更当日的即期汇率折算所有资产负债表和利润表项目。( )

四、计算分析题

1. A 股份有限公司(以下简称 A 公司)为增值税一般纳税人,适用的增值税税率为 13%。A 公司以人民币作为记账本位币,外币业务采用交易发生时的市场汇率折算,按季计算汇兑损益。每半年编制一次财务报表。

20×9 年第一季度 A 公司发生的有关业务如下。

(1) 2 月 3 日,将 200 000 美元兑换为人民币,兑换取得的人民币已存入银行。当日市场汇率为 1 美元=6.77 元,当日银行买入价为 1 美元=6.76 元。

(2) 2 月 12 日,以每股 3 美元的价格购入乙公司的 B 股 5 万股作为交易性金融资产核算,当日市场汇率为 1 美元=6.05 元。不考虑相关税费。

(3) 2 月 20 日,出口销售一批 K 产品,价款 100 000 美元,当日的市场汇率为 1 美元=6.10 元,款项尚未收到,不考虑相关税费。

(4) 3 月 2 日,收到应收账款 2 000 000 美元,款项已存入银行,当日市场汇率为 1 美元=6.08 元。该应收账款系 20×7 年出口销售发生的,20×8 年 12 月 31 日的即期汇率是 1 美元=6.10 元。

(5) 3 月 10 日,进口一批 Y 材料,发生价款 500 000 美元尚未支付,当日市场汇率为 1 美元=6.12 元。以人民币支付进口关税 440 000 元,支付增值税 455 000 元。该批 Y 材料专门用于生产 10 台 Z 型号机器。Z 型号机器在国内尚无市场,A 公司所生产的 Z 型号机器主要用于出口。

要求:

根据上述资料分别编制相关分录。

2. 某公司的外币交易采用交易发生时的市场汇率进行折算,并按月计算汇兑损益。20×9 年 11 月 30 日,市场汇率为 1 美元=6.5 元。有关外币账户期末余额如表 5-3 所示。

表 5-3 有关外币账户期末余额

外币账户	外币账户金额（美元）/元	汇率	记账本位币金额（人民币）/元
银行存款	5 000 000	6.5	32 500 000
应收账款	200 000	6.5	1 300 000
应付账款	100 000	6.5	650 000
长期借款	800 000	6.5	5 200 000

该公司 12 月份发生如下外币业务（假设不考虑有关税费）。

（1）12 月 1 日，以每股 5 美元的价格购入甲公司的股票 100 万股，作为交易性金融资产核算，当日的汇率为 1 美元=6.46 元，款项已用美元支付。

（2）12 月 10 日，对外销售一批商品，售价为 300 000 美元，当日的市场汇率为 1 美元=6.6 元，款项尚未收到。

（3）12 月 16 日，收到国外的投资 5 000 000 美元，合同约定的汇率为 1 美元=6.8 元，款项已收到，当日的市场汇率为 1 美元=6.53 元。

（4）12 月 20 日，购入一批原材料，价款为 500 000 美元，款项尚未支付，当日的市场汇率为 1 美元=6.56 元。

（5）12 月 23 日，收到上月应收货款 200 000 美元，款项已存入银行，当日的市场汇率为 1 美元=6.55 元。

（6）12 月 31 日，计提长期借款利息为 50 000 美元，利息尚未支付，该项长期借款是在 20×9 年 1 月 1 日借入的，用于建造固定资产，到期一次还本付息，该项固定资产在 20×9 年 1 月 1 日已开始建造，20×9 年年末尚未完工。

（7）12 月 31 日，当月购入的甲公司的股票公允价值为每股 4.6 美元，当日的市场汇率为 1 美元=6.56 元。

要求：
①编制上述业务的相关会计处理；
②计算期末汇兑损益并做出相关的账务处理。（假定不考虑税费的影响）

第6章

所得税会计

> **学习目标**
>
> 1. 了解所得税会计中的有关概念。
> 2. 理解资产与负债的账面价值和计税基础。
> 3. 掌握递延所得税资产和递延所得税负债的确认。
> 4. 掌握所得税费用的计算及其账务处理。

6.1 所得税会计概述

6.1.1 所得税会计的含义

所得税会计是研究如何处理会计收益与应税收益,以及会计资产、负债账面价值与计税基础之间差异的会计理论和方法。

税法和会计准则的目标不尽一致,税法以课税为目的,根据经济合同、公平税负、增值税源、促进竞争及引导社会投资等原则,依据有关税法确定一定时期纳税人应缴纳的税额。财务会计的目的是真实、完整地反映企业的财务状况、经营业绩及现金流量情况,为信息使用者提供有关的会计信息,财务会计要遵循会计准则的要求。因此,按税法要求确认计量的应税收益和按会计准则要求确认计量的会计收益之间存在计税差异,而所得税会计就是研究如何处理二者之间的诸类差异的会计理论和方法。

6.1.2 所得税会计的特点

所得税会计是从资产负债表出发,通过比较资产负债表上列示的资产、负债按照企业会计准则规定确定的账面价值与按照税法规定确定的计税基础,两者之间的差额分别计入应纳税暂时性差异与可抵扣暂时性差异，确认相关的递延所得税负债与递延所得税资产，并在此基础上确定每一期间利润表中的所得税费用。企业会计准则规定，企业应采用资产负债表法核算所得税。

递延所得税资产和递延所得税负债的确认体现了交易或事项发生以后对未来期间计税的影响，即会增加或减少未来期间应交所得税的情况，在所得税会计核算方面贯彻了资产、负债等基本会计要素的界定。

6.1.3 计税差异产生的原因

计税差异产生的原因一般包括永久性差异和暂时性差异两类。

1. 永久性差异

永久性差异是指在某一会计期间内，由于会计制度和税法在计算收益、费用或损失时的口径不同，所产生的税前会计利润与应纳税所得额之间的差异。这种差异在本期发生，不会在以后各期转回。

永久性差异按照产生的原因及其性质可分为四类。

（1）按会计制度规定核算作为收益计入会计报表，而在计算应税所得时不确认为收益。

由于会计制度与税法对收益的确认标准不同，在某些情况下，会计制度将其作为收益，但在按税法要求计算应税所得时则不作为收益。例如购买国债的利息收入，按税法规定，企业购买的国债利息不计入应税所得，不缴纳所得税；但按照会计制度规定，企业购买国债产生的利息收入，应计入企业的收益。

（2）按会计制度规定核算时不作为收益计入会计报表，而在计算应税所得时确认为收益，需要缴纳所得税。

某些收益按照税法规定应计入应税所得，但按会计制度规定的原则不确认为收益，不计入利润表。例如，企业以自己生产的产品用于员工福利，税法上规定该产品应按售价与成本的差额计入应税所得，但按会计制度规定则可以按成本转账，不产生利润，不计入企业损益。

（3）按会计制度规定核算时确认为费用或损失计入会计报表，而在计算应税所得时则不允许扣减。

例如，各种非公益性的捐赠、赞助费，按会计制度规定计入当期利润表，减少当期利润，但在计算应税所得时则不允许扣减。

（4）按会计制度规定核算时不确认为费用或损失，而在计算应税所得时则允许扣减。

永久性差异的发生是单向不可逆转的，因此其会计处理的原则应以税法的规定为基准，将会计收益调整为应税收益。在仅存在永久性差异的情况下，按照税前会计利润加（或减）永久性差异调整为应税所得，按照应税所得和现行所得税税率计算的应交所得税作为当期所得税费用。

$$当期应税所得＝税前会计利润±永久性差异$$
$$当期所得税费用＝应税所得×当期所得税税率$$

因此，永久性差异影响当期所得税费用，但不会对当期递延所得税产生影响。

2. 暂时性差异

暂时性差异是指资产或负债的账面价值与其计税基础之间的差额。未作为资产和负债确认的项目，按照税法规定可以确定其计税基础的，该计税基础与其账面价值之间的差额也属于暂时性差异。

按照暂时性差异对未来期间应税金额的影响，分为应纳税暂时性差异和可抵扣暂时性差异两种。

6.2 计税基础和暂时性差异

6.2.1 计税基础

1. 资产的计税基础

资产的计税基础是指企业在收回资产账面价值过程中，计算应纳税所得额时按照税法规定可以自应税经济利益中抵扣的金额，即某一项资产在未来期间计税时允许税前扣除的金额。

$$资产的计税基础=未来期间允许税前扣除的金额$$

资产在初始确认时，其计税基础一般为取得成本。从所得税角度考虑，某一单项资产产生的所得是指该项资产产生的未来经济利益流入扣除其取得成本之后的金额。一般情况下，税法认定资产取得成本为购入实际支付的金额。在资产持续持有的过程中，计税基础是资产的取得成本减去以前期间按照税法规定已经税前扣除的金额后的余额。如固定资产和无形资产等长期资产在某一资产负债表日的计税基础，是其成本扣除按照税法规定已在以前期间税前扣除的累计折旧额或累计摊销额后的金额。

【例6-1】 甲公司一台作为固定资产的设备成本为500 000元，无预计净残值。按直线法计提折旧，会计确定的折旧年限为5年，税法规定的折旧年限为10年。则会计确定每年的累计折旧为100 000元，按税法规定确定每年的累计折旧为50 000元。

分析： 该项资产第一年年末的账面价值为400 000（500 000-100 000）元，计税基础为450 000（500 000-50 000）元；第二年的账面价值为300 000（500 000-200 000）元，计税基础为400 000（500 000-100 000）元，以此类推。

【例6-2】 甲公司的一项交易性金融资产按公允价值计量，账面价值为750 000元，税法按历史成本计量，该项交易性金融资产取得时金额为600 000元，假定处置该项资产的任何收益均是应税的，则计算应纳税所得额时按照税法规定可以税前扣除的金额为600 000元，该交易性金融资产的计税基础为600 000元。

【例6-3】 甲公司应收账款的账面价值为1 000 000元，相关的收入已经包括在当期应税所得中，则该项应收账款的计税基础为1 000 000元。由于该项资产收回产生的经济利益不需要纳税，因此该项资产的计税基础就是其账面价值，即1 000 000元。

2. 负债的计税基础

负债的计税基础是指负债的账面价值减去未来期间计算应纳税所得额时按照税法

规定可予抵扣的金额。

负债的计税基础=账面价值-未来期间允许税前扣除的金额

一般情况下，负债的确认与偿还不会影响企业的损益，也不会影响其应纳税所得额，未来期间计算应纳税所得额时按照税法规定可予抵扣的金额为零，计税基础即为账面价值，如企业的短期借款、应付账款等。但是，在某些情况下，负债的确认可能会影响企业的损益，进而影响不同期间的应纳税所得额，使其计税基础与账面价值之间产生差额，如按照会计规定确认的某些预计负债。

【例6-4】甲公司的一项长期借款的账面余额为5 000 000元，该项借款的归还不会产生纳税后果，则该项借款未来期间允许税前扣除的金额为0，因此计税基础为5 000 000（5 000 000-0）元。

【例6-5】甲公司当期确认预收账款的账面金额为50 000元，该预收货款结算时的营业收入需要全部计入应税所得，即不存在未来期间允许扣除的金额，则该项预收账款的计税基础就是50 000（50 000-0）元。

【例6-6】甲公司按照权责发生制预提产品保修费200 000元，并计入预计负债，而税法按照收付实现制规定产品保修费应在实际发生时予以确认，则未来允许税前扣除的金额为200 000元，此项负债的计税基础为0（200 000-200 000）元，从而产生了计税差异。

6.2.2 应纳税暂时性差异

应纳税暂时性差异是指在确定未来收回资产或清偿负债期间的应纳税所得额时，将产生应税金额的暂时性差异。该差异在未来期间转回时，会增加转回期间的应纳税所得额，即在未来期间不考虑事项影响的应纳税所得额的基础上，由于该暂时性差异的转回，进一步增加了转回期间的应纳税所得额和应交所得税金额。在该暂时性差异产生当期，应当确认相关的递延所得税负债。

应纳税暂时性差异通常产生于以下情况。

（1）资产的账面价值大于其计税基础。资产的账面价值代表企业在持续使用及最终出售时会取得的经济利益的总额，而计税基础则代表资产在未来期间可予税前扣除的总金额。资产的账面价值大于计税基础，意味着该资产未来期间产生的经济利益不能全部税前扣除，两者之间的差额仍需要交税，产生应纳税暂时性差异。

【例6-7】甲公司某项资产的账面价值为1 200 000元，计税基础为1 000 000元，根据资产的账面价值与计税基础的经济含义分析，该项资产未来期间产生的经济利益流入1 200 000元大于按照税法规定允许税前扣除的金额1 000 000元，该项资产未来期间产生的经济利益1 200 000元不能全部税前扣除，两者之间的差额200 000元于未来期间仍需交税，增加未来期间的应纳税所得额及应交所得税，对企业形成经济利益流出的义务，应确认负债。

（2）负债的账面价值小于其计税基础。负债的账面价值代表企业预计在未来期间清偿该项负债时的经济利益流出，而计税基础则代表账面价值在扣除税法规定未来期间允许税前扣除的金额之后的差额。因负债的账面价值与其计税基础不同而产生的暂时性差异，实质上是税法规定就该项负债在未来期间可以税前扣除的金额。负债的账面价值小于其计税基础,则意味着该项负债在未来期间可以税前扣除的金额为负数,即应在未来期间应纳税所得额的基础上调增,增加应纳税所得额和应交所得税金额,产生应纳税暂时性差异。

【例6-8】某一负债的账面价值为500 000元,计税基础为600 000元,根据负债的账面价值与计税基础的经济含义分析,该项负债在未来期间可以税前扣除的金额为-100 000元,即应在未来期间应纳税所得额的基础上调增,增加应纳税所得额及应交所得税,对企业形成经济利益流出的义务,应确认负债。

6.2.3 可抵扣暂时性差异

可抵扣暂时性差异是指在确定未来收回资产或清偿负债期间的应纳税所得额时,将产生可抵扣金额的暂时性差异。该差异在未来期间转回时会减少转回期间的应纳税所得额,减少未来期间的应交所得税。在该暂时性差异产生当期,应当确认相关的递延所得税资产。

可抵扣暂时性差异一般产生于以下情况。

(1) 资产的账面价值小于其计税基础。从经济含义来看,资产在未来期间产生的经济利益少,按照税法规定,允许税前扣除的金额多,则企业在未来期间可以减少应纳税所得额并减少应交所得税,形成可抵扣暂时性差异。

(2) 负债的账面价值大于其计税基础。负债产生的暂时性差异实质上是税法规定就该项负债在未来期间可以税前扣除的金额。负债的账面价值大于其计税基础,则意味着该项负债在未来期间可以税前扣除的金额为正数,即应在未来期间应纳税所得额的基础上调减,减少应纳税所得额和应交所得税金额,产生可抵扣暂时性差异。

(3) 税法规定可以结转以后年度的未弥补亏损及税款抵减。对于税法规定可以结转以后年度的未弥补亏损及税款抵减,虽不是因资产、负债的账面价值与计税基础不同而产生的,但本质上可抵扣亏损和税款抵减与可抵扣暂时性差异具有同样的作用,均能减少未来期间的应纳税所得额,进而减少未来期间的应交所得税,在会计处理上,视同可抵扣暂时性差异。

6.2.4 特殊项目产生的暂时性差异

某些交易或事项发生后,因为不符合资产、负债的确认条件而未体现在资产负债表中的资产或负债,但按照税法规定能够确定其计税基础的,其账面价值为零,与计税基础之间的差异也构成暂时性差异。

企业合并中,因企业会计准则规定与税法规定不同,可能使企业合并中取得资产、负债的入账价值与计税基础不同,形成暂时性差异。

6.3 递延所得税资产和递延所得税负债

6.3.1 递延所得税资产的确认与计量

1. 确认递延所得税资产的一般原则

因资产、负债的账面价值与其计税基础不同而产生可抵扣暂时性差异的,在估计未来期间能够取得足够的应纳税所得额用以利用该可抵扣暂时性差异时，应当以很可能取得用来抵扣可抵扣暂时性差异的应纳税所得额为限，确认相关的递延所得税资产。

（1）递延所得税资产的确认应以未来期间可能取得的应纳税所得额为限，确认相应的递延所得税资产，同时减少确认当期的所得税费用。相应的账务处理如下。

借：递延所得税资产
　　贷：所得税费用

在可抵扣暂时性差异转回的未来期间内，企业无法产生足够的应纳税所得额用以抵减可抵扣暂时性差异的影响，使得与递延所得税资产相关的经济利益无法实现的，该部分递延所得税资产不应确认。

【例6-9】 甲公司某一固定资产因会计与税法对于折旧方法的规定不同而导致账面价值为300 000元，计税基础为400 000元。假设估计未来期间能够取得足够的应纳税所得额用以利用该差异，并且除该暂时性差异外，不存在其他会计和税收之间的差异。该企业适用的所得税税率为25%。

分析： 资产的账面价值300 000元小于其计税基础400 000元，产生了可抵扣暂时性差异100 000元，估计未来期间能够产生足够的应纳税所得额以利用该差异，则企业应确认相关的递延所得税资产25 000（100 000×25%）元。

甲公司应做的账务处理如下。

借：递延所得税资产　　　　　　　　　　　　　　　　　　　25 000
　　贷：所得税费用　　　　　　　　　　　　　　　　　　　　25 000

（2）企业合并中，按照会计规定确定的合并中取得各项可辨认资产、负债的入账价值与其计税基础之间形成可抵扣暂时性差异的，应确认相关的递延所得税资产，并调整合并中应予确认的商誉等。相应的账务处理如下。

借：递延所得税资产
　　贷：商誉

（3）与直接计入所有者权益的交易或事项相关的可抵扣暂时性差异，相应的递延所得税资产应计入所有者权益，如因可供出售金融资产公允价值下降而应确认的递延所得税资产。相应的账务处理如下。

借：递延所得税资产
　　贷：资本公积——其他资本公积

【例6-10】 甲公司有一项交易性金融资产按公允价值计量，账面价值为550 000元，计税基础为600 000元，假设估计未来期间能够取得足够的应纳税所得额用以利用该差异，并且除该暂时性差异外，不存在其他会计和税收之间的差异。该企业适用的所得税税率为25%。

分析： 资产的账面价值550 000元小于其计税基础600 000元，产生了可抵扣暂时性差异50 000元，估计未来期间能够产生足够的应纳税所得额以利用该差异，则企业应确认相关的递延所得税资产12 500（50 000×25%）元。

甲公司应做的账务处理如下。

借：递延所得税资产　　　　　　　　　　　　　　　　　　　12 500

贷：资本公积——其他资本公积　　　　　　　　　　　12 500

2. 不确认递延所得税资产的特殊情况

　　某些情况下，如果企业发生的某项交易或事项不是企业合并，并且交易发生时既不影响会计利润也不影响应纳税所得额，且该项交易中产生的资产、负债的初始确认金额与其计税基础不同，产生可抵扣暂时差异的，企业会计准则中规定在交易或事项发生时不确认相应的递延所得税资产。

3. 递延所得税资产的计量

　　（1）适用税率的确定。确认递延所得税资产时，应估计相关可抵扣暂时性差异的转回时间，采用转回期间适用的所得税税率为基础计算确定。无论相关的可抵扣暂时性差异转回期间如何，递延所得税资产均不予折现。

　　　　递延所得税资产＝可抵扣暂时性差异×转回期间适用的所得税税率

　　（2）递延所得税资产账面价值的复核。资产负债表日，企业应当对递延所得税资产的账面价值进行复核。如果未来期间很可能无法取得足够的应纳税所得额用以利用递延所得税资产的利益，应当减记递延所得税资产的账面价值。当未来期间因环境等因素变化促使能够产生足够的应纳税所得额利用可抵扣暂时性差异时，应相应恢复递延所得税资产的账面价值。

6.3.2 递延所得税负债的确认与计量

1. 确认递延所得税负债的一般原则

　　除企业会计准则规定的特殊情况外，企业对于所有的应纳税暂时性差异均应确认相关的递延所得税负债。

　　确认应纳税暂时性差异产生的递延所得税负债时，交易或事项发生时影响到会计利润或应纳税所得额的，递延所得税负债的确认应导致利润表中所得税费用的增加；与直接计入所有者权益的交易或事项相关的，其所得税费用应增加或减少所有者权益；企业合并产生的，相关的递延所得税影响应调整购买日应确认的商誉或计入当期损益的金额。相应的账务处理如下。

　　借：所得税费用/资本公积——其他资本公积/商誉
　　　　贷：递延所得税负债

　　【例6-11】 甲公司于20×8年12月31日购入某项固定资产，成本为200 000元，采用直线法计提折旧，无净残值，会计上规定的使用年限为10年，税法规定的使用年限为5年，折旧方法及净残值与会计相同。自20×9年1月1日起，该企业适用的所得税税率为25%。假定该企业不存在其他会计与税收处理的差异，该项固定资产在期末未发生减值。

　　分析：20×9年资产负债表日，该项固定资产按会计规定计提的折旧额为20 000元，计税时允许扣除的折旧额为40 000元，该固定资产的账面价值180 000元与其计税基础160 000元的差额构成应纳税暂时性差异，企业应确认相关的递延所得税负债。

　　甲公司应做的账务处理如下。

　　借：所得税费用　　　　　　　　　　　　　　　　　5 000

贷：递延所得税负债　　　　　　　　　　　　　　　　　　　　　5 000

2. 不确认递延所得税负债的特殊情况

（1）商誉的初始确认。非同一控制下的企业合并中，企业合并成本大于合并中取得的被购买方可辨认净资产公允价值份额的差额，确认为商誉。因会计与税收的划分标准不同，按税法规定作为免税合并的情况下，税法不认可商誉，即商誉的计税基础为零，两者之间的差额形成应纳税暂时性差异，企业会计准则中规定不确认相关的递延所得税负债。

（2）与联营企业、合营企业投资等相关的应纳税暂时性差异，一般应确认相应的递延所得税负债，但同时满足以下两个条件的除外：一是投资企业能控制暂时性差异转回的时间；二是该差异在可预见的未来很可能不会转回。

（3）除企业合并以外的其他交易或事项中，如果该项交易或事项发生时既不影响会计利润，也不影响应纳税所得额，则所产生的资产、负债的初始确认金额与其计税基础不同，形成应纳税暂时性差异的，交易或事项发生时不确认相应的递延所得税负债。

3. 递延所得税负债的计量

递延所得税负债应以相关应纳税暂时性差异转回期间适用的所得税税率为基础计量。在我国，除享受优惠政策的情况以外，企业适用的所得税税率在不同年度之间一般不会发生变化，企业在确认递延所得税负债时，可以现行税率为基础计算确定，递延所得税负债的确认不要求折现。

　　递延所得税负债＝应纳税暂时性差异×转回期间适用的所得税税率

6.4　所得税费用的确认与计量

6.4.1　应交所得税

应交所得税是企业按照税法规定计算确定的针对当期发生的交易和事项，应缴纳给税务部门的所得税金额，即当期所得税。

企业在确定当期应交所得税时，对于当期发生的交易或事项，会计处理与税收处理不同的，应在会计利润的基础上，按照适用税收法规的要求进行调整，计算出当期应纳税所得额，按照应纳税所得额与适用所得税税率计算确定当期应交所得税。

6.4.2　递延所得税

递延所得税是指按照企业会计准则规定应予确认的递延所得税资产和递延所得税负债在期末应有的金额相对于原已确认金额之间的差额，即递延所得税资产及递延所得税负债的当期发生额，但不包括直接计入所有者权益的交易或事项及企业合并的所得税影响。

如果某交易或事项按照企业会计准则规定应计入所有者权益，由该交易或事项发生的递延所得税资产或递延所得税负债及其变化亦应计入所有者权益，不构成利润表中的递延所得税费用（或收益）。

6.4.3 所得税费用

利润表中的所得税费用由应交所得税和递延所得税两部分组成。

计入当期损益的所得税费用或收益不包括企业合并和直接在所有者权益中确认的交易或事项产生的所得税。与直接计入所有者权益的交易或事项相关的当期应交所得税和递延所得税，应当计入所有者权益。

所得税费用应当在利润表中单独列示。

计算所得税费用主要包括以下步骤。

（1）确定永久性差异和暂时性差异金额。确定暂时性差异的金额与类型，计算每项资产或负债的账面价值与其计税基础的差额，并将其分为应纳税暂时性差异和可抵扣暂时性差异。

（2）在确定当期应纳税所得额的基础上，计算当期应交所得税。计算公式如下。

应纳税所得额=税前会计利润±永久性差异±暂时性差异

应交所得税=应纳税所得额×当期适用的所得税税率

（3）计算当期递延所得税负债和递延所得税资产的发生额。计算公式如下。

递延所得税负债的当期发生额=期末递延所得税负债-期初递延所得税负债

递延所得税资产的当期发生额=期末递延所得税资产-期初递延所得税资产

递延所得税=递延所得税负债的当期发生额-递延所得税资产的当期发生额

（4）最后计算所得税费用。计算公式如下。

所得税费用=应交所得税+递延所得税

【例6-12】甲公司20×8年的应纳税所得额为200 000元，企业适用的所得税税率为25%，期初递延所得税负债余额为250 000元（暂时性差异为1 000 000元）。除此暂时性差异外，不存在其他会计与税收处理的差异。根据相关情况，确定20×8年12月31日递延所得税负债余额，如表6-1所示。

表6-1 20×8年12月31日递延所得税负债余额　　　　　　单位：元

项目	账面价值	计税基础	暂时性差异
应收账款	50 000	50 000	
存货	200 000	200 000	
无形资产	50 000	50 000	
长期投资	3 300 000	3 300 000	
固定资产	4 500 000	3 000 000	1 500 000
资产总额	8 100 000	6 600 000	1 500 000
暂时性差异			1 500 000
递延所得税负债	1 500 000×25%		375 000
递延所得税资产			
递延所得税	375 000-250 000		125 000

分析：根据递延所得税负债余额表，该企业 20×8 年只存在应纳税暂时性差异 1 500 000 元，因此，确认期末递延所得税负债 375 000 元。

甲公司应做的账务处理如下。

（1）计算所得税费用。

$$应交所得税 = 应纳税所得额 \times 当期适用的所得税税率$$
$$= 200\ 000 \times 25\% = 50\ 000（元）$$

$$递延所得税 = 期末递延所得税负债 - 期初递延所得税负债$$
$$= 375\ 000 - 250\ 000 = 125\ 000（元）$$

$$所得税费用 = 应交所得税 + 递延所得税$$
$$= 50\ 000 + 125\ 000 = 175\ 000（元）$$

（2）编制会计分录。

借：所得税费用　　　　　　　　　　　　　　　175 000
　　贷：应交税费——应交所得税　　　　　　　　　　50 000
　　　　递延所得税负债　　　　　　　　　　　　　125 000

【例 6-13】甲公司 20×8 年 12 月 31 日资产负债表有关项目账面价值及其计税基础如表 6-2 所示。

表 6-2　20×8 年 12 月 31 日资产负债表有关项目账面价值及其计税基础　　单位：元

项目	账面价值	计税基础	暂时性差异	
			应纳税暂时性差异	可抵扣暂时性差异
交易性金融资产	15 000 000	10 000 000	5 000 000	
预计负债	1 000 000	0		1 000 000
合计			5 000 000	1 000 000

假设其他资产、负债项目的账面价值与计税基础相同，按税法规定计算的应税所得为 10 000 000 元，适用的所得税税率为 25%，做出相应的会计处理。

分析：本题只存在暂时性差异，递延所得税负债或递延所得税资产不存在期初数。

（1）计算所得税费用。

$$应交所得税 = 应纳税所得额 \times 当期适用的所得税税率$$
$$= 10\ 000\ 000 \times 25\% = 2\ 500\ 000（元）$$

$$递延所得税负债的当期发生额 = 期末递延所得税负债 - 期初递延所得税负债$$
$$= 5\ 000\ 000 \times 25\% - 0 = 1\ 250\ 000（元）$$

$$递延所得税资产的当期发生额 = 期末递延所得税资产 - 期初递延所得税资产$$
$$= 1\ 000\ 000 \times 25\% - 0 = 250\ 000（元）$$

$$递延所得税 = 递延所得税负债的当期发生额 - 递延所得税资产的当期发生额$$
$$= 1\ 250\ 000 - 250\ 000 = 1\ 000\ 000（元）$$

$$所得税费用 = 应交所得税 + 递延所得税$$
$$= 2\ 500\ 000 + 1\ 000\ 000 = 3\ 500\ 000（元）$$

（2）编制会计分录。

借：所得税费用　　　　　　　　　　　　　　　　　　3 500 000
　　递延所得税资产　　　　　　　　　　　　　　　　　250 000
　　　贷：应交税费——应交所得税　　　　　　　　　　2 500 000
　　　　　递延所得税负债　　　　　　　　　　　　　　1 250 000

【例6-14】甲公司以100 000元购置一台机器，预计使用年限5年，无预计净残值，税法规定此项固定资产折旧年限为4年，假设税率为30%，从第三年起税率改为25%，该公司每年的税前会计利润为500 000元。该公司每年除此暂时性差异外不存在其他会计与税收处理的差异，做出连续5年内相应的会计处理。根据相关情况，确定连续5年该项固定资产计提折旧费用如表6-3所示。

表6-3　该项固定资产计提折旧费用　　　　　　　　　　　　　　单位：元

折旧年限	第一年	第二年	第三年	第四年	第五年
5年（会计）	20 000	20 000	20 000	20 000	20 000
4年（税法）	25 000	25 000	25 000	25 000	0

甲公司应做的账务处理如下。

（1）第一年年末的账务处理。

①计算所得税费用。

$$固定资产的账面价值=100\,000-20\,000=80\,000（元）$$
$$计税基础=100\,000-25\,000=75\,000（元）$$
$$应纳税暂时性差异=80\,000-75\,000=5\,000（元）$$
$$应纳税所得额=税前会计利润\pm永久性差异\pm暂时性差异$$
$$=500\,000-5\,000=495\,000（元）$$
$$应交所得税=495\,000\times30\%=148\,500（元）$$
$$递延所得税=期末递延所得税负债-期初递延所得税负债$$
$$=5\,000\times30\%-0=1\,500（元）$$
$$所得税费用=应交所得税+递延所得税$$
$$=148\,500+1\,500=150\,000（元）$$

②编制会计分录。

借：所得税费用　　　　　　　　　　　　　　　　　　150 000
　　　贷：应交税费——应交所得税　　　　　　　　　　148 500
　　　　　递延所得税负债　　　　　　　　　　　　　　1 500

（2）第二年年末的账务处理。

①计算所得税费用。

$$固定资产的账面价值=80\,000-20\,000=60\,000（元）$$
$$计税基础=75\,000-25\,000=50\,000（元）$$
$$应纳税暂时性差异=60\,000-50\,000=10\,000（元）$$
$$应纳税所得额=税前会计利润\pm永久性差异\pm暂时性差异$$

$$=500\ 000-10\ 000=490\ 000（元）$$
$$应交所得税=490\ 000×30\%=147\ 000（元）$$
$$递延所得税=期末递延所得税负债-期初递延所得税负债$$
$$=10\ 000×30\%-1\ 500=1\ 500（元）$$
$$所得税费用=应交所得税+递延所得税$$
$$=147\ 000+1\ 500=148\ 500（元）$$

②编制会计分录。

借：所得税费用 148 500
　　贷：应交税费——应交所得税 147 000
　　　　递延所得税负债 1 500

（3）第三年年末的账务处理。

①计算所得税费用。

$$固定资产的账面价值=60\ 000-20\ 000=40\ 000（元）$$
$$计税基础=50\ 000-25\ 000=25\ 000（元）$$
$$应纳税暂时性差异=40\ 000-25\ 000=15\ 000（元）$$
$$应纳税所得额=税前会计利润±永久性差异±暂时性差异$$
$$=500\ 000-15\ 000=485\ 000（元）$$
$$应交所得税=485\ 000×25\%=121\ 250（元）$$
$$递延所得税=期末递延所得税负债-期初递延所得税负债$$
$$=15\ 000×25\%-3\ 000=750（元）$$
$$所得税费用=应交所得税+递延所得税$$
$$=121\ 250+750=122\ 000（元）$$

②编制会计分录。

借：所得税费用 122 000
　　贷：应交税费——应交所得税 121 250
　　　　递延所得税负债 750

（4）第四年年末的账务处理：类似处理。

借：所得税费用 121 250
　　贷：应交税费——应交所得税 120 000
　　　　递延所得税负债 1 250

（5）第五年年末的账务处理。

①计算所得税费用。

$$固定资产的账面价值=20\ 000-20\ 000=0（元）$$
$$计税基础=0（元）$$
$$应纳税暂时性差异=0（元）$$
$$应纳税所得额=税前会计利润±永久性差异±暂时性差异=500\ 000（元）$$
$$应交所得税=500\ 000×25\%=125\ 000（元）$$
$$递延所得税=期末递延所得税负债-期初递延所得税负债$$

$$=0-5\ 000=-5\ 000（元）$$
$$所得税费用=应交所得税+递延所得税$$
$$=125\ 000-5\ 000=120\ 000（元）$$

②编制会计分录。

借：所得税费用　　　　　　　　　　　　　　　120 000
　　递延所得税负债　　　　　　　　　　　　　　5 000
　　贷：应交税费——应交所得税　　　　　　　125 000

6.5　我国递延所得税的披露问题

我国企业会计准则规定，递延所得税资产和递延所得税负债应当分别作为非流动资产和非流动负债在资产负债表中列示；所得税费用应当在利润表中单独列示。

同时，我国企业会计准则规定，企业应当在附注中披露与所得税有关的下列信息。

（1）所得税费用（收益）的主要组成部分。

（2）所得税费用（收益）与会计利润关系的说明。

（3）未确认递延所得税资产的可抵扣暂时性差异、可抵扣亏损的金额（如果存在到期日，还应披露到期日）。

（4）对每一类暂时性差异和可抵扣亏损，在列报期间确认的递延所得税资产或递延所得税负债的金额，确认递延所得税资产的依据。

（5）未确认递延所得税负债的，与对子公司、联营企业及合营企业投资相关的暂时性差异金额。

本章小结

本章主要对所得税会计进行了阐述，具体包括五个方面的内容。

一是所得税会计的基本概念。明确了所得税会计的含义、特点及计税差异产生的原因，为后面内容的学习奠定基础。

二是计税基础和暂时性差异的确认和计量。简要介绍了计税基础的概念和核算方法，在此基础上，对资产计税基础和负债计税基础的会计处理进行了详细解释；同时还对应纳税暂时性差异和可抵扣暂时性差异进行了详细说明，列举了一些具有代表性的实例，明确了两者的区别。

三是递延所得税资产和递延所得税负债的确认和计量。简要介绍了递延所得税资产和递延所得税负债的概念，并对递延所得税资产和递延所得税负债的会计处理进行了详细介绍。

四是所得税费用的确认和计量。明确应交所得税、递延所得税和所得税费用的概念，在此基础上，根据企业当期应交所得税和递延所得税，得出当期所得税费用，并进行相应的会计处理。

五是递延所得税的披露问题。简要介绍了递延所得税在附注中需要披露的内容。

知识链接

关于所得税会计改革的根源

《企业会计准则第 18 号——所得税》采用资产负债表债务法替代了原有的所得税会计处理方法,体现了资产负债观在我国会计准则中的应用,是我国所得税会计的重大改革,也对广大会计从业人员提出了更高的要求。

所得税会计改革的根源,在于从 20 世纪 80 年代起,决策有用性成为财务报告的主导目标,资产负债观逐步取代了收入费用观的主流地位。这种观念的改变也体现在所得税会计准则的修订当中。从国际会计领域看,资产负债表债务法是所得税会计发展的趋势,美国在其 1987 年 12 月颁布的美国财务会计准则第 96 号《所得税的会计处理》(SFAS 96,1992 年被 SFAS 109 取代)中率先提出了暂时性差异的概念;1996 年 10 月,国际会计准则理事会(以下简称 IASB)修订后的 IAS 12《所得税》中也采用暂时性差异这一概念来取代时间性差异的概念。

我国于 2006 年 2 月 15 日颁布的新准则同样顺应这一趋势,采用了资产负债表债务法。资产负债表债务法之所以受到青睐,根本原因在于这种方法贯彻了资产负债观。曾被广泛使用的损益表债务法试图通过调整因税率变动及开征新税对企业递延税款期末余额造成的影响,如实反映企业未来应交所得税负债或拥有的递延所得税资产。但是损益表债务法是基于时间性差异的调整分析进行会计处理,秉承的是收入费用观,从一开始资产(负债)的确认就不是严格按照资产(负债)的定义进行的。可以说,损益表债务法力图通过收入费用观的会计处理方法来体现资产负债观的原则,其结果既没有满足收入费用观的配比原则,也不符合资产负债观严格的资产(负债)定义。

与损益表债务法相比,资产负债表债务法可以反映和处理时间性的暂时性差异,全面确认递延所得税资产或负债,将每一会计期间递延所得税资产或负债余额的变化确认为收益,强调全面收益概念,旨在真实体现资产和负债的未来可收回金额,是完全遵循资产负债观的所得税会计处理方法。

练习题

一、单项选择题

1. 甲公司自 20×8 年 2 月 1 日起自行研究开发一项专利技术,当年发生研究费用 2 000 000 元;开发阶段符合资本化条件前发生的支出为 3 000 000 元,符合资本化条件后至达到预定用途前发生的支出为 8 000 000 元,20×9 年 4 月 2 日该项专利技术获得成功并取得专利权。专利权预计使用年限为 10 年,采用直线法进行摊销。甲公司发生的研究开发支出及预计年限均符合税法规定的优惠条件。甲公司 20×9 年年末因该项无形资产产生的暂时性差异为(　　)元。

   A. 6 000 000　　　　B. 3 000 000　　　　C. 3 700 000　　　　D. 5 000 000

2. 某企业期末持有一批存货，成本为 10 000 000 元，按照存货准则规定，估计其可变现净值为 8 000 000 元，对于可变现净值低于成本的差额，应当计提存货跌价准备 2 000 000 元。由于税法规定资产的减值损失在发生实质性损失前不允许税前扣除，则该批存货的计税基础为（　　）元。

　　A. 10 000 000　　　　B. 8 000 000　　　　C. 2 000 000　　　　D. 0

3. 下列各项负债中，其计税基础为零的是（　　）。

　　A. 因欠税产生的应交税款滞纳金

　　B. 因购入存货形成的应付账款

　　C. 因确认保修费用形成的预计负债

　　D. 为职工计提的应付养老保险金

4. 下列各项资产、负债中，不形成暂时性差异的是（　　）。

　　A. 企业为其子公司进行债务担保而确认的预计负债

　　B. 期末计提坏账准备

　　C. 期末按公允价值调整交易性金融资产的账面价值

　　D. 可供出售金融资产公允价值变动

5. 甲公司 20×8 年 12 月 1 日购入一项设备，原值为 20 000 000 元，使用年限为 10 年，会计处理时按照直线法计提折旧，税法规定按双倍余额递减法计提折旧，设备净残值为零。甲公司所得税税率为 25%。20×9 年年末，甲公司因该项设备产生的递延所得税负债余额为（　　）元。

　　A. 300 000　　　　B. 100 000　　　　C. 150 000　　　　D. 500 000

6. 所得税采用资产负债表法核算，其暂时性差异是指（　　）。

　　A. 资产、负债的账面价值与其公允价值之间的差额

　　B. 资产、负债的账面价值与计税基础之间的差额

　　C. 会计利润与税法应纳税所得额之间的差额

　　D. 仅仅是资产的账面价值与计税基础之间的差额

7. 某公司于 20×6 年 12 月 1 日购入设备并投入使用，原值 3 600 000 元，净残值 600 000 元。税法允许采用年数总和法，折旧年限 5 年；会计规定采用年限平均法，折旧年限 4 年。税前会计利润各年均为 10 000 000 元，20×7 年所得税率为 33%，20×9 年所得税率为 25%，20×9 年 12 月 31 日该项资产的账面价值和计税基础分别是（　　）元。

　　A. 900 000，720 000　　　　　　　　B. 1 350 000，1 200 000

　　C. 1 800 000，1 440 000　　　　　　D. 2 250 000，2 400 000

8. 以下有关递延所得税的说法，正确的是（　　）。

　　A. 应纳税暂时性差异一定会确认为递延所得税负债

　　B. 递延所得税资产一定会影响当期所得税费用

　　C. 可抵扣暂时性差异一定会减少本期应纳税所得额

　　D. 本期发生的可抵扣暂时性差异一般会增加本期应纳税所得额

9. 某公司 20×8 年 12 月因违反当地有关环保法规的规定，接到环保部门的处罚通

知，要求其支付罚款 1 000 000 元。税法规定，企业因违反国家有关法律法规支付的罚款和滞纳金，计算应纳税所得额时不允许税前扣除。至 20×8 年 12 月 31 日，该项罚款尚未支付。则 20×8 年年末该公司产生的应纳税暂时性差异为（　　）元。

　　A. 0　　　　　　　　B. 1 000 000　　　　C. -1 000 000　　　　D. 不确定

10. 某公司 20×8 年交易性金融资产账面初始成本为 20 000 000 元，12 月 31 日其公允价值为 24 000 000 元，可供出售金融资产初始成本为 10 000 000 元，12 月 31 日公允价值为 13 000 000 元。该公司所得税税率为 25%。20×8 年以前没有该类金融资产，则 20×8 年 12 月 31 日应确认计入资产负债表的递延所得税负债和计入利润表的递延所得税费用分别为（　　）元。

　　A. 1 000 000，1 000 000　　　　　　　　B. 1 750 000，750 000
　　C. 1 750 000，1 000 000　　　　　　　　D. 1 000 000，750 000

二、多项选择题

1. 下列各项中，会产生可抵扣暂时性差异的有（　　）。
   A. 资产的账面价值大于其计税基础
   B. 资产的账面价值小于其计税基础
   C. 负债的账面价值大于其计税基础
   D. 负债的账面价值小于其计税基础

2. 甲公司 20×8 年发生广告费 10 000 000 元，至年末已全额支付给广告公司。税法规定，企业发生的广告费、业务宣传费不超过当年销售收入 15% 的部分允许税前扣除，超过部分允许结转以后年度税前扣除。甲公司 20×8 年实现销售收入 50 000 000 元。下列关于甲公司的处理，不正确的有（　　）。
   A. 可以将广告费视为资产，其计税基础为 2 500 000 元
   B. 确认可抵扣暂时性差异，金额为 2 500 000 元
   C. 确认应纳税暂时性差异，金额为 2 500 000 元
   D. 可以将广告费视为资产，其计税基础为 0

3. 下列各事项中，计税基础等于账面价值的有（　　）。
   A. 支付的购货合同违约金
   B. 计提的国债利息
   C. 因产品质量保证计提的预计负债
   D. 应付的税收滞纳金

4. 按现行会计准则规定，递延所得税负债科目贷方登记的内容有（　　）。
   A. 资产的账面价值大于计税基础产生的暂时性差异影响所得税费用的金额
   B. 资产的账面价值小于计税基础产生的暂时性差异影响所得税费用的金额
   C. 负债的账面价值大于计税基础产生的暂时性差异影响所得税费用的金额
   D. 负债的账面价值小于计税基础产生的暂时性差异影响所得税费用的金额

5. 下列各事项中，计税基础等于账面价值的有（　　）。
   A. 支付的各项赞助费
   B. 购买国债确认的利息收入

C. 支付的违反税收规定的罚款
D. 支付的工资超过计税工资的部分

三、判断题

1. 利润表中的所得税费用包括当期所得税和递延所得税两个组成部分。（　　）
2. 资产的账面价值与计税基础不同产生暂时性差异的原因，主要是会计和税法对资产入账价值的规定不同。（　　）
3. 企业融资租入固定资产按其公允价值与最低租赁付款额的现值两者孰低的金额确定的入账价值小于其计税基础，产生可抵扣暂时性差异，企业应确认相应的递延所得税资产。（　　）
4. 企业发生的广告费、业务宣传费等支出，不是企业的资产或负债，不会产生暂时性差异。（　　）
5. 企业确认的预收账款，其计税基础一定等于其账面价值。（　　）

四、计算分析题

1. 甲上市公司于20×8年1月设立，采用资产负债表法核算所得税费用，适用的所得税税率为25%。该公司20×8年利润总额为60 000 000元，当年发生的交易或事项中，会计规定与税法规定存在差异的项目如下：

（1）20×8年12月31日，甲公司应收账款余额为50 000 000元，对该应收账款计提了5 000 000元坏账准备。税法规定，企业计提的坏账损失不允许税前扣除，应收款项发生实质性损失时才允许税前扣除。

（2）按照销售合同规定，甲公司承诺对销售的X产品提供3年免费售后服务。甲公司20×8年销售的X产品预计在售后服务期间将发生的费用为4 000 000元，已计入当期损益。税法规定，与产品售后服务相关的支出在实际发生时允许税前扣除。甲公司20×8年没有发生售后服务支出。

（3）甲公司20×8年以40 000 000元取得一项到期还本付息的国债投资，作为持有至到期投资核算，该投资实际利率与票面利率相差较小，甲公司采用票面利率计算确定利息收入，当年确认国债利息收入2 000 000元，计入持有至到期投资账面价值，该国债投资在持有期间未发生减值。税法规定，国债利息收入免征所得税。

（4）20×8年12月31日，甲公司Y产品的账面余额为26 000 000元，根据市场情况对Y产品计提跌价准备4 000 000元，计入当期损益。税法规定，该类资产在发生实质性损失时允许税前扣除。

（5）20×8年4月，甲公司自公开市场购入基金，作为交易性金融资产核算，取得成本为20 000 000元，20×8年12月31日该基金的公允价值为41 000 000元，公允价值相对账面价值的变动已计入当期损益，持有期间基金未进行分配。税法规定，该类资产在持有期间公允价值变动不计入应纳税所得额，待处置时一并计入应纳税所得额的金额。

其他相关资料：假定预期未来期间甲公司适用的所得税税率不发生变化；甲公司预计未来期间能够产生足够的应纳税所得额用以抵扣可抵扣暂时性差异。

要求：

①确定甲公司上述交易或事项中资产、负债在20×8年12月31日的计税基础，同时比较其账面价值与计税基础，计算所产生的应纳税暂时性差异或可抵扣暂时性差异的金额；

②计算甲公司20×8年应纳税所得额、应交所得税、递延所得税和所得税费用；

③编制甲公司20×8年确认所得税费用的会计分录。

2. 甲公司是20×8年初新成立的公司，所得税核算采用资产负债表法，所得税税率为25%，公司预计会持续盈利，各年能够获得足够的应纳税所得额。20×8年全年实现的利润总额为6 000 000元。20×8年其他有关资料如下。

（1）3月10日，购入A股票10万股，支付价款1 200 000元，划分为交易性金融资产；4月20日收到A公司宣告并发放的现金股利80 000元，甲公司已收到并存入银行；年末甲公司持有的A股票的市价为1 500 000元。

（2）5月10日，购入B股票20万股，支付价款2 400 000元，另支付交易手续费150 000元，划分为可供出售金融资产；12月31日，B股票每股市价为15元。

（3）12月31日应收账款余额为8 000 000元，计提坏账准备840 000元。税法规定，只有在坏账损失实际发生时才允许税前扣除。

（4）12月31日存货账面实际成本为6 000 000元，预计可变现净值为5 400 000元，存货期末按成本与可变现净值孰低法计价。

（5）20×8年度支付非广告性质的赞助费160 000元，支付税收滞纳金50 000元，支付非公益救济性捐赠40 000元，支付广告费200 000元，另发生按照实际利率法确认的国债利息收入150 000元。假定广告费符合税法上的扣除标准。

要求：

①根据资料（1）～（4）计算上述有关交易或事项的账面价值与计税基础。

②计算甲公司20×8年度应交的所得税。

③计算因上述事项所产生的应纳税暂时性差异、可抵扣暂时性差异及应确认的递延所得税资产和递延所得税负债的金额，并编制所得税的相关分录。（列出计算过程）

第7章

会计政策、会计估计变更和前期差错更正核算

\学习目标

1. 了解会计政策、会计估计等的定义。
2. 理解会计政策变更、会计估计变更、前期差错。
3. 掌握会计政策变更、会计估计变更和前期差错更正的会计处理。
3. 熟悉会计政策变更和会计估计变更不易分清的会计处理。

7.1 会计政策及其变更的会计处理

7.1.1 会计政策的内涵

1. 会计政策的含义

会计政策是指企业在会计确认、计量、记录和报告中所采用的原则、基础和会计处理方法。

(1) 会计原则包括一般原则和特定原则。会计政策所指的会计原则是指某类会计业务的核算应当遵循的特定原则,而不是笼统地指所有的会计原则。比如,在基本原则中规范的客观性、及时性和实质重于形式等属于会计信息的质量要求,是为了满足会计信息质量要求而制定的原则,是统一的、不可选择的,不属于会计政策中的特定会计原则;而借款费用是费用化还是资本化则属于特定的会计原则。我国企业会计准则规定,企业发生的借款费用,可直接归属于符合资本化条件的资产的购建或者生产的,应当予以资本化,计入相关资产成本;其他借款费用,应当在发生时根据其发生额确认为费用,计入当期损益。

(2) 会计基础是指会计确认基础和计量基础。从会计实务的角度看，可供选择的会计确认基础有权责发生制和收付实现制。而我国企业会计准则规定企业应当采用权责发生制作为会计确认、计量、记录和报告的基础。会计计量基础主要包括历史成本、重置成本、可变现净值、现值和公允价值等。

(3) 会计处理方法是指企业在会计核算中按照企业会计准则等会计法规规范采用或者选择适合于本企业的具体会计处理方法。例如，《企业会计准则第4号——固定资产》允许企业在年限平均法、工作量法、双倍余额递减法和年数总和法之间进行固定资产折旧方法的选择，这些方法就是具体的会计处理方法。

2. 会计政策的特点

(1) 选择性。企业应当在国家统一的会计法规规定的会计政策范围内选择适用的会计政策。由于企业经济业务的复杂化和多样化，某些经济业务在符合会计原则和基础的要求下，有多种可供选择的会计处理方法。例如，发出存货的计价可以在先进先出法、加权平均法、个别计价法等方法中进行选择。

企业选择会计政策需经股东大会或董事会、经理（厂长）会议或类似机构批准，并按照法律、行政法规等的规定报送有关各方备案。

(2) 强制性。我国的会计准则和会计规章制度属于行政法规，会计政策所包含的具体会计原则、计量基础和具体会计处理方法由企业会计准则或会计规章制度规定，具有一定的强制性。企业在发生某项经济业务时，必须从允许的会计原则、基础和会计处理方法中，选择出适合本企业特点的会计政策。

(3) 层次性。会计政策包括会计原则、会计基础和会计处理方法三个层次。其中，会计原则是指导企业会计核算的具体原则；会计基础是为将会计原则体现在会计核算中采用的基础；会计处理方法是按照会计原则和基础的要求，由企业在会计核算中采用或者选择的、适合于本企业的具体会计处理方法。会计原则、基础和会计处理方法三者形成一个具有逻辑性、密不可分的整体。通过这个整体，会计政策才能得以应用和落实。

(4) 一致性。企业会计政策应当保持前后各期的一致性。会计信息使用者需要比较1个以上会计期间的会计信息，以判断企业财务状况、经营成果和现金流量的趋势。

(5) 重要性。企业应当披露重要的会计政策，不具有重要性的会计政策可以不予披露。判断会计政策是否重要的依据是与会计政策相关项目的性质和金额。

3. 企业重要的会计政策举例

(1) 财务报表的编制基础、计量基础和会计政策的确定依据。

(2) 发出存货的计价方法可选择先进先出法、加权平均法和个别计价法。

(3) 长期股权投资的后续计量方法可选择成本法或权益法。

(4) 投资性房地产的后续计量模式可在成本模式和公允价值模式中选择。

(5) 固定资产的初始计量在历史成本和现值计量属性中选择。

(6) 企业内部研究开发项目开发阶段的支出可在资本化和费用化中选择。

(7) 非货币性资产交换的计量政策的选择。非货币性资产交换是以换出资产的公允价值还是以换出资产的账面价值作为确定换入资产成本的基础。

(8) 收入的确认,是指收入确认的原则。

(9) 坏账损失的核算方法可在应收账款百分比法、账龄分析法中选择。

(10) 借款费用的处理,是指借款费用的会计处理方法,即是采用资本化还是采用费用化。

(11) 合并政策是指编制合并财务报表所采取的原则。例如,母公司与子公司的会计年度不一致的处理原则、合并范围的确定原则等。

(12) 外币折算的选择。例如,外币报表折算是采用现行汇率法,还是采用时态法或其他方法;发生的外币业务汇兑损益是费用化还是资本化。

7.1.2 会计政策变更的条件

1. 会计政策变更的含义

会计政策变更是指企业对相同的交易或者事项由原来采用的会计政策改用另一会计政策的行为。

在一般情况下,企业采用的会计政策在每一会计期间和前后各期应当保持一致,不得随意变更,否则,势必削弱会计信息的可比性,降低会计信息的质量。

2. 企业变更会计政策的条件

满足下述两种情况之一,企业可以变更会计政策。

(1) 法律、行政法规或者国家统一的会计制度等要求变更。这种情况是指按照国家统一的会计法规的要求,企业应当用新的会计政策,则企业将用新的会计政策取代原会计政策。例如,按《企业会计准则第8号——资产减值》的规定,企业执行《企业会计准则》后,对固定资产、无形资产等计提的减值准备就不允许转回。

(2) 会计政策变更能够提供更可靠、更相关的会计信息。由于经济环境、客观情况改变,企业原采用的会计政策所提供的会计信息已不能恰当地反映企业的财务状况、经营成果和现金流量等情况。在这种情况下,企业应改变原有会计政策,按变更后的新会计政策进行会计处理,以便对外提供更可靠、更相关的会计信息。这种变更属于企业自身因素造成的,对企业而言是可控的会计政策变更。

3. 不属于企业会计政策变更的情况

会计政策变更的认定,直接影响会计处理方法的选择。因此,在会计实务中,企业应严格区分看似属于会计政策变更但实际不属于会计政策变更的情形。

(1) 本期发生的交易或者事项与以前相比具有本质差别而采用新的会计政策。会计政策总是针对特定类型的交易或事项,如果发生的交易或事项与其他交易或事项有本质区别,那么企业实际上是为新的交易或事项选择适当的会计政策,并没有涉及会计政策的变更。例如,企业以往租入的设备均为临时需要而租入的,因此按经营租赁会计处理方法核算,但自本年度起租入的设备均采用融资租赁方式,则该企业自本年度起对新租赁的设备采用融资租赁会计处理方法核算。由于该企业原租入的设备均为经营性租赁,本年度起租赁的设备均改为融资租赁,经营租赁和融资租赁有着本质差别,因而改变会计政策不属于会计政策变更。

(2) 对初次发生的或不重要的交易或者事项采用新的会计政策。初次发生某类交易或事项,采用适当的会计政策,并没有改变原有的会计政策。例如,企业以前没有对外投资业务,当年对外投资则属于初次发生的交易,企业采用权益法进行核算,并不是会计政策变更。对不重要的交易或事项采用新的会计政策,不按会计政策变更进行会计处理,并不影响会计信息的可比性和会计信息质量,所以,不作为会计政策变更。例如,企业原有生产经营过程中使用少量的低值易耗品,并且价值较低,故企业于领用低值易耗品时一次计入费用;但该企业于近期转产,生产新产品,所需低值易耗品比较多,且价值较大,企业对领用的低值易耗品处理方法由一次计入费用改为分摊计入费用。该企业改变低值易耗品处理方法后对损益的影响并不大,并且低值易耗品通常在企业生产经营费用中所占的比例也不大,属于不重要的事项,因此改变会计政策不属于会计政策变更。

7.1.3 会计政策变更的会计处理

1. 会计政策变更会计处理方法的选择

(1) 国家统一会计法规要求企业变更会计政策情况下的会计处理方法。

国家发布了相关会计处理办法,则按照国家发布的相关会计处理规定进行处理;国家没有发布相关的会计处理办法,则采用追溯调整法进行会计处理。

(2) 在会计政策变更能够提供更可靠、更相关的会计信息的情况下,企业应当采用追溯调整法进行会计处理,将会计政策变更累积影响数调整列报前期最早期初留存收益,其他相关项目的期初余额和列报前期披露的其他比较数据也应一并调整。

(3) 确定会计政策变更对列报前期影响数不切实可行的,应当从可追溯调整的最早期间期初开始应用变更后的会计政策。

(4) 在当期期初确定会计政策变更对以前各期累积影响数不切实可行的,应当采用未来适用法处理。例如,企业因账簿、凭证超过法定保存期限而销毁,或因不可抗力(如火灾、水灾等)而毁坏、遗失,或因人为因素(如盗窃、故意毁坏等)而丢失,可能使当期期初确定会计政策变更对以前各期累积影响数无法计算,即不切实可行。在这种情况下,会计政策变更应当采用未来适用法进行处理。

2. 追溯调整法

追溯调整法是指对某项交易或事项变更会计政策,视同该项交易或事项初次发生时即采用变更后的会计政策,并以此对财务报表相关项目进行调整的方法。

会计政策变更采用追溯调整法的,应当将会计政策交更的累积影响数用来调整期初留存收益。留存收益包括当年和以前年度的未分配利润和按照相关法律规定提取并累积的盈余公积。调整期初留存收益是指对期初未分配利润和盈余公积两个项目的调整。

运用追溯调整法进行会计政策变更处理通常有四步。

第一步，计算会计政策变更累积影响数。

会计政策变更累积影响数是指按照变更后的会计政策对以前各期追溯计算的列报前期最早期初留存收益应有金额与现有金额之间的差额。这里的留存收益，包括当年和以前年度未分配利润和按规定提取的盈余公积，不包括分配的利润或股利。

变更会计政策当期期初留存收益金额即上期资产负债表所反映的留存收益期末数，可以从上期资产负债表项目中获得；追溯调整后的留存收益金额，指扣除所得税后的净额，即按新会计政策及时确定留存收益时，应当考虑由于损益变化所导致的补缴所得税或减征所得税的情况。

会计政策变更累积影响数通过以下步骤计算获得。

①根据新会计政策重新计算受影响的前期交易或事项。

②计算两种会计政策下的差异。

③计算差异的所得税影响金额。

④确定前期中每一期的税后差异。

⑤计算会计政策变更累积影响数。

第二步，编制相关项目的调整分录。

第三步，调整列报前期最早期初财务报表相关项目及其金额。

企业在采用追溯调整法时，对于比较财务报表期间的会计政策变更，应调整各期间净损益各项目和财务保险其他相关项目，视同该政策在比较财务报表期间上一直被采用。对于比较财务报表可比期间以前的会计政策变更累积影响数，应调整比较财务报表最早期间的期初留存收益，财务报表其他相关项目的数字也应一并调整。因此，追溯调整法是用会计政策变更累积影响数来调整列报前期最早期初留存收益，而不计入当期损益的方法。

第四步，报表附注说明。

【例7-1】甲公司20×6年12月25日用银行存款20 000 000元购买了一栋写字楼用于出租。甲公司与乙公司签订了租赁合同，从20×7年1月1日起，租赁期3年，每年租金1 000 000元，年初一次性收取。甲公司将该写字楼确认为投资性房地产。采用成本模式计量，该写字楼使用年限为40年，预计净残值为0，采用年限平均法计提折旧。

20×9年1月1日，甲公司对该房地产由成本模式改为公允价值模式计量。鉴于该房地产资料齐全，甲公司将采用追溯调整法进行处理。已知该房地产于20×7年年末、20×8年年末的公允价值分别为21 000 000元和21 800 000元。

假设税法规定该房地产按成本模式计量发生的损益缴纳所得税，所得税税率为25%，所得税采用资产负债表法核算。甲公司按10%提取法定盈余公积。

(1) 甲公司对该房地产 20×6 年至 20×8 年采用成本模式计量应做的账务处理如下。

①20×6 年年末购入写字楼时，其账务处理如下。

借：投资性房地产　　　　　　　　　　　　　　20 000 000
　　贷：银行存款　　　　　　　　　　　　　　　　　20 000 000

②20×7 年年初收到租金时，其账务处理如下。

借：银行存款　　　　　　　　　　　　　　　　1 000 000
　　贷：预收账款　　　　　　　　　　　　　　　　　1 000 000

③20×7 年年末确认收入与成本时，其账务处理如下。

借：预收账款　　　　　　　　　　　　　　　　1 000 000
　　贷：其他业务收入　　　　　　　　　　　　　　　1 000 000

④20×7 年计提折旧额＝（20 000 000－0）÷40＝500 000（元），其账务处理如下。

借：其他业务成本　　　　　　　　　　　　　　　500 000
　　贷：投资性房地产累计折旧　　　　　　　　　　　　500 000

⑤20×8 年该投资性房地产相关业务的账务处理与 20×7 年相同。

(2) 20×9 年会计政策变更后采用追溯调整法，甲公司应做的账务处理如下。

第一步，计算会计政策变更累积影响数。

首先，根据新会计政策重新计算受影响的前期交易或事项。

①20×7 年的账务处理如下。

a. 20×7 年年初收到租金时，其账务处理如下。

借：银行存款　　　　　　　　　　　　　　　　1 000 000
　　贷：预收账款　　　　　　　　　　　　　　　　　1 000 000

b. 20×7 年年末确认收入和公允价值变动损益时，其账务处理如下。

借：预收账款　　　　　　　　　　　　　　　　1 000 000
　　贷：其他业务收入　　　　　　　　　　　　　　　1 000 000

借：投资性房地产——公允价值变动损益　　　　1 000 000
　　贷：公允价值变动损益　　　　　　　　　　　　　1 000 000

②20×8 年的账务处理如下。

a. 20×8 年年初收到租金时，其账务处理如下。

借：银行存款　　　　　　　　　　　　　　　　1 000 000
　　贷：预收账款　　　　　　　　　　　　　　　　　1 000 000

b. 20×8 年年末确认收入和公允价值变动损益时，其账务处理如下。

借：预收账款　　　　　　　　　　　　　　　　1 000 000
　　贷：其他业务收入　　　　　　　　　　　　　　　1 000 000

借：投资性房地产——公允价值变动损益　　　　800 000
　　贷：公允价值变动损益　　　　　　　　　　　　　800 000

其次，计算两种会计政策下的差异、差异的所得税影响金额、前期中每一期的税后差异及会计政策变更累积影响数，如表 7-1 所示。

第7章 会计政策、会计估计变更和前期差错更正核算

表7-1 会计政策变更累积影响数计算　　　　　　　　　　　　　单位：元

时间	按成本模式计算的损益	按公允价值模式计算的损益	税前差异	对所得税费用的影响	税后差异
20×7年	500 000	2 000 000	1 500 000	375 000	1 125 000
20×8年	500 000	1 800 000	1 300 000	325 000	975 000
合计	1 000 000	3 800 000	2 800 000	700 000	2 100 000

第二步，编制相关项目的调整分录。

①编制20×8年年初有关项目的调整分录。

借：投资性房地产——公允价值变动　　　　　　　　　1 000 000
　　投资性房地产累计折旧　　　　　　　　　　　　　500 000
　　　贷：利润分配——未分配利润　　　　　　　　　1 125 000
　　　　　递延所得税负债　　　　　　　　　　　　　375 000
借：利润分配——未分配利润　　　　　　　　　　　　112 500
　　　贷：盈余公积——法定盈余公积　　　　　　　　112 500

②20×7年所得税费用影响计算过程如下。

20×7年年末投资性房地产账面价值（公允价值）为21 000 000元，计税价格为19 500 000（20 000 000-500 000）元，其暂时性差异为1 500 000元，应当确认递延所得税负债375 000元，及增加所得税费用375 000元。

③编制20×9年年初有关项目的调整分录。

借：投资性房地产公允价值变动　　　　　　　　　　　800 000
　　投资性房地产累计折旧　　　　　　　　　　　　　500 000
　　　贷：利润分配——未分配利润　　　　　　　　　975 000
　　　　　递延所得税负债　　　　　　　　　　　　　325 000
借：利润分配——未分配利润　　　　　　　　　　　　97 500
　　　贷：盈余公积——法定盈余公积　　　　　　　　97 500

④20×8年所得税费用影响计算过程如下。

20×8年年末投资性房地产账面价值（公允价值）为21 800 000元，计税价格为19 000 000（20 000 000-500 000-500 000）元，其暂时性差异为2 800 000元，应当确认递延所得税负债700 000元，因年初有递延所得税负债375 000元，年末应当增加递延所得税负债325 000元，即增加所得税费用325 000元。

第三步，对20×9年年报中涉及会计政策变更的数据进行调整，并填入利润表、资产负债表和所有者权益变动表。

①利润表项目的调整。

调整20×9年度利润表的上年（20×8年）数：调减营业成本（累计折旧）金额500 000元，调增公允价值变动收益1 800 000元，从而调增利润总额1 300 000元；调增所得税费用325 000元；调增净利润975 000元。利润表调整内容如表7-2所示。

表 7-2　利润表调整内容

编制单位：甲公司　　　　　　　　　20×9 年度　　　　　　　　　　　会企 02 表
单位：元

项目	上年数		
	调整前	调整数	调整后
一、营业收入	（略）		（略）
减：营业成本		-500 000	
……			
加：公允价值变动收益		1 800 000	
……			
二、营业利润		1 300 000	
……			
三、利润总额		1 300 000	
减：所得税费用		325 000	
四、净利润		975 000	

②资产负债表项目的调整。

调整 20×9 年的资产负债表年初数。

调增投资性房地产 2 800 000 元，资产总计增加 2 800 000 元；调增递延所得税 700 000 元；调增盈余公积 210 000 元；调增未分配利润 1 890 000 元，调增负债和所有者权益总计 2 800 000 元。资产负债表调整内容如表 7-3 所示。

表 7-3　资产负债表调整内容

编制单位：甲公司　　　　　　　　　20×9 年 12 月 31 日　　　　　　　会企 02 表
单位：元

资产	年初数			负债和所有者权益	年初数		
	调整前	调整数	调整后		调整前	调整数	调好后
…				…			
投资性房地产		2 800 000		递延所得税负债		700 000	
…				盈余公积		210 000	
…				未分配利润		1 890 000	
资产总计		2 800 000		负债和所有者权益总计		2 800 000	

③所有者权益变动表的调整。

调整 20×9 年度所有者权益变动表的上年金额：调整本年年初余额，其中调增会计政策变更项目下盈余公积上年金额 112 500 元，调增未分配利润上年金额 1 012 500 元；调整本年增减变动金额，其中调增净利润 975 000 元，调增利润分配中提取盈余公积 97 500 元，调减未分配利润 97 500 元；调整本年年末余额，其中调增盈余公积 210 000 元，调增未分配利润 1 890 000 元。

调整 20×9 年度所有者权益变动表的本年金额：调整本年年初余额，其中调增会计政策变更项目下盈余公积 210 000 元，调增未分配利润 1 890 000 元；调整本年年末余额,其中调增盈余公积 210 000 元,调增未分配利润 1 890 000 元。所有者权益变动表调整内容如表 7-4 所示。

表 7-4 所有者权益变动表调整内容

编制单位:甲公司　　　　　　　　　　　20×9 年　　　　　　　　　　会企 04 表　单位:元

项目	本年金额						上年金额					
	盈余公积			未分配利润			盈余公积			未分配利润		
	调整前	调整(减)	调整后	调整前	调整(减)	调整后	调整前	调整(减)	调整后	调整前	调整(减)	调整后
一、上年年末余额	…	—	…	…	—	…	…	—	…	…	—	…
加:会计政策变更	…	97 500	…	…	827 500	…	…	112 500	…	…	1 012 500	…
前期差错更正	…	—	…	…	—	…	…	—	…	…	—	…
二、本年年初余额	…	210 000	…	…	1 890 000	…	…	112 500	…	…	1 012 500	…
三、本年增减变动金额(减少以"一"号填列)	…	—	…	…	—	…	…	97 500	…	…	877 500	…
(一)净利润	…	—	…	…	—	…	…	—	…	…	975 000	…
…	…	…	…	…	…	…	…	…	…	…	…	…
(四)利润分配	…	—	…	…	—	…	…	97 500	…	…	-97 500	…
1. 提取盈余公积	…	—	…	…	—	…	…	97 500	…	…	-97 500	…
…	…	…	…	…	…	…	…	…	…	…	…	…
四、本年年末余额	…	210 000	…	…	1 890 000	…	…	210 000	…	…	1 890 000	…

3. 未来适用法

未来适用法是指将变更后的会计政策应用于变更日及以后发生的交易或者事项,或者在会计估计变更当期和未来期间确认会计估计变更影响数的方法。

在未来适用法下,不需要计算会计政策变更产生的累积影响数,也无须重编以前年度的财务报表。企业会计账簿记录及财务报表上反映的金额,变更之日仍保留原有的金额,不因会计政策变更而改变以前年度的既定结果,并在现有金额的基础上再按新的会计政策进行核算。

例如，甲公司原对发出原材料采用先进先出法，由于市场价格变化较大，公司从20×9年1月1日起改用加权平均法。公司由于市场环境变化而改变会计政策，假定对其采用未来适用法进行处理，即对原材料采用加权平均法从20×9年及以后才适用，不需要按加权平均法计算20×9年1月1日以前原材料发出的成本与余额，以及对留存收益的影响金额；只需在20×8年年末余额的基础上，20×9年直接采用加权平均法核算当年原材料发出的成本与余额即可。

7.1.4 会计政策变更的披露

企业应当在附注中披露与会计政策变更有关的下列信息。
(1) 会计政策变更的性质、内容和原因。
(2) 当期和各个列报前期财务报表中受影响的项目名称和调整金额。
(3) 无法进行追溯调整的，说明该事实和原因，以及开始应用变更后的会计政策的时点、具体应用情况。

但是，在以后期间的财务报表中，不需要重复披露在以前期间的附注中已披露的会计政策变更的信息。

7.2 会计估计及其变更的会计处理

7.2.1 会计估计的含义及特点

1. 会计估计的含义

会计估计是指企业对结果不确定的交易或者事项以最近可利用的信息为基础所进行的判断。由于企业经营活动过程中内在不确定因素的影响，财务报表中的一些项目不能精确地计量，而只能加以估计判断。比如企业常常会对以下项目进行估计：坏账；存货遭受毁损，全部或部分陈旧过时；固定资产的使用年限与净残值；无形资产的受益期；担保债务；收入确认中的估计；或有事项中的估计等。

2. 会计估计的特点

(1) 会计估计的存在是由于经济活动中内在的不确定因素的影响。例如，估计固定资产的折旧年限和净残值，就需要根据固定资产消耗方式、性能、科技发展等情况进行估计。

(2) 进行会计估计时，企业往往以最近可利用的信息或资料为基础。企业在会计核算中，由于经营活动中内在的不确定因素的影响，不得不经常进行估计。一些估计的主要目的是确定资产或负债的账面价值，例如，坏账准备、担保责任引起的负债；另一些估计的主要目的是确定将在某一期间记录的收益或费用的金额，例如，某会计期间的折扣、摊销的金额。企业在进行会计估计时，应根据当时的情况和经验，以一定的信息或资料为基础。但是，随着时间的推移、环境的变化，进行会计估计的基础可能会发生变化，因此，进行会计估计所依据的信息或者资料不得不经常发生变化。

由于最新的信息是最接近目标的信息，企业以其为基础所进行的估计最接近实际，因此进行会计估计时，企业应以最近可利用的信息或资料为基础。

（3）进行会计估计并不会削弱会计确认和计量的可靠性。企业为了定期、及时地提供有用的会计信息，将延续不断的经营活动人为地划分为一定的会计期间，并在权责发生制的基础上对企业的财务状况和经营成果进行定期确认和计量。例如，在会计分期的情况下，许多企业的交易跨越若干会计年度，以至于需要在一定程度上做出决定：某一年度发生的开支，哪些可以合理地预期能够产生其他年度以收益形式表示的利益，从而全部或部分向后递延；哪些可以合理地预期在当期能够得到补偿，从而确认为费用。也就是说，需要决定在结算日，哪些开支可以在资产负债表中处理，哪些开支可以在损益表中作为当年费用处理。因此，由于会计分期和货币计量的前提，在确认和计量过程中，不得不对许多尚在延续中、其结果尚未确定的交易或事项予以估计入账。

7.2.2 会计估计变更及会计处理

1. 会计估计变更含义及原因

会计估计变更是指由于资产和负债的当前状况及预期经济利益和义务发生了变化，从而对资产和负债的账面价值或者资产的定期消耗金额进行调整。

通常情况下，企业可能由于以下原因而发生会计估计变更。

（1）企业赖以进行估计的基础发生了变化。企业进行会计估计时，总是依赖于一定的基础。如果其所依赖的基础发生了变化，则会计估计也应相应发生变化。例如，某企业的一项无形资产（专利权）摊销年限原定为10年，2年后由于科技进步，该专利技术产生收益的基础发生了变化（比如该专利技术生产的产品出现滞销等），应当重新估计该资产的受益年限，并相应调减摊销年限。

（2）企业取得了新的信息，积累了更多的经验。企业进行会计估计是利用现有资料对未来进行的判断，随着时间的推移，企业有可能取得新的信息，积累更多的经验。在这种情况下，企业可能不得不对会计估计进行修订，即发生会计估计变更。例如，某企业根据新掌握的信息，对某项原来按照15年计提折旧的固定资产，改按10年计提折旧。

2. 会计估计变更的会计处理方法

企业对会计估计变更应当采用未来适用法进行会计处理。

会计估计变更仅影响变更当期的，其影响数应当在变更当期予以确认；既影响变更当期又影响未来期间的，其影响数应当在变更当期和未来期间予以确认。

（1）会计估计变更仅影响变更当期的，其影响数应当在变更当期予以确认。

【例7-2】甲公司20×7年年末应收账款余额是60 000 000元，坏账计提比例5%。由于欧洲债务危机的影响，20×8年年末应收账款余额为120 000 000元，估计不能收回应收账款的比例已达8%，则企业改按应收账款余额的8%提取坏账准备。

分析：坏账计提比例的变更属于会计估计变更，且只影响变更当期的损益，应当采用未来适用法。

20×8 年按 8% 计提坏账准备时，甲公司的账务处理如下。

借：资产减值损失　　　　　　　　　　　　　　　　　　6 600 000
　　贷：坏账准备　　　　　　　　　　　　　　　　　　　　　6 600 000

上述会计估计变更使 20×8 年度税前净利润减少 6 600 000−（120 000 000×5%−60 000 000×5%）= 3 600 000 元。

附注说明：由于受到经济危机的影响，本公司所销产品的货款面临不能收回的可能，为此将 20×8 年期末坏账准备的计提比率由原来的 5% 提高到 8%，该会计估计的变更使 20×8 年度的税前净利润减少 3 600 000 元。

(2) 既影响变更当期又影响未来期间的，其影响数应当在变更当期和未来期间予以确认。

【例7-3】甲公司于 20×5 年 12 月 20 日用 1 000 000 元购入一台管理用设备，原估计使用年限为 8 年，预计净残值为 50 000 元，按年限平均法计提折旧。由于固定资产所含经济利益预期实现方式的改变和技术因素的影响，甲公司于 20×8 年 1 月 1 日将设备的折旧年限由原来的 8 年改为 6 年，预计净残值为 12 500 元，折旧方法不变。企业适用的所得税税率为 25%。

分析：甲公司改变折旧年限属于会计估计变更，应采用未来适用法进行处理。

(1) 计算 20×8 年每月计提折旧额。

按原折旧年限每年该设备计提折旧额 = [（1 000 000−50 000）÷8] = 118 750（元）

　　　　20×7 年年末该设备账面价值 = 1 000 000−118 750×2 = 762 500（元）

20×8 年 1 月 1 日以后按新估计使用寿命提取折旧。

　　　　20×8 年计提折旧额 =（762 500−12 500）÷4 = 187 500（元）

　　　　20×8 年每月计提折旧额 = 187 500÷12 = 15 625（元）

20×8 年该设备每月计提折旧的会计分录。

(2) 编制会计分录。

借：管理费用　　　　　　　　　　　　　　　　　　　　15 625
　　贷：累计折旧　　　　　　　　　　　　　　　　　　　　　15 625

上述会计估计变更使 20×8 年净利润减少（187 500−118 750）×（1−25%）= 51 562.5 元。

附注说明：本公司 20×5 年 12 月购入一台原始价值为 1 000 000 元的管理用设备，原估计使用年限为 8 年，预计净残值为 50 000 元，按年限平均法计提折旧。由于固定资产所含经济利益预期实现方式的改变和技术因素的影响，公司已不能继续按原定的折旧年限计提折旧。公司于 20×8 年 1 月 1 日将设备的折旧年限由原来的 8 年改为 6 年，预计净残值为 12 500 元，折旧方法不变。此项会计估计变更使 20×8 年度净利润减少 51 562.5 元。

此项会计估计变更既影响20×8年度又影响与其相关的以后会计期间的折旧费用，其影响应当在20×8年度和未来会计期间进行确认，以后期间的会计处理同上。

3. 正确区分会计政策变更和会计估计变更

企业应当正确划分会计政策变更和会计估计变更，并按相应的方法进行相关会计处理。当企业通过判断会计政策变更和会计估计变更划分基础仍然难以对某项变更进行区分的，应当将其作为会计估计变更处理。

6.2.3 会计估计变更的披露

企业应当在附注中披露与会计估计变更有关的下列信息。

（1）会计估计变更的内容和原因。它包括变更的内容、变更日期及会计估计变更的原因。

（2）会计估计变更对当期和未来期间的影响数。它包括会计估计变更对当期和未来期间损益的影响金额，以及对其他各项目的影响金额。

（3）会计估计变更的影响数不能确定的，披露这一事实和原因。

7.3 前期差错及其更正的会计处理

7.3.1 前期差错的含义及判断

1. 前期差错的含义及类型

（1）前期差错是指由于没有运用或错误运用下列两种信息而对前期财务报表造成省略或错报：一是编报前期财务报表时预期能够取得并加以考虑的可靠信息；二是前期财务报告批准报出时能够取得的可靠信息。

（2）前期差错通常包括计算错误、应用会计政策错误、疏忽或曲解事实、舞弊产生的影响，以及存货、固定资产盘盈等。

2. 前期差错重要性的判断

重要的前期差错，是指足以影响财务报表使用者对企业财务状况、经营成果和现金流量做出正确判断的前期差错。

不重要的前期差错，是指不足以影响财务报表使用者对企业财务状况、经营成果和现金流量做出正确判断的前期差错。

前期差错的重要性取决于在相关环境下对遗漏或错误表述的规模和性质的判断。前期差错所影响的财务报表项目的金额或性质，是判断该前期差错是否具有重要性的决定性因素。一般来说，前期差错所影响的财务报表项目的金额越大、性质越严重，其重要性水平越高。

3. 正确区分会计估计变更和前期差错更正

企业应当严格区分会计估计变更和前期差错更正，对于前期根据当时的信息、假设等做了合理估计,在当期按照新的信息、假设等需要对前期估计金额做出变更的,应当作为会计估计变更处理,不应作为前期差错更正处理。

7.3.2 前期差错更正的会计处理

1. 本期发现的不重要的前期差错的会计处理

对于不重要的前期差错,企业可以采用未来适用法,不需要调整财务报表相关项目的期初数。但应调整发现当期与前期相同的相关项目。属于影响损益的,应直接计入本期与上期相同的净损益项目;属于不影响损益的,应调整本期与前期相同的相关项目。

【例7-4】甲公司于20×8年12月31日发现,20×5年12月购入的一台价值5 000元的电脑,直接作为办公用品计入了当期管理费用。甲公司固定资产折旧采用直线法。该电脑估计使用年限为4年,期末无残值。

甲公司在20×8年12月31日更正此差错时,其账务处理如下。

借:固定资产　　　　　　　　　　　　　　　　　　　　　5 000
　　贷:管理费用　　　　　　　　　　　　　　　　　　　　2 500
　　　　累计折旧　　　　　　　　　　　　　　　　　　　　2 500

该漏记的固定资产和漏提的折旧额对固定资产总额和总折旧费用而言,金额不大,为不重要的前期差错,所以在发现该差错时直接计入本期有关项目。另外,如果该项差错直到20×0年1月后才发现,则不需要做任何分录,因为该项差错已经抵销了。

2. 重要的前期差错的会计处理

企业应当采用追溯重述法更正重要的前期差错,但确定前期差错累积影响数不切实可行的除外。确定前期差错影响数不切实可行的,企业可以从可追溯重述的最早期间开始调整留存收益的期初余额,财务报表其他相关项目的期初余额也应当一并调整;也可以采用未来适用法。

追溯重述法是指在发现前期差错时,视同该项前期差错从未发生过,从而对财务报表相关项目进行重新列示和披露的方法。追溯重述法的会计处理与追溯调整法相同。

对于重要的前期差错,企业应当在其发现当期的财务报表中,调整前期比较数据。

(1) 追溯重述差错发生期间列报的前期比较金额。

(2) 如果前期差错发生在列报的最早前期之前,则追溯重述列报的最早前期的资产、负债和所有者权益相关项目的期初余额。

(3) 发生的重要前期差错如果影响损益,企业应根据其对损益的影响数调整发现当期期初留存收益,财务报表其他相关项目的期初数也应一并调整;如果不影响损益,企业应调整财务报表相关项目的期初数。

（4）企业在编制比较财务报表时，对于比较财务报表期间重要的前期差错，应调整各期间的净损益和其他相关项目，视同该差错在产生的当期已经更正；对于比较财务报表期间以前的重要前期差错，应调整比较财务报表最早期间的期初留存收益，财务报表其他相关项目的数字也应一并调整。

【例7-5】 甲公司于20×8年12月31日发现2017年对无形资产漏计了摊销，应当摊销金额为2 000 000元，所得税申报中也未包括这项费用。甲公司所得税税率为25%，按净利润的10%提取法定盈余公积。假定税法允许20×7年少摊销金额可调整应交所得税。

分析： 由于该项差错金额较大，对公司的资产、损益、税收及现金流量影响都较大，因此判断该差错属于重要的前期差错。

甲公司应做的账务处理如下。

（1）分析前期重要差错的影响数。20×7年少计摊销费用2 000 000元；多计所得税费用500 000（2 000 000×25%）元；多计净利润1 500 000元；多计应交所得税500 000元；多计提法定盈余公积15 000（1500 000×10%）元；未分配利润多计1 350 000元。

（2）编制更正上述差错的会计分录。

①调整少摊销的费用时的会计分录如下。

借：以前年度损益调整　　　　　　　　　　　　　　2 000 000
　　贷：累计摊销　　　　　　　　　　　　　　　　　　　　2 000 000

②调整应交所得税时的会计分录如下。

借：应交税费——应交所得税　　　　　　　　　　　500 000
　　贷：以前年度损益调整　　　　　　　　　　　　　　　　500 000

③将"以前年度损益调整"账户余额转入利润分配时的会计分录如下。

借：利润分配——未分配利润　　　　　　　　　　　1 500 000
　　贷：以前年度损益调整　　　　　　　　　　　　　　　　1 500 000

④调整利润分配时的会计分录如下。

借：盈余公积　　　　　　　　　　　　　　　　　　150 000
　　贷：利润分配——未分配利润　　　　　　　　　　　　　150 000

（3）财务报表调整和重述。

甲公司应当在当期的财务报表中发现重要的前期差错，调整前期比较数据。

①资产负债表调整项目如表7-5所示。

调增累计摊销2 000 000元，即调减无形资产2 000 000元；调减应交税费500 000元；调减盈余公积150 000元；调减未分配利润1 350 000元。

表 7-5　资产负债表调整项目　　　　　　　　　　　　　　　　　　　　　　会企01表

编制单位：甲公司　　　　　　20×8 年 12 月 31 日　　　　　　　　　　　单位：元

资产	年初余额		
	调整前	调增（减）	调整后
…	…	—	…
无形资产	…	-2 000 000	…
…	…	—	…
资产总计	…	-2 000 000	…

负债和所有者权益	年初余额		
	调整前	调增（减）	调整后
流动负债			
…	…	…	…
应交税费	…	-500 000	…
…	…	—	…
负债合计	…	-500 000	…
所有者权益			
…	…	—	…
盈余公积	…	-150 000	…
未分配利润	…	-1 350 000	…
所有者权益合计	…	-1 500 000	…
负债和所有者权益总计	…	-2 000 000	…

②利润表调整项目如表 7-6 所示。

调增管理费用年初金额 2 000 000 元；调减所得税费用年初金额 500 000 元。

表 7-6　利润表调整项目　　　　　　　　　　　　　　　　　　　　　　　会企02表

编制单位：甲公司　　　　　　20×8 年度　　　　　　　　　　　　　　　单位：元

项目	年初余额		
	调整前	调增（减）	调整后
一、营业收入	…	—	…
…	…	—	…
减：管理费用	…	2 000 000	…
…	…	—	…
二、营业利润（亏损以"-"号填列）	…	-2 000 000	…
…	…	—	…
三、利润总额（亏损以"-"号填列）	…	-2 000 000	…
减：所得税费用	…	-500 000	…
四、净利润（亏损以"-"号填列）	…	-1 500 000	…

③所有者权益变动表调整项目,如表7-7所示。

调整20×8年度所有者权益变动表的上年金额:调减净利润1 500 000元;调整提取盈余公积,其中盈余公积调减150 000元,未分配利润调增150 000元;调整利润分配,其中盈余公积调减150 000元,未分配利润调增150 000元;调整本年增减变动金额,其中盈余公积调减150 000元,未分配利润调减1 350 000元;调整本年年末余额,其中盈余公积调减150 0000元,未分配利润调减1 350 000元。

表7-7 所有者权益变动表调整项目　　　　　　　　　　　　　　　　会企04表

编制单位:甲公司　　　　　　　　20×8年度　　　　　　　　单位:元

项目	本年金额						上年金额					
	盈余公积			未分配利润			盈余公积			未分配利润		
	调整前	调增(减)	调整后	调整前	调增(减)	调整后	调整前	调增(减)	调整后	调整前	调增(减)	调整后
一、上年年末余额	…	—	…	…	—	…	…	—	…	…	—	…
加:会计政策变更	…	—	…	…	—	…	…	—	…	…	—	…
前期差错更正	…	—	…	…	—	…	…	—	…	…	—	…
二、本年年初余额	…	-150 000	…	…	-1 350 000	…	…	—	…	…	—	…
三、本年增减变动金额(减少以"—"号填列)	…	-150 000	…	…	-1 350 000	…	…	-150 000	…	…	-1 350 000	…
(一)净利润	…	—	…	…	—	…	…	—	…	…	-1 500 000	…
…	…	…	…	…	…	…	…	…	…	…	…	…
(四)利润分配	…	—	…	…	—	…	…	-150 000	…	…	150 000	…
1.提取盈余公积	…	—	…	…	—	…	…	-150 000	…	…	150 000	…
…	…	—	…	…	—	…	…	—	…	…	—	…
四、本年年末余额	…	-150 000	…	…	-1 350 000	…	…	-150 000	…	…	-1 350 000	…

调整20×8年度所有者权益变动表的本年金额:调整本年初余额,其中盈余公积前期差错更正调减150 000元,未分配利润因前期差错更正调减1 350 000元;调整本年年末余额,其中盈余公积调减150 000元,未分配利润调减1 350 000元。

④附注说明：本公司在本年度发现20×7年漏计了无形资产累计摊销费用2 000 000元，在编制20×7年和20×8年度比较财务报表时，已对该项差错按重要前期差错更正方法进行了处理。由于此项差错的影响，20×7年虚增净利润和留存收益1 500 000元，少计累计摊销2 000 000元，多计提法定盈余公积150 000元，多计未分配利润1 350 000元；调整本年年末余额，其中盈余公积调减150 000元，未分配利润调减1 350 000元。

7.3.3　前期差错更正的披露

企业应当在附注中披露与前期差错更正有关的信息，包括：前期差错的性质；各个列报前期财务报表中受影响的项目名称和更正金额；无法进行追溯重述的，说明该事实和原因，以及对前期差错开始进行更正的时点、具体更正情况。

在以后期间的财务报表中，不需要直接披露在以前期间的附注中已披露的前期差错更正的信息。

本章小结

本章主要对会计政策变更、会计估计变更、前期差错更正进行了阐述，具体包括三方面的内容。

一是会计政策变更的概述及其账务处理。阐述了会计政策的内涵、特点，会计政策变更的条件，会计政策变更的处理。

二是会计估计及其变更的概述及其相关账务处理。阐述了会计估计的含义及特点，以及会计估计变更的会计处理。

三是前期差错及其更正的会计处理。首先阐述了前期差错的含义及其判断；其次讲述了前期差错更正的会计处理，在会计处理中，具体阐述了本期发现的不重要的前期差错及重要的前期差错的会计处理；最后阐述了前期差错更正的披露。

知识链接

会计政策变更的会计处理方法

1. 国家统一会计法规要求企业变更会计政策情况下的会计处理方法：国家发布了相关会计处理办法，则按照国家发布的相关会计处理规定进行处理；国家没有发布相关的会计处理办法，则采用追溯调整法进行会计处理。

2. 在会计政策变更能够提供更可靠、更相关的会计信息的情况下，企业应当采用追溯调整法进行会计处理，将会计政策变更累积影响数调整列报前期最早期初留存收益，其他相关项目的期初余额和列报前期披露的其他比较数据也应当一并调整。

3. 确定会计政策变更对列报前期影响数不切实可行的，应当从可追溯调整的最早期间期初开始应用变更后的会计政策。

4. 在当期期初确定会计政策变更对以前各期累积影响数不切实可行的，应当采用未来适用法处理。

第7章 会计政策、会计估计变更和前期差错更正核算

练习题

一、单项选择题

1. 下列属于会计政策变更情形的是（　　）。
   A. 企业将某项投资性房地产的后续计量由成本模式变更为公允价值模式
   B. 企业以往租入的设备均采用经营租赁方式核算，自本年度起对新租赁的设备采用融资租赁方式核算
   C. 企业由于追加投资对长期股权投资的核算方法由权益法转为成本法核算
   D. 对价值低于500元的低值易耗品摊销方法由分次摊销法变更为一次摊销法

2. 下列关于会计政策变更的表述中，不正确的是（　　）。
   A. 会计政策变更是指企业对相同的交易或者事项由原来采用的会计政策改用另一会计政策的行为
   B. 企业采用的会计政策，在每一会计期间和前后各期应当保持一致，不得随意变更
   C. 会计政策变更表明以前的会计期间采用的会计政策存在错误
   D. 变更会计政策应能够更好地反映企业的财务状况和经营成果

3. 20×8年年末，甲上市公司发现其所持有的采用成本模式计量的投资性房地产存在活跃市场，公允价值能够合理确定，决定从下年起对该投资性房地产采用公允价值模式计量，该经济事项属于（　　）。
   A. 会计政策变更   B. 会计差错
   C. 会计估计变更   D. 资产负债表日后事项

4. 甲公司在20×9年1月变更会计政策，采用追溯调整法进行调整，调整列报前期最早期初财务报表相关项目及其金额。下列（　　）属于列报前期。
   A. 20×9年   B. 20×8年   C. 20×7年   D. 20×6年

5. 企业会计准则规定的会计政策变更采用的追溯调整法，是将会计政策变更累积影响数调整（　　）。
   A. 计入当期损益   B. 计入资本公积
   C. 期初留存收益   D. 管理费用

6. 20×4年12月31日，甲公司将一栋办公楼对外出租，并采用成本模式进行后续计量，当日该办公楼账面价值为100 000 000元，预计使用年限为20年，预计净残值为零，采用年限平均法计提折旧，假设税法对其处理与会计一致。20×8年1月1日，该公司持有的这栋办公楼满足采用公允价值模式进行后续计量的条件，公司决定采用公允价值模式对该办公楼进行后续计量。当日，该办公楼公允价值为130 000 000元。20×8年12月31日，该办公楼的公允价值上升为155 000 000元。假定不考虑增值税等其他因素，则20×8年甲公司该办公楼影响所有者权益的金额为（　　）元。
   A. 27 500 000   B. 100 000 000   C. 25 000 000   D. 70 000 000

7. 下列关于会计估计的表述中，不正确的是（　　）。

A. 会计估计的存在是由于经济活动中内在不确定因素的影响
B. 进行会计估计时，往往以未来可利用的信息或资料为基础
C. 进行会计估计并不会削弱会计确认和计量的可靠性
D. 企业应当披露重要的会计估计，不具有重要性的会计估计可以不披露

8. 下列各项中，不属于会计估计变更的是（　　）。
A. 因技术发展，无形资产的摊销期限由10年缩短为6年
B. 坏账准备由余额百分比法计提变更为账龄分析法计提
C. 发出存货的计价方法由先进先出法变更为加权平均法
D. 对固定资产计提折旧的方法由年数总和法变更为年限平均法

9. A公司20×4年1月1日开始计提折旧的一台设备，原值为65 000元，预计使用年限为8年，预计净残值为5 000元，按年限平均法计提折旧。到20×8年年初，由于技术发展，A公司将该设备的预计使用年限变更为6年，预计净残值变更为3 000元，折旧方法不变。A公司20×8年应计提的折旧额为（　　）元。
A. 16 000　　　　B. 11 000　　　　C. 8 000　　　　D. 15 000

10. 对本期发现的属于本期的会计差错，采取的会计处理方法是（　　）。
A. 不做任何调整　　　　　　　　B. 调整前期相同的相关项目
C. 调整本期相关项目　　　　　　D. 直接计入当期净损益项目

二、多项选择题

1. 下列各项中，属于会计政策变更的有（　　）。
A. 固定资产的折旧方法由年限平均法变更为年数总和法
B. 无形资产摊销方法由直线法改为产量法
C. 分期付款取得的固定资产由购买价款改为购买价款现值计价
D. 商品流通企业采购费用由计入销售费用改为计入取得存货的成本

2. 下列会计政策变更不符合企业会计准则规定的有（　　）。
A. 由于当期财务费用过高，借款费用由费用化改为资本化
B. 由于固定资产折旧金额过大，影响当期利润，故由加速折旧法改为直线折旧法
C. 按照规定将交易性金融资产由成本与市价孰低法计量改为公允价值计量
D. 为简化核算，收入确认由完工百分比法改为完成合同法

3. 下列各项中，属于会计政策变更的有（　　）。
A. 长期股权投资因为增资由权益法核算转换为成本法核算
B. 投资性房地产由成本模式计量转换为公允价值模式计量
C. 第一次签订建造合同，采用完工百分比法确认收入
D. 对子公司个别报表的核算方法由权益法改为成本法

4. 下列关于会计政策变更的会计处理方法的选择，说法正确的有（　　）。
A. 国家有规定的，按国家有关规定执行
B. 能追溯调整的，采用追溯调整法处理（追溯到可追溯的最早期）
C. 不能追溯调整的，采用未来适用法处理

D. 不能追溯调整的，采用追溯重述法处理（追溯到可追溯的最早期）

5. 下列会计事项中，属于会计估计变更的有（　　）。

A. 无形资产摊销方法由直线法改为产量法

B. 因持股比例下降，长期股权投资的核算由成本法改为权益法

C. 坏账准备的计提方法由应收款项余额百分比法改为账龄分析法

D. 发出存货的计价方法由先进先出法改为移动加权平均法

三、判断题

1. 会计政策是指企业在会计确认、计量、记录和报告中所采用的原则、基础和会计处理方法。（　）

2. 企业可以根据实际情况随意变更适用的会计政策。（　）

3. 某企业第一次签订一项建造合同，为另一企业建造3栋厂房，该企业对该项建造合同采用完工百分比法确认收入，属于会计政策变更。（　）

4. 因经营方向改变，对周转材料的需求增加，周转材料的摊销方法由一次转销法变更为分次摊销法，该项变更属于会计政策变更。（　）

5. 发生会计政策变更时，只能采取追溯调整法进行会计处理。（　）

四、计算分析题

1. 甲公司20×8年发生如下会计估计变更事项。

（1）20×6年1月1日取得的一项无形资产，其原价为6 000 000元，因取得时使用寿命不确定，甲公司将其作为使用寿命不确定的无形资产。至20×7年12月31日，该无形资产已计提减值准备1 000 000元。20×8年1月1日，因该无形资产的使用寿命可以确定，甲公司将其作为使用寿命有限的无形资产，预计尚可使用年限为5年，无残值，采用直线法摊销。

（2）20×8年以前，甲公司根据当时能够得到的信息，对应收账款每年按其余额的5%计提坏账准备。20×8年1月1日，由于掌握了新的信息，将应收账款的计提比例改为余额的15%。假定20×4年12月31日甲公司坏账准备余额为1 500 000元，20×8年12月31日甲公司应收账款余额为50 000 000元。

（3）20×8年7月1日，鉴于更为先进的技术被采用，经董事会决议批准，决定将A生产线的使用年限由10年缩短至6年，预计净残值为零，仍采用年限平均法计提折旧。A生产线于20×6年12月购入，并于当月投入公司车间部门用于生产产品，入账价值为105 000 000元；购入当时预计使用年限为10年，预计净残值为5 000 000元。A生产线一直没有计提减值准备。

要求：

①根据资料（1），计算20×8年无形资产的摊销额，并编制相关会计分录；

②根据资料（2），计算20×8年应计提坏账准备的金额，并编制相关会计分录；

③根据资料（3），计算A生产线20×8年应计提的折旧额，并编制相关会计分录。

2. 甲公司经董事会和股东大会批准，于20×8年1月1日开始对某栋以经营租赁

方式租出的办公楼的后续计量由成本模式变更为公允价值模式,当日该办公楼的公允价值为 11 000 000 元。该办公楼是甲公司于 20×5 年 12 月 31 日购入的,购入当日的公允价值为 10 000 000 元,甲公司采用年限平均法对该办公楼计提折旧,预计使用年限为 20 年,预计净残值为零(与税法规定相同)。甲公司对所得税采用资产负债表法核算,适用的所得税税率为 25%,按照净利润的 10% 提取法定盈余公积。

要求:
编制变更日与甲公司有关的会计分录。

第 8 章

资产负债表日后事项

> **学习目标**
> 1. 了解资产负债表日后事项的概念。
> 2. 明确资产负债表日后调整事项。
> 3. 理解资产负债表日后非调整事项。

8.1 资产负债表日后事项概述

8.1.1 资产负债表日后事项的概念

资产负债表日后事项,是指资产负债表日至财务报告批准报出日之间发生的有利或不利事项。

1. 资产负债表日

资产负债表日是指会计年度末和会计中期期末。中期是指短于一个完整的会计年度的报告期间,包括半年度、季度和月度等。按照《会计法》规定,我国会计年度采用公历年度,即 1 月 1 日至 12 月 31 日。因此,年度资产负债表日是指每年的 12 月 31 日,中期资产负债表日是指各会计中期期末。

2. 财务报告批准报出日

财务报告批准报出日是指董事会或类似机构批准财务报告报出的日期,通常是指对财务报告的内容负有法律责任的单位或个人批准财务报告对外公布的日期。

《中华人民共和国公司法》(简称《公司法》)规定,公司制企业的董事会有权批准对外公布财务报告,因此,公司制企业的财务报告批准报出日是指董事会批准财务报告报出的日期,而不是股东大会审议批准的日期,也不是注册会计师出具审计报告的日期。对于非公司制企业，财务报告批准报出日是指经理（厂长）会议或类似机构批准财务报告报出的日期。

3. 资产负债表日后事项包括有利事项和不利事项

资产负债表日后事项包括有利事项和不利事项，对资产负债表日后有利和不利事项的处理原则相同。资产负债表日后事项，如果是调整事项，对有利和不利的调整事项均应进行处理，并调整报告年度或报告中期的财务报表；如果属于非调整事项，对有利和不利的非调整事项均应在年度报告或中期报告的附注中进行披露。

4. 资产负债表日后事项不是在这个特定期间内发生的全部事项

资产负债表日后事项不是在这个特定期间内发生的全部事项，而是与资产负债表日存在状况有关的事项，或虽然与资产负债表日存在状况无关，但对企业财务状况具有重大影响的事项。

8.1.2 资产负债表日后事项涵盖的期间

资产负债表日后事项涵盖的期间是自资产负债表日次日起至财务报告批准报出日止的一段时间。具体而言，资产负债表日后事项涵盖的期间包括：报告期下一期间的第一天至董事会或类似机构批准财务报告对外公布的日期，即以董事会或类似权力机构批准财务报告对外公布的日期为截止日期；财务报告批准报出以后、实际报出之前又发生与资产负债表日后事项有关的事项，并由此影响财务报告对外公布日期的，应以董事会或类似机构再次批准财务报告对外公布的日期为截止日期。

如果公司管理层由此修改了财务报告，注册会计师应当根据具体情况实施必要的审计程序，并针对修改后的财务报表重新出具审计报告。新的审计报告日期不应早于董事会或类似机构批准修改后的财务报告对外公布的日期。

【例8-1】甲公司20×8年的年度财务报告于20×9年3月20日编制完成，注册会计师完成年度财务报表审计工作并签署审计报告的日期为20×9年4月15日，董事会批准财务报告对外公布的日期为20×9年4月17日，财务报告实际对外公布的日期为20×9年4月21日，股东大会召开日期为20×9年5月12日。

分析：根据资产负债表日后事项涵盖期间的规定，甲公司20×8年度财务报告资产负债表日后事项涵盖的期间为20×9年1月1日至4月17日（财务报告批准报出日）。如需要在财务报表附注中披露，假设经调整或说明后的财务报告再经董事会批准报出的日期为20×9年4月26日，实际报出的日期为20×9年4月29日，则资产负债表日后事项涵盖的期间为20×9年1月1日至4月26日。

8.1.3 资产负债日后事项的内容

资产负债表日后事项包括资产负债表日后调整事项（简称调整事项）和资产负债表日后非调整事项（简称非调整事项）。

1. 调整事项

资产负债表日后调整事项，是指对资产负债表日已经存在的情况提供了新的或进一步证据的事项。

如果资产负债表日及所属会计期间已经存在某种情况，但当时并不知道其存在或者不能知道确切结果，资产负债表日后发生的事项能够证实该情况的存在或者确切结果，则该事项属于资产负债表日后调整事项。即资产负债表日后事项对资产负债表日的情况提供了进一步的证据，证据表明的情况与原来的估计和判断不完全一致，则需要对原来的会计处理进行调整。

调整事项可概括为在资产负债表日已经存在，在资产负债表日后得以证实的事项；或对按资产负债表日存在状况编制的财务报告产生重大影响的事项。

企业发生的资产负债表日后调整事项，通常包括下列各项。

（1）资产负债表日后诉讼案件结案，法院判决证实了企业在资产负债表日已经存在现时义务，需要调整原先确认的与该诉讼案件相关的预计负债，或确认一项新负债。

（2）资产负债表日后取得确凿证据，表明某项资产在资产负债表日发生了减值或者需要调整该项资产原先确认的减值金额。

（3）资产负债表日后进一步确定了资产负债表日前购入资产的成本或售出资产的收入。

（4）资产负债表日后发现了财务报告舞弊或差错。

【例8-2】甲公司因产品质量问题被客户起诉。20×8年12月31日人民法院尚未判决，考虑到客户胜诉要求甲公司赔偿的可能性较大，甲公司为此确认了3 000 000元的预计负债。20×9年2月25日，在甲公司20×8年度财务报告批准对外报告之前，人民法院判决客户胜诉，要求甲公司支付赔偿款6 000 000元。

分析：本例中，甲公司在20×8年12月31日结账时已经知道客户胜诉的可能性较大，但不知道人民法院判决的确切结果，因此确认了3 000 000元的预计负债。20×9年2月25日，人民法院的判决结果为甲公司预计负债的存在提供了进一步证据。此时，按照20×8年12月31日存在状况编制的财务报告所提供的信息已不能真实反映甲公司的实际情况，应据此对财务报告相关项目的数字进行调整。

值得注意的是，在确定存货可变现净值时，应当以资产负债表日取得的最可靠证据估计的售价为基础并考虑持有存货的目的，资产负债表至财务报告批准报出日之间的存货售价发生波动的，如有确凿证据表明其对资产负债表日存货已经存在的情况提供了新的或进一步的证据，应当作为调整事项进行处理；否则，应当作为非调整事项处理。

2. 非调整事项

资产负债表日后非调整事项，是指表明资产负债表日后发生的情况的事项。资产负债表日后非调整事项虽然不影响资产负债表存在的情况，但不足以说明将会影响财务报告使用者做出正确估计和决策。

企业发生的资产负债表日后非调整事项，通常包括：资产负债表日后发生重大诉讼、仲裁、承诺；资产负债表日后资产价格、税收政策、外汇汇率发生重大变化；资产负债表日后因自然灾害导致资产发生重大损失；资产负债表日后发行股票和债券，以及其他巨额举债；资产负债表日后资本公积转增资本；资产负债表日后发生巨额亏损；资产负债表日后发生企业合并或处置子公司；资产负债表日后，企业利润分配方案中拟分配的和经审议批准宣告发放的股利或利润。

【例8-3】甲公司20×7年度财务报告于20×8年3月20日经董事会批准对外公布。20×8年2月25日，甲公司与乙银行签订了80 000 000元的贷款合同，用于生产设备的购置，贷款期限自20×9年3月1日起至20×9年12月31日。

分析：本例中，20×8年2月25日，在公司20×7年度财务报告尚未批准对外公布，甲公司发生了向银行贷款的事项，该事项发生在资产负债表日后事项所涵盖的期间内。该事项在20×7年12月31日尚未发生，与资产负债表日存在的状况无关，不影响资产负债表日甲公司的财务报表数字。但是，该事项属于重要事项，会影响甲公司以后期间的财务状况和经营成果，因此，需要在附注中予以披露。

3. 调整事项与非调整事项的区别

资产负债表日后发生的某一事项究竟是调整事项还是非调整事项，取决于该事项表明的情况在资产负债表日或资产负债表日以前是否已经存在。若该情况在资产负债表日或之前已经存在，则属于调整事项；反之，则属于非调整事项。

【例8-4】甲公司20×8年11月向乙公司出售原材料30 000 000元，根据销售合同，乙公司应在收到原材料后3个月内付款。至20×8年12月31日，乙公司尚未付款。假定甲公司在编制20×8年度财务报告时有两种情况。

(1) 20×8年12月31日甲公司根据掌握的资料判断，乙公司有可能破产清算，估计该应收账款将有30%无法收回，故按30%的比例计提坏账准备。20×9年1月10日，甲公司收到通知，乙公司已宣告破产清算，甲公司估计有70%的应收账款无法收回。

(2) 20×8年12月31日乙公司的财务状况良好，甲公司预计应收账款可按时收回。20×9年1月10日，乙公司遭受重大灾害，导致甲公司60%的应收账款无法收回。

20×9年3月10日，甲公司的财务报告经批准对外公布。

分析：在本例中，(1) 导致甲公司应收账款无法收回的事实是乙公司财务状况恶化，该事实在资产负债表日已经存在，乙公司宣告破产清算只是证实了资产负债表日乙公司财务状况恶化的情况，因此，乙公司破产清算导致甲公司应收账款无法收回的事项属于调整事项；(2) 导致甲公司应收账款损失的因素是重大灾害，不可预计，应收账款发生损失这一事实在资产负债表日以后才发生，因此乙公司遭受重大灾害导致甲公司应收账款发生坏账的事项属于非调整事项。

8.2 资产负债表日后调整事项

8.2.1 资产负债表日后调整事项的处理原则

企业发生资产负债表日后调整事项，应当调整资产负债表日的财务报表。对于年度财务报告而言，由于资产负债表日后事项发生在报告年度的次年，报告年度的有关账目已经结转，特别是损益类科目在结转后已无余额，因此资产负债表日后发生的调整事项，应具体分为以下情况进行处理。

（1）涉及损益的事项，通过"以前年度损益调整"科目核算。调整增加以前年度利润或调整减少以前年度亏损的事项，计入"以前年度损益调整"科目的贷方；调整减少以前年度利润或调整增加以前年度亏损的事项，计入"以前年度损益调整"科目的借方。

涉及损益的调整事项，如果发生在资产负债表日所属年度（即报告年度）所得税汇算清缴前的，应调整报告年度应纳税所得额、应纳所得税税额；由于以前年度损益调整增加的所得税费用，计入"以前年度损益调整"科目的借方，同时贷记"应交税费——应交所得税"等科目；由于以前年度损益调整减少的所得税费用，计入"以前年度损益调整"科目的贷方，同时借记"应交税费——应交所得税"等科目。调整完成后，将"以前年度损益调整"科目的贷方或借方余额，转入"利润分配——未分配利润"科目。

涉及损益的调整事项，发生在报告年度所得税汇算清缴后的，应调整本年度（即报告年度的次年）应纳所得税税额。

（2）涉及利润分配调整的事项，直接在"利润分配——未分配利润"科目核算。

（3）不涉及损益及利润分配的事项，调整相关科目。

（4）上述账务处理之后，还应同时调整财务报表相关项目的数字，包括资产负债表日编制的财务报表相关项目的期末数或本年发生数；当期编制的财务报表相关项目的期初数；上述调整如果涉及报表附注相应内容的，还应进行调整。

8.2.2 资产负债表日后调整事项的具体会计处理方法

为简化处理，如无特别说明，本章所有的例子均假定：财务报告批准报出日是次年 3 月 31 日，所得税税率为 25%，按净利润的 10% 提取法定盈余公积，提取法定盈余公积后不再做其他分配；调整事项按税法规定均可调整应缴纳的所得税；涉及递延所得税资产的，均假定未来期间很可能取得用来抵扣暂时性差异的应纳税所得额；不考虑报表附注中有关现金流量表项目的数字。

1. 资产负债表日后诉讼案件结案，人民法院判决证实了企业在资产负债表日已经存在现时义务，需要调整原先确认的与该诉讼案件相关的预计负债，或确认一项新负债

这一事项是指导致诉讼的事项在资产负债表日已经发生，但因尚不具备确认负债的条件而未确认，资产负债表日后至财务报告批准报出日之间获得了新的或进一步的证据（人民法院判决结果），表明符合负债的确认条件，因此应在财务报告中确认为一项新负债；或者在资产负债表日已确认某项负债，但在资产负债表日至财务报告批准报出日之间获得新的或进一步的证据，表明需要对已经确认的金额进行调整。

【例 8-5】甲公司与乙公司签订一项销售合同，约定甲公司应在 20×8 年 8 月向乙公司交付 A 产品 3 000 件。由于甲公司未按照合同发货，致使乙公司遭受重大经济损失。20×8 年 11 月，乙公司将甲公司告上法庭，要求甲公司赔偿 9 000 000 元。20×8

年12月31日人民法院尚未判决，甲公司对该诉讼事项确认预计负债6 000 000元，乙公司未确认应收赔偿款。20×9年2月8日，人民法院判决甲公司应赔偿乙公司8 000 000元，甲、乙双方均服从判决。判决当日，甲公司向乙公司支付赔偿款8 000 000元。甲、乙两公司20×8年所得税汇算清缴均在20×9年3月10日完成（假定该项预计负债产生的损失不允许在预计时税前抵扣，只有在损失实际发生时，才允许税前抵扣）。

分析：本例中，人民法院20×9年2月8日的判决证实了甲、乙两公司在资产负债表日（即20×8年12月31日）分别存在现实赔偿义务和获赔权利，因此，两公司都应将"人民法院判决"这一事项作为调整事项进行处理。甲公司和乙公司20×8年所得税汇算清缴均在20×9年3月10日完成，因此，应根据人民法院判决结果调整报告年度应纳税所得额和应纳所得税税额。

(1) 甲公司的账务处理如下。

①记录支付的赔偿款。其账务处理如下。

借：以前年度损益调整——营业外支出　　　　　　　2 000 000
　　贷：其他应付款——乙公司　　　　　　　　　　　　　2 000 000
借：预计负债——未决诉讼　　　　　　　　　　　　6 000 000
　　贷：其他应付款——乙公司　　　　　　　　　　　　　6 000 000
借：其他应付款——乙公司　　　　　　　　　　　　8 000 000
　　贷：银行存款　　　　　　　　　　　　　　　　　　　8 000 000

注：资产负债表日后事项如涉及现金收支项目，均不调整报告年度资产负债表的货币资金项目和现金流量表各项目数字。本例中，虽然已经支付了赔偿款，但在调整会计报表相关数字时，只需调整上述第一笔和第二笔分录，第三笔分录作为20×9年的会计事项处理。

②调整递延所得税资产。其账务处理如下。

借：以前年度损益调整——所得税费用　　　　　　　1 500 000
　　贷：递延所得税资产　　　　　　　　　　　　　　　　1 500 000

20×8年年末确认预计负债6 000 000元时已确认相应的递延所得税资产，资产负债表日后事项发生后递延所得税资产不复存在，应予转回。

③调整应交所得税。其账务处理如下。

借：应交税费——应交所得税　　　　　　　　　　　4 000 000
　　贷：以前年度损益调整——所得税费用　　　　　　　　4 000 000

④将"以前年度损益调整"科目余额转入未分配利润。其账务处理如下。

借：利润分配——未分配利润　　　　　　　　　　　1 500 000
　　贷：以前年度损益调整——本年利润　　　　　　　　　1 500 000

⑤因净利润减少，调减盈余公积。其账务处理如下。

借：盈余公积——提取法定盈余公积　　　　　　　　　150 000
　　贷：利润分配——未分配利润　　　　　　　　　　　　　150 000

⑥调整报告年度财务报表相关项目的数字（财务报表略）。其账务处理如下。

a. 资产负债表项目的调整。调减递延所得税资产 1 500 000 元，调减应交税费——应交所得税 2 000 000 元；调增其他应付款 8 000 000 元，调减预计负债 6 000 000 元；调减盈余公积 150 000 元，调减未分配利润 1 350 000 元。

b. 利润表项目的调整。调增营业外支出 2 000 000 元，调减所得税费用 500 000 元，调减净利润 1 500 000 元。

c. 所有者权益变动表项目的调整。调减净利润 1 500 000 元；"提取盈余公积"项目中盈余公积一栏调减 150 000 元；未分配利润调减 1 350 000 元。

⑦调整 20×9 年 2 月份资产负债表相关项目的年初数（资产负债表略）。其账务处理如下。

甲公司在编制 20×9 年 1 月份的资产负债表时，将把调整前 20×8 年 12 月 31 日资产负债表的数字作为资产负债表的年初数。由于发生了资产负债表日后调整事项，甲公司除了调整 20×8 年度资产负债表相关项目的数字外，还应当调整 20×9 年 2 月份资产负债表相关项目的年初数，其年初数按 20×8 年 12 月 31 日调整后的数字填列。

(2) 乙公司的账务处理如下。

①记录收到的赔款。其账务处理如下。

借：其他应收款——甲公司　　　　　　　　　　8 000 000
　　贷：以前年度损益调整——营业外收入　　　　　　8 000 000

借：银行存款　　　　　　　　　　　　　　　　8 000 000
　　贷：其他应收款——甲公司　　　　　　　　　　　8 000 000

注：资产负债表日后事项如涉及现金收支项目，均不调整报告年度资产负债表的货币资金项目和现金流量表各项目数字。本例中，虽然已经收到了赔偿款，但在调整会计报表相关数字时，只需调整上述第一笔分录，第二笔分录作为 20×9 年的会计事项处理。

②调整应交所得税。其账务处理如下。

借：以前年度损益调整——所得税费用　　　　　2 000 000
　　贷：应交税费——应交所得税　　　　　　　　　　2 000 000

③将"以前年度损益调整"科目余额转入未分配利润。其账务处理如下。

借：以前年度损益调整——本年利润　　　　　　6 000 000
　　贷：利润分配——未分配利润　　　　　　　　　　6 000 000

④因净利润增加，补提盈余公积。其账务处理如下。

借：利润分配——未分配利润　　　　　　　　　　600 000
　　贷：盈余公积——提取法定盈余公积　　　　　　　600 000

⑤调整报告年度财务报表相关项目的数字（财务报表略）。

a. 资产负债表项目的调整。调增其他应收款 8 000 000 元；调增应交税费 2 000 000 元；调增盈余公积 600 000 元，调增未分配利润 5 400 000 元。

b. 利润表项目的调整。调增营业外收入 8 000 000 元；调增所得税费用 2 000 000 元，调增净利润 6 000 000 元。

c. 所有者权益变动表项目的调整。调增净利润 6 000 000 元；"提取盈余公积"项目中盈余公积一栏调增 600 000 元；未分配利润调增 5 400 000 元。

⑥调整20×9年2月份资产负债表相关项目的年初数（资产负债表略）。其账务处理如下。

乙公司在编制20×9年1月份的资产负债表时，将把调整前20×8年12月31日资产负债表的数字作为资产负债表的年初数。由于发生了资产负债表日后调整事项，乙公司除了调整20×8年度资产负债表相关项目的数字外，还应当调整20×9年2月份资产负债表相关项目的年初数，其年初数按照20×8年12月31日调整后的数字填列。

2. 资产负债表日后取得确凿证据，表明某项资产在资产负债表日发生了减值或者需要调整该项资产原先确认的减值金额

这一事项是指在资产负债表日，根据当时的资料判断某项资产可能发生了损失或减值，但没有最后确定是否会发生，因而按照当时的最佳估计金额反映在财务报表中；但在资产负债表日至财务报告批准报出日之间，所取得的确凿证据能证明该事实成立，即某项资产已经发生了损失或减值，则应对资产负债表日所做的估计予以修正。

【例8-6】甲公司20×8年6月销售给乙公司一批物资，货款为2 000 000元（含增值税）。乙公司于7月份收到所购物资并验收入库。按合同规定，乙公司应于收到所购物资后3个月内付款。由于乙公司财务状况不佳，到20×8年12月31日仍未付款。甲公司于20×8年12月31日已为该项应收账款计提坏账准备100 000元。20×8年12月31日资产负债表上"应收账款"项目的金额为4 000 000元，其中1 900 000元为该项应收账款。甲公司于20×9年2月3日（所得税汇算清缴前）收到人民法院通知，乙公司已宣告破产清算，无力偿还所欠部分货款。甲公司预计可收回应收账款的60%。

分析：本例中，甲公司在收到人民法院通知后，首先可判断该事项属于资产负债表日后调整事项。甲公司原对应收乙公司账款计提了100 000元的坏账准备，按照新的证据应计提的坏账准备为800 000（2 000 000×40%）元，差额700 000元应当调整20×8年度财务报表相关项目的数字。

（1）甲公司的账务处理如下。

①补提坏账准备。其账务处理如下。

应补提的坏账准备=2 000 000×40%-100 000=700 000（元）

借：以前年度损益调整——资产减值损失　　　　　　700 000
　　贷：坏账准备　　　　　　　　　　　　　　　　　　　　700 000

②调整递延所得税资产。其账务处理如下。

借：递延所得税资产　　　　　　　　　　　　　　　175 000
　　贷：以前年度损益调整——所得税费用　　　　　　　　　175 000

③将"以前年度损益调整"科目的余额转入未分配利润。其账务处理如下。

借：利润分配——未分配利润　　　　　　　　　　　525 000
　　贷：以前年度损益调整——本年利润　　　　　　　　　　525 000

④因净利润减少，调减盈余公积。其账务处理如下。

借：盈余公积——提取法定盈余公积　　　　　　　　52 500

贷：利润分配——未分配利润　　　　　　　　　　　　　　52 500
　　⑤调整报告年度财务报表相关项目的数字（财务报表略）。其账务处理如下。
　　a. 资产负债表项目的调整。调减应收账款 700 000 元，调增递延所得税资产 175 000 元；调减盈余公积 52 500 元，调减未分配利润 472 500 元。
　　b. 利润表项目的调整。调增资产减值损失 700 000 元，调减所得税费用 175 000 元，调减净利润 525 000 元。
　　c. 所有者权益变动表项目的调整。调减净利润 525 000 元；"提取盈余公积"项目中盈余公积一栏调减 52 500 元；未分配利润调减 472 500 元。
　　⑥调整 20×9 年 2 月资产负债表相关项目的年初数（资产负债表略）。其账务处理如下。
　　甲公司在编制 20×9 年 1 月的资产负债表时，将整前 20×8 年 12 月 31 日的资产负债表的数字作为资产负债表的年初数。由于发生了资产负债表日后调整事项，甲公司除了调整 20×8 年度资产负债表相关项目的数字外，还应当调整 20×9 年 2 月资产负债表相关项目的年初数字，其年初数按照 20×8 年 12 月 31 日调整后的数字填列。

3. 资产负债表日后进一步确定了资产负债表日前购入资产的成本或售出资产的收入

　　这类调整事项包括两方面的内容。第一，若资产负债表日前购入的资产已经按暂估金额等入账，资产负债表日后获得证据，可以进一步确定该资产的成本，则应该对已入账的资产成本进行调整。例如，购建固定资产已经达到预定可使用状态，但尚未办理竣工决算，企业已办理暂估入账；资产负债表日后办理决算，此时应根据竣工决算的金额调整暂估入账的固定资产成本等。第二，企业在报告年度已根据收入确认条件确认资产销售收入，但资产负债表日后获得关于资产收入的进一步证据，如发生销售退回、销售折让等，此时也应调整财务报表相关项目的金额。需要说明的是，资产负债表日后发生的销售退回，既包括报告年度或报告中期销售的商品在资产负债表日后发生的销售退回，也包括以前期间销售的商品在资产负债表日后发生的销售退回。
　　资产负债表所属期间或以前期间所售商品在资产负债表日后退回的，应作为资产负债表日后调整事项处理。发生于资产负债表日后至财务报告批准报出日之间的销售退回事项，可能发生于年度所得税汇算清缴之前，也可能发生于年度所得税汇算清缴之后。其会计处理分别如下。
　　（1）涉及报告年度所属期间的销售退回发生于报告年度所得税汇算清缴之前，应调整报告年度利润表的收入、成本等，并相应调整报告年度的应纳税所得额及报告年度应缴纳的所得税等。
　　【例 8-7】甲公司 20×8 年 10 月 25 日销售一批 A 商品给乙公司，预计退货率为 0，取得收入 2 400 000 元（不含增值税），并结转成本 2 000 000 元。20×8 年 12 月 31 日，该笔货款尚未收到，甲公司未对该应收账款计提坏账准备。20×9 年 2 月 8 日，由于产品质量问题，本批货物被全部退回。甲公司于 20×9 年 2 月 20 日完成 20×8 年所得税汇算清缴。甲公司适用的增值税税率为 13%。
　　分析：本例中，销售退回业务发生在资产负债表日后事项涵盖期间内，属于资产负债表日后调整事项。由于销售退回发在甲公司报告年度所得税汇算清缴之前，因此所得税汇算清缴时，应扣除该部分销售退回所实现的应纳税所得额。

甲公司的账务处理如下。

①调整销售收入。其账务处理如下。

借：以前年度损益调整——主营业务收入　　　　　2 400 000
　　　应交税费——应交增值税（销项税额）　　　　312 000
　　贷：应收账款——乙公司　　　　　　　　　　　　　　2 712 000

②调整销售成本。其账务处理如下。

借：库存商品——A商品　　　　　　　　　　　　2 000 000
　　贷：以前年度损益调整——主营业务成本　　　　　　　2 000 000

③调整应缴纳的所得税。其账务处理如下。

借：应交税费——应交所得税　　　　　　　　　　100 000
　　贷：以前年度损益调整——所得税费用　　　　　　　　100 000

④将"以前年度损益调整"科目的余额转入未分配利润。其账务处理如下。

借：利润分配——未分配利润　　　　　　　　　　300 000
　　贷：以前年度损益调整——本年利润　　　　　　　　　300 000

⑤因净利润减少，调减盈余公积。其账务处理如下。

借：盈余公积——提取法定盈余公积　　　　　　　30 000
　　贷：利润分配——未分配利润　　　　　　　　　　　　30 000

⑥调整报告年度相关财务报表（财务报表略）。其账务处理如下。

　　a. 资产负债表项目的调整。调减应收账款2 712 000元，调增库存商品2 000 000元，调减应交税费412 000元；调减未分配利润270 000元。

　　b. 利润表项目的调整。调减营业收入2 400 000元，调减营业成本2 000 000元，调减所得税费用100 000元；调减净利润300 000元。

　　c. 所有者权益表项目的调整。调减净利润300 000元；"提取盈余公积"项目中盈余公积一栏调减30 000元，未分配利润调减270 000元。

⑦调整20×9年2月资产负债表相关项目的年初数（资产负债表略）。其账务处理如下。

甲公司在编制20×9年1月份的资产负债表时，将调整前20×8年12月31日的资产负债表的数字作为资产负债表的年初数。由于发生了资产负债表日后调整事项，甲公司除了调整20×8年度资产负债表相关项目的数字外，还应当调整20×9年2月资产负债表相关项目的年初数，其年初数按照20×8年12月31日调整后的数字填列。

（2）资产负债表日后事项中涉及报告年度所属期间的销售退回发生于报告年度所得税汇算清缴之后，应调整报告年度会计报表的收入、成本等，但按照税法规定，在此期的销售退回所涉及的应交所得税，应作为本年度的纳税调整事项。

4. 资产负债表日后发现了财务报表舞弊或差错

这一事项是指资产负债表日至财务报表批准报出日之间发生的，属于资产负债表期间或以前期间存在的财务报表舞弊或差错。这种舞弊或差错应当作为资产负债表日后调整事项，调整报表年度的年度财务报表或中期财务报表相关项目的数字。

8.3 资产负债表日后非调整事项

8.3.1 资产负债表日后非调整事项的处理原则

资产负债表日后发生的非调整事项，是表明资产负债表日后发生的情况的事项与资产负债表日存在状况无关，不应当调整资产负债表日的财务报表。但有的非调整事项由于事项重大，对财务报告使用者具有重大影响，如不加以说明，将不利于财务报告使用者做出正确估计和决策，因此应在附注中加以披露。

8.3.2 资产负债表日后非调整事项的具体会计处理方法

对于资产负债表日后发生的非调整事项，应当在报表附注中披露每项重要的资产负债表日后非调整事项的性质、内容及其对财务状况和经营成果的影响。无法做出估计的，应当说明原因。

资产负债表日后非调整事项的主要例子有以下几种。

1. *资产负债表日后发生重大诉讼、仲裁、承诺*

资产负债表日后发生重大诉讼等事项，对企业影响较大，为防止误导投资者及其他财务报告使用者，应当在财务报表附注中予以披露。

【例8-8】甲公司是房地产的销售代理商，在买卖双方同意房地产的销售条款时确认佣金收入，佣金由卖方支付。20×8年，甲公司同意替乙公司的房地产寻找买主。20×8年12月10日，甲公司找到一位有意的买主丁公司。丁公司在对该房地产进行实地考察后，与乙公司在20×8年12月30日签订了购买该房地产的合同，乙公司随即向甲公司支付了销售佣金。但在20×9年1月20日，当乙公司催促丁公司履行合同时，丁公司称其在获得银行贷款方面有困难，资金不足，拒绝履行合同。20×9年2月，乙公司通过法律手段起诉丁公司。20×9年3月1日，丁公司同意赔偿给乙公司2 000 000元现金，以使其撤回法律诉讼。假设该赔偿额对乙公司和丁公司均存在较大影响。

分析：本例中，乙公司提起诉讼是在20×9年发生的，在20×8年资产负债表日（20×8年12月31日）并不存在。但由于资产负债表日后发生的重大诉讼、仲裁、承诺等事项影响较大，应在财务报表附注中进行相关披露，即乙公司和丁公司均应在20×8年度财务报表附注中披露诉讼事项的相关信息。

2. *资产负债表日后资产价格、税收政策、外汇汇率发生重大变化*

资产负债表日后发生资产价格、税收政策和外汇汇率的重大变化，虽然不会影响资产负债表日财务报表相关项目的数字，但对企业资产负债表日后的财务状况和经营成果有重大影响，应当在财务报表附注中予以披露。

【例8-9】甲公司20×8年9月采用融资租赁方式从英国购入某大型生产线，租赁合同规定，该大型生产线的租赁期为10年，年租金300 000英镑。甲公司在编制20×8年度财务报表时已按20×8年12月31日的即期汇率对该笔长期应付款进行了折算（假设20×8年12月31日的汇率为1英镑=9.69元）。假设国家规定从20×9年1月1日起调整人民币兑英镑的汇率，人民币兑英镑的汇率发生重大变化。

分析：本例中，甲公司在资产负债表日（20×8年12月31日）已经按规定的汇率对有关账户进行调整，因此，无论资产负债表日后汇率如何变化，均不影响资产负债表日的财务状况和经营成果。但是，如果资产负债表日后外汇汇率发生重大变化，甲公司应对由此产生的影响在财务报表附注中进行披露。

3. **资产负债表日后因自然灾害导致资产发生重大损失**

自然灾害导致资产发生重大损失对企业资产负债表日后财务状况的影响较大，如果不加以披露，有可能使财务报告使用者做出错误的决策，因此应作为非调整事项在财务报表附注中进行披露。

【例8-10】甲公司20×8年12月购入一批商品10 000 000元，至20×8年12月31日该批商品已全部验收入库，货款通过银行支付。20×9年1月12日，甲公司所在地发生百年不遇的冰冻灾害，该批商品全部毁损。

分析：本例中，冰冻灾害发生于20×9年1月12日，属于资产负债表日后才发生或存在的事项，但对公司资产负债表日后财务状况的影响较大，甲公司应当将此事项作为非调整事项在20×8年度财务报表附注中进行披露。

4. **资产负债表日后发行股票、债券及其他巨额举债**

企业在资产负债表日后发行股票、债券，以及向银行或非银行金融机构举借巨额债务，都是比较重大的事项。虽然这些事项与企业资产负债表日的存在状况无关，但这些事项的披露能使财务报告使用者了解与此有关的情况及可能带来的影响，因此应当在财务报表附注中进行披露。

【例8-11】甲公司于20×9年1月20日经批准发行5年期债券10 000 000元，面值100元，年利率6%，公司按105元的价格发行，并于20×9年3月5日结束发行。

分析：本例中，甲公司发行债券虽然与公司资产负债表日（20×8年12月31日）的存在状况无关，但这一事项的披露能使财务报告使用者了解与此有关的情况及可能带来的影响，甲公司应当将此事项作为非调整事项在20×8年度财务报表附注中进行披露。

5. **资产负债表日后资本公积转增资本**

资产负债表日后企业以资本公积转增资本将会改变企业的资本（或股本）结构，影响较大，应当在财务报表附注中进行披露。

【例8-12】20×9年1月，甲公司经批准将80 000 000元资本公积转增资本。

分析：本例中，甲公司于20×9年1月将资本公积转增资本，属于资产负债表日后才发生的事项，但对公司资产负债表日后财务状况的影响较大，甲公司应当将此事项作为非调整事项在20×8年度财务报表附注中进行披露。

6. **资产负债表日后发生巨额亏损**

企业资产负债表日后发生巨额亏损将会对企业报告期以后的财务状况和经营成果产生重大影响，应当在财务报表附注中及时披露该事项，以便为投资者或其他财务报告使用者做出正确决策提供信息。

【例8-13】 甲公司20×9年1月出现巨额亏损,净利润由20×8年12月的70 000 000元变为亏损5 000 000元。

分析: 本例中,甲公司出现巨额亏损发生于20×9年1月,虽然属于资产负债表日后才发生的事项,但由盈利转为亏损,会对公司资产负债表日后财务状况和经营成果产生重大影响,甲公司应当将此事项作为非调整事项在20×8年度财务报表附注中进行披露。

7. 资产负债表日后发生企业合并或处置子企业

企业合并或者处置子企业的行为可以影响股权结构、经营范围等,对企业未来的生产经营活动会产生重大影响,应当在财务报表附注中进行披露。

【例18-14】 甲公司20×9年1月15日将其全资子公司丙公司出售给乙公司。

分析: 本例中,甲公司出售子公司发生于20×9年1月,与公司资产负债表日(20×8年12月31日)存在的状况无关,但是出售子公司可能对甲公司的版权站构、经营范围等方面产生较大影响,甲公司应当将此事项作为非调整事项在20×8年度财务报表附注中进行披露。

8. 资产负债表日后,企业利润分配方案中拟分配的及经审议批准宣告发放的股利或利润

资产负债表日后,企业利润分配方案中拟分配的及经审议批准宣告发放的股利或利润,不确认为资产负债表日负债,但应当在财务报表附注中单独披露。

【例8-15】 20×9年1月16日,甲上市公司董事会审议通过了20×8年利润分配方案,决定以公司20×8年年末总股本为基数,分派现金股利10 000 000元,每10股派送1元(含税),该利润分配方案于20×9年4月10经公司股东大会审议批准。

分析: 本例中,甲上市公司制定利润分配方案,拟分配或经审议批准宣告发放股利或利润的行为,并不会使公司在资产负债表日(20×8年12月31日)形成现时义务,虽然发生该事项可导致公司负有支付股利或利润的义务,但支付义务在资产负债表日尚不存在,不应该调整资产负债表日的财务报告,因此,该事项为非调整事项。但由于该事项对公司资产负债表日后的财务状况有较大影响,可能导致现金较大规模流出、公司股权结构变动等,为便于财务报告使用者更充分地了解相关信息,甲上市公司需要在20×8年度财务报表附注中单独披露该信息。

本章小结

本章主要对资产负债表日后事项进行了阐述,具体包括三个方面的内容。

一是资产负债表日后事项的概念。明确了资产负债表日、财务报表批准报出日、资产负债表日后事项涵盖期间以及调整事项和非调整事项的概念,为后面的学习奠定基础。

二是资产负债表日后调整事项的处理。简要介绍了资产负债表日后调整事项的概念,以及涉及的损益事项和非损益事项。在此基础上,对企业产生的资产负债表日后调整事项的会计处理进行了详细介绍,列举了一些具有代表性的实例,对资产负债表

日后调整事项会计核算进行了详细说明。

三是资产负债表日后非调整事项的处理。简要介绍了资产负债表日后非调整事项的概念，以及资产负债表日后发生的重大事项；列举了一些具有代表性的实例，对不同情况的资产负债表日后非调整事项的会计处理进行了详细说明。

知识链接

调整事项类别

所谓调整事项，是指由于资产负债表日后获得新的或进一步的证据，以表明依据资产负债表日存在状况编制的会计报表已不再具有有用性，应依据新发生的情况对资产负债表日所反映的收入、费用、资产、负债及所有者权益进行调整。资产负债表日后调整事项的判断标准为：资产负债表日后获得新的或进一步的证据，有助于对资产负债表日存在状况的有关金额做出重新估计，应当作为调整事项。企业应当根据调整事项的判断标准进行判断，以确定是否属于调整事项。调整事项包括以下类别。

(1) 已证实某项资产在资产负债表日已减值，或为该项资产已确认的减值损失需要调整。

(2) 表明应将资产负债表日存在的某项现时义务予以确认，或对某项义务确认的负债予以调整。

(3) 表明资产负债表所属期间或以前期间存在重大会计差错。

(4) 发生资产负债表日所属期间或以前期间所售商品的退回。

练习题

一、单项选择题

1. 甲企业20×9年1月20日向乙企业销售一批商品，已进行收入确认的有关账务处理；同年2月1日，乙企业收到货物后验收不合格要求退货；2月10日，甲企业收到退货。甲企业年度资产负债表批准报出日是4月30日。甲企业对此业务的正确处理是（　　）。

A. 作为20×8年资产负债表日后事项的调整事项

B. 作为20×8年资产负债表日后事项的非调整事项

C. 作为20×9年资产负债表日后事项的调整事项

D. 作为20×9年当期正常的销售退回事项

2. 下列发生于资产负债表日后期间的事项中，属于调整事项的是（　　）。

A. 日后期间发现报告年度重大会计差错

B. 外汇汇率发生较大变动

C. 在日后期间发生满足收入确认条件的商品销售业务

D. 公司支出报告年度的财务报告审计费

3. 20×8年12月31日，W公司对一起未决诉讼确认的预计负债为4 000 000元。

20×9年3月12日，法院对该起诉讼判决，W公司应赔偿S公司3 000 000元，W公司和S公司均不再上诉，款项已经支付。W公司的所得税税率为25%，按净利润的10%提取法定盈余公积，20×8年度财务报告批准报出日为20×9年3月31日，预计未来期间能够取得足够的应纳税所得额用以抵扣可抵扣暂时性差异。假设此时尚未进行所得税汇算清缴，不考虑其他因素，该事项导致W公司20×8年12月31日资产负债表"未分配利润"项目期末余额调整增加的金额为（　　）元。

A. 750 000　　　　B. 75 000　　　　C. 600 000　　　　D. 675 000

4. 甲公司20×8年度财务报表于20×9年4月20日经董事会批准对外报出，按照净利润的10%提取法定盈余公积。20×8年12月31日应收乙公司账款20 000 000元，当日对其计提坏账准备2 000 000元。20×9年2月20日，甲公司获悉，乙公司已向法院申请破产，应收乙公司账款预计全部无法收回。不考虑其他因素，上述日后事项对20×8年未分配利润的影响金额是（　　）元。

A. -1 800 000　　　B. -16 200 000　　　C. -18 000 000　　　D. -20 000 000

5. 报告年度售出并已确认收入的商品于资产负债表日后期间退回时，正确的处理方法是（　　）。

A. 冲减发生退货当期的主营业务收入

B. 调整报告年度年初未分配利润

C. 调整报告年度的主营业务收入和主营业务成本

D. 计入前期损益调整项目

6. 甲公司20×8年财务报告批准报出日为20×9年4月25日。20×9年3月2日，甲公司发现20×8年度一项财务报表舞弊或差错，该公司应调整（　　）。

A. 20×8年资产负债表的期末余额

B. 20×8年资产负债表的年初余额

C. 20×8年利润表上期金额

D. 20×9年资产负债表的期末余额和本年累计数及本年实际数

7. 甲公司20×8年度财务报告于20×9年2月25日编制完成，注册会计师完成审计及签署审计报告日是20×9年4月15日，经董事会批准报表对外公布日是20×9年4月22日，实际对外公布日期是20×9年4月26日。20×9年4月24日，20×8年年末的一项未决诉讼结果，法院判决该公司支付赔偿8 000 000元。董事会再次批准报表对外公布日为20×9年4月29日。不考虑其他因素，则该公司20×8年度资产负债表日后事项涵盖的期间是（　　）。

A. 20×9年1月1日至4月22日　　　B. 20×9年1月1日至4月26日

C. 20×9年1月1日至4月29日　　　D. 20×9年1月1日至4月15日

8. 下列关于资产负债表日后事项的说法中，不正确的是（　　）。

A. 资产负债表日是指会计年度末和会计中期期末

B. 资产负债表日仅指日后期间的有利事项

C. 资产负债表日后事项可以分为调整事项和非调整事项

D. 资产负债表日后事项涵盖的期间是自资产负债表日后到财务报告批准报出日

止的一段时间

9. 甲公司20×8年12月31日应收乙公司账款20 000 000元，因乙公司经营不善，财务状况不理想，甲公司提取了坏账准备2 000 000元。20×9年2月20日，甲公司获悉，乙公司于20×9年2月18日向法院申请破产，甲公司估计应收乙公司账款全部无法收回。甲公司按照净利润的10%提取法定盈余公积，20×8年度财务报表于20×9年4月20日经董事会批准对外报出。甲公司适用的所得税税率为25%。甲公司因该资产负债表日后事项减少20×8年12月31日未分配利润的金额是（　　）元。

　　A. 18 000 000　　　B. 12 150 000　　　C. 16 200 000　　　D. 20 000 000

10. 资产负债表日至财务报告批准报出日之间发生的调整事项在进行调整处理时，不能调整的是（　　）。

　　A. 资产负债表　　　　　　　　　　B. 利润表
　　C. 现金流量表正表　　　　　　　　D. 所有者权益变动表

二、多项选择题

1. 甲股份有限公司20×8年度财务报告经董事会批准对外公布的日期为20×9年3月30日，实际对外公布的日期为20×9年4月5日。该公司20×9年1月1日至4月5日发生的下列事项中，应当作为资产负债表日后调整事项的有（　　）。

　　A. 3月1日发现20×8年10月接受捐赠获得的一项固定资产尚未入账
　　B. 3月11日临时股东大会决议购买乙公司51%的股权并于3月29日执行完毕
　　C. 2月1日与丁公司签订的债务重组协议执行完毕，该债务重组协议由甲公司于20×9年1月5日与丁公司签订
　　D. 3月10日甲公司被法院判决败诉并要求支付赔款10 000 000元，对此项诉讼甲公司已于20×8年年末确认预计负债8 000 000元

2. 下列各项中，应在"以前年度损益调整"科目贷方核算的有（　　）。

　　A. 补记上年度少计的企业应交所得税
　　B. 上年度误将研究费计入无形资产价值
　　C. 上年度多计提了存货跌价准备
　　D. 上年度误将购入设备款计入管理费用

3. A公司20×8年度财务报告经董事会批准对外公布的日期为20×9年4月30日。该公司20×9年1月1日至4月30日之间发生的下列各事项中，属于非调整事项的有（　　）。

　　A. 因债务人20×9年2月份遭受重大自然灾害，导致A公司一项巨额应收账款无法收回
　　B. 20×9年1月1日，A公司以资本公积转增资本
　　C. 20×9年2月1日，A公司就一项重大资产重组交易做出承诺
　　D. 20×9年4月1日发现新证据，表明一批存货在20×8年12月31日的可变现净值已低于其成本

4. 甲公司因违约于20×8年10月被乙公司起诉，该项诉讼在20×8年12月31日尚未判决，甲公司认为败诉可能性为60%，赔偿的金额为500 000元。20×9年3月30

日财务报告批准报出之前，法院判决甲公司需要偿付乙公司的经济损失为 450 000 元，甲公司不再上诉并支付了赔偿款项。对于此资产负债表日后事项，甲公司所做的下列会计处理中，正确的有（   ）。

A. 按照调整事项处理原则，编制会计分录调整以前年度损益和其他相关科目
B. 调整 20×9 年 3 月资产负债表的期末数
C. 调整 20×8 年度利润表及所有者权益变动表相关项目
D. 调整 20×9 年 3 月资产负债表相关项目的年初余额

5. 甲公司 20×9 年 2 月在上年度财务会计报告批准报出前发现一台管理用固定资产未计提折旧，属于重大差错。该固定资产于 20×7 年 6 月接受乙公司捐赠取得。根据甲公司的折旧政策，该固定资产 20×7 年应计提折旧 2 000 000 元，20×8 年应计提折旧 4 000 000 元。假定甲公司按净利润的 10% 提取法定盈余公积。不考虑所得税等其他因素，甲公司下列处理中，正确的有（   ）。

A. 甲公司 20×8 年度资产负债表"固定资产"项目"年末数"应调减 6 000 000 元
B. 甲公司 20×8 年度资产负债表"未分配利润"项目"年末数"应调减 5 400 000 元
C. 甲公司 20×8 年度利润表"管理费用"项目"本期金额"应调增 4 000 000 元
D. 甲公司 20×8 年度利润表"管理费用"项目"本期金额"应调增 6 000 000 元

三、判断题

1. 在编制合并财务报表涉及的调整分录时，对于被投资单位除净损益、其他综合收益和利润分配以外的所有者权益的其他变动，母公司应按享有的份额，借记或贷记"长期股权投资"项目，贷记或借记"投资收益"项目。（   ）

2. 母子公司之间发生的经济业务，对整个企业集团财务状况和经营成果影响不大时，可以不编制抵销分录而直接编制合并财务报表，体现的是重要性原则。（   ）

3. 子公司之间出售资产所发生的未实现内部交易损益，应当按照母公司对出售方子公司的分配比例在"归属于母公司所有者的净利润"和"少数股东损益"之间分配抵销。（   ）

4. 在编制财务报表前，应当尽可能统一母公司和子公司的会计政策，统一要求母公司所采用的会计政策和子公司保持一致。（   ）

5. 对企业终止经营进行充分的信息披露，有助于财务报表使用者评估企业资产处置及终止经营的财务影响，判断未来现金流量的时间、金额和不确定性。（   ）

四、计算分析题

1. 甲公司 20×8 年度财务报告于 20×9 年 3 月 30 日批准报出，所得税汇算清缴日为 4 月 30 日。甲公司在 20×9 年 1 月 1 日至 3 月 30 日会计报表公布前发生如下事项。

（1）20×8 年 12 月 1 日，乙公司的一条生产线发生安全事故，致使乙公司发生重大经济损失。经查，该事故的主要原因是甲公司销售给乙公司的设备零部件质量未达标。乙公司通过法律诉讼，要求甲公司赔偿经济损失 4 000 000 元，该诉讼案在 20×8 年 12 月 31 日尚未判决，甲公司已于 20×8 年 12 月 31 日确认预计负债 3 000 000 元。

20×9 年 3 月 25 日，经法院一审判决，甲公司需要赔偿乙公司经济损失 3 600 000

元,甲、乙公司均不再上诉,并且赔偿款已经支付。

(2) 20×9年3月4日,甲公司接到丙公司投诉,反映其于20×8年12月19日购自甲公司的一批商品外观有大量划痕,该批商品不含税售价为10 000 000元,成本为8 000 000元,截至20×9年3月4日款项尚未收到。甲公司核查后确认该批商品的外观瑕疵确实是发货前发生的。经协商,甲公司同意对该批商品在原售价基础上给予10%的减让,甲公司已于当日开具红字增值税专用发票。

(3) 20×9年3月20日,甲公司发现在20×8年12月31日计算C库存商品的可变现净值时发生差错,该库存商品的成本为45 000 000元,预计可变现净值应为36 000 000元。20×8年12月31日,甲公司误将C库存商品的可变现净值预计为30 000 000元。

其他资料:甲公司为增值税一般纳税人,适用的增值税税率为13%;甲公司所得税采用资产负债表债务法核算,适用的所得税税率为25%;甲公司按净利润的10%提取法定盈余公积。

要求:
①指出上述事项中哪些属于资产负债表日后调整事项,哪些属于非调整事项,注明序号即可;
②对上述资产负债表日后调整事项,编制相关调整分录。

2. 甲公司适用的所得税税率为25%,且预计在未来期间保持不变,20×8年度所得税汇算清缴于20×9年3月20日完成;20×8年度财务报告批准报出日为20×9年4月5日,甲公司有关资料如下。

(1) 20×8年10月12日,甲公司与乙公司签订了一项销售合同,约定甲公司在20×9年1月10日以每件50 000元的价格向乙公司出售100件A产品,甲公司如不能按期交货,应在20×9年1月15日之前向乙公司支付合同总价款10%的违约金。签订合同时,甲公司尚未开始生产A产品,也未持有用于生产A产品的原材料。至20×8年12月28日,甲公司为生产A产品拟从市场购入原材料时,该原材料的价格已大幅上涨,预计A产品的单位生产成本为60 000元。20×8年12月31日,甲公司仍在与乙公司协商是否继续履行该合同。

(2) 20×8年10月16日,甲公司与丙公司签订了一项购货合同,约定甲公司于20×8年11月20日之前向丙公司支付首期购货款5 000 000元。20×8年11月8日,甲公司已从丙公司收到所购货物。20×8年11月25日,甲公司因资金周转困难未能按期支付首期购货款而被丙公司起诉,至20×8年12月31日该案尚未判决。甲公司预计败诉的可能性为70%,如败诉,将要支付600 000元至1 000 000元的赔偿金,且该区间内每个金额发生的可能性大致相同。

(3) 20×9年1月26日,人民法院对上述丙公司起诉甲公司的案件做出判决,甲公司应赔偿丙公司900 000元,甲公司和丙公司均表示不再上诉。当日,甲公司向丙公司支付了900 000元的赔偿款。

(4) 20×8年12月26日,甲公司与丁公司签订了一项售价总额为10 000 000元的销售合同,约定甲公司于20×9年2月10日向丁公司发货。甲公司因20×9年1月23日遭受严重自然灾害无法按时交货,与丁公司协商未果。20×9年2月15日,甲公司被丁公司起诉；20×9 年 2 月 20 日，甲公司同意向丁公司赔偿 1 000 000 元。丁公司撤回了该诉讼。该赔偿额对甲公司具有较大影响。

（5）其他资料：假定递延所得税资产、递延所得税负债、预计负债在 20×8 年 1 月 1 日的期初余额均为零；涉及递延所得税资产的，假定未来期间能够产生足够的应纳税所得额用以抵扣可抵扣暂时性差异；与预计负债相关的损失在确认预计负债时不允许从应纳税所得额中扣除，只允许在实际发生时据实从应纳所得额中扣除；调整事项涉及所得税的，均可调整应交所得税；按照净利润的 10% 提取法定盈余公积；不考虑其他因素。

要求：

①根据资料（1），判断甲公司是否应将与该事项相关的义务确认为预计负债，并简要说明理由，如需确认，计算确定预计负债的金额，并分别编制确认预计负债、递延所得税资产（或递延所得税负债）的会计分录；

②根据资料（2），判断甲公司是否应将与该事项相关的义务确认为预计负债，并简要说明理由，如需确认，计算确定预计负债的金额，并分别编制确认预计负债、递延所得税资产（或递延所得税负债）的会计分录；

③分别判断资料（3）和（4）中甲公司发生的事项是否属于 20×8 年度资产负债表日后调整事项，并简要说明理由。如为调整事项，编制相关会计分录；如为非调整事项，简要说明具体的会计处理方法。

第三篇

特殊呈报会计

第 9 章

企业合并会计核算

学习目标

1. 了解企业合并动因和企业合并的类型。
2. 理解企业合并的会计问题。
3. 掌握同一控制下和非同一控制下企业合并的会计处理方法。
4. 了解企业合并的披露。

9.1 企业合并概述

企业合并在不同国家出现在不同时期。以市场经济最为发达的美国为例,从 19 世纪末至今,美国已经经历了五次合并浪潮,每一次合并浪潮都有特定的背景、动因和主要发生领域(行业)。中华人民共和国成立以来,我国企业主要经历了两次合并浪潮:第一次是中华人民共和国成立初期,对民族资本主义工商企业进行的公私合营,其目的是改变企业的所有制性质,使这些企业成为社会主义公有制性质的企业;第二次是 20 世纪 80 年代末,随着经济体制改革的深入而掀起的企业合并浪潮,其目的在于优化经济资源的配置和组合,推动社会生产力的发展。企业合并已成为经济快速发展时期较为常见的交易事项。尤其是近些年来,随着经济市场化和国际化的发展,国际竞争力不断增加,跨国经营不断增多,企业的收购兼并日趋复杂,客观上需要拓宽生产经营渠道,开辟新的投资领域或市场等。

9.1.1 企业合并的概念

企业合并是指两个或两个以上单独的企业合并形成一个报告主体的交易或事项。企业合并是企业发展的需要。在市场经济条件下,随着企业间竞争的日益加剧,发展对于企业已是生死攸关的大事,而寻求发展的有效途径之一便是进行企业间的联合。

企业合并具有两个最显著特点:一是合并前企业彼此独立,合并后它们的经济资源和经营活动处于单一管理机构控制;二是企业合并强调了单一会计主体,但合并后不一定是一个法律主体。

企业合并的动因主要有四个。第一个是竞争压力动因。在激烈的市场竞争中,企业通过合并扩大规模,可以保护自己,保存竞争优势,防止被大企业合并,这是企业合并的根本动因。第二个是经济规模动因。企业可以在尽可能短的时间内扩大生产规模,达到快速扩张的目的。第三个是利润动因。企业以合并的形式扩大规模,可以缓解资金压力,大幅度地节约企业扩展的成本,以实现更高利润。第四个是市场价值动因。对于管理者来说,通过成功的企业合并扩大企业规模、提高企业经营效益,能够在市场中提高自身的社会地位和市场价值。

9.1.2 企业合并的类型

企业合并可以从不同的角度进行分类。

1. 按合并的法律形式分类

企业合并按其法律形式可以分为吸收合并、新设合并和控股合并三种。

吸收合并是指一个企业通过发行股票、支付现金或发行债券等方式取得其他一个或几个企业。吸收合并后只有合并方仍保持原来的法律地位,被合并企业失去了其原来的法人资格而作为合并企业的一部分从事生产经营活动。合并后的企业除取得对方资产外,还往往承担对方的负债。如 A 企业与 B 企业合并,合并后形成 A 企业,即 A+B=A。

新设合并是指两个或两个以上的企业联合成立一个新的企业,用新的企业股份与股东交换原来各公司的股份。合并后原来各企业的法人资格均被注销,由新设立企业持有合并各方的资产和负债,统一从事生产经营活动。如 A 企业与 B 企业合并,合并后形成全新的 C 企业,即 A+B=C。

控股合并是指一个企业通过长期股权投资取得另一个企业全部或部分有表决权的股份,从而能够控制被投资企业的经营和决策,使被投资企业成为它的附属企业。取得控股权后,原来的企业仍然以各自独立的法律实体从事生产经营活动。参与合并的企业形成了母子公司的关系。控股企业被称为母公司,被控股企业称为子公司。以母公司为中心,连同它所控制的子公司,称为企业集团。

2. 按合并企业之间的关系分类

按合并双方合并前后是否同属于同一方或相同的多方最终控制,企业合并分为同一控制下的企业合并和非同一控制下的企业合并两类。

同一控制下的企业合并是指参与合并的企业在合并前后均受到同一方或相同的多方最终控制且该控制并不是暂时性的。其主要特征是企业合并均发生于关联方之间,参与合并的各方在合并前后均受同一方或相同多方的最终控制,并且这种控制不是暂时的,而是实质上的控制。同一控制下的合并,在合并日取得企业控制权的一方称为合并方,参与合并的其他企业称为被合并方。

非同一控制下的企业合并是指参与合并的各方在合并前后不属于同一方或相同的多方最终控制。其主要特征表现为企业合并均发生于非关联方之间。非同一控制下的企业合并，在购买日取得控制权的一方称为购买方，参与合并的其他企业称为被购买方。

9.1.3 企业合并的会计问题

企业合并的会计问题，包括合并过程的会计处理和合并以后的会计处理。企业合并过程的会计处理有购买法和权益联合法两种会计处理方法；企业合并以后的会计处理，因合并方式不同而有不同的会计处理方法。企业合并的会计问题如表9-1所示。

对于吸收合并，合并之后，被合并企业全部解散，只有合并企业仍是一个单一的法律主体和会计主体。新设合并后，原来的企业均不复存在，新设立的企业核算，也是单一的法律主体和会计主体。因此，吸收合并和新设合并完成后的会计处理问题仍然属于传统财务会计的范畴，没有新的会计问题出现。

控股合并完成后，母公司本身是一个独立核算的企业，这一会计主体下的每一个子公司及其他分支机构也是一个会计主体。无论是母公司还是子公司，它们各自的会计处理问题同样属于传统财务会计范畴。但站在企业集团角度看，会计服务对象的空间范围显然是由母公司及子公司构成的整体，会计不仅要以每一个独立的企业为单位进行核算，编制个别企业会计报表，还要以整个企业集团为服务对象，在个别企业会计报表的基础上编制合并会计报表。合并会计报表的编制，无论是从编制基础看，还是从编制程序和编制方法看，都与个别企业报表会计不同。编制合并会计报表是控股合并之后面临的新会计问题。

表9-1 企业合并的会计问题

合并方式	合并过程的会计处理	合并以后的会计处理
吸收合并：A+B=A	合并时的会计处理	属于传统财务会计范畴
新设合并：A+B=C		
控股合并：形成母公司、子公司关系的企业集团	①合并时的会计处理；②股权取得日合并报表的编制	股权取得日后合并报表的编制

9.2 同一控制下企业合并的会计处理

根据我国《企业会计准则第20号——企业合并》，同一控制下企业合并的会计处理原则是：合并方对企业合并所取得的净资产或股权投资，需要采用账面价值进行计量，不按公允价值调整；合并方所支付的合并对价，也按其账面价值转让，不确认转让损益；合并中不涉及商誉的确认。

9.2.1 会计处理方法——权益联合法

同一控制下企业合并的会计处理方法是权益联合法。权益联合法是核算两个或两个以上企业通过权益性证券交换而完成合并的会计处理方法，也称权益结合法。

由于合并各方将企业作为各合并企业股东权益的一种联合，而不视作购买行为，因此参与合并的企业的资产、负债按原来的账面价值记录，合并结果不会产生商誉或负商誉。

9.2.2 会计处理要点

1. 合并方取得的资产、负债均按账面价值计量，不确认企业合并中产生的商誉

合并方在合并中确认取得的被合并方的资产、负债仅限于被合并方账面上原已确认的资产和负债，合并中不产生新的资产和负债。同一控制下的企业合并，从最终控制方的角度，其在企业合并发生前后能够控制的净资产价值量并没有发生变化，因此，即使是在合并过程中取得的净资产入账价值与支付的合并对价账面价值之间存在差额，同一控制下的企业合并中一般也不产生新的商誉问题，即不确认新的资产，但被合并方在企业合并前账面上原已确认的商誉应作为合并中取得的资产确认。

同一控制下企业合并的合并方，对吸收合并和新设合并中取得的资产、负债，按合并日被合并方有关资产、负债的账面价值计量；对控股合并中取得的长期股权投资，按照合并日取得的被合并方所有者权益账面价值的份额作为其初始投资成本。

2. 合并成本的确定

对作为合并对价所付出的资产、发生或承担的负债，合并方按账面价值作为合并成本计量；发行的股份按面值总额作为合并成本计量。

3. 股东权益的调整

合并方在合并中所付出的合并成本与合并中取得的净资产的入账价值之间的差额，应当调整所有者权益相关项目，不计入企业合并当期损益。合并方在同一控制下的企业合并，本质上不作为购买，而是两个或多个会计主体权益的整合。合并方在企业合并中取得的价值量相对于所放弃价值量之间存在差额的，应当调整所有者权益。

（1）合并方在合并中所付出的合并成本大于其取得的净资产或长期股权投资的账面价值，应当调整减少资本公积（仅指股本溢价这部分）；若资本公积不足冲减，则调整减少留存收益。

（2）合并方在合并中所付出的合并成本小于其取得的净资产或长期股权投资的账面价值，应当调整增加资本公积（仅指股本溢价这部分）。

总之，合并成本与合并方取得的净资产或长期股权投资的账面价值之间的差额，应调整股东权益，而不确认商誉。因为同一控制下的企业合并，在合并前后均受同一方或相同多方的最终控制，企业合并均发生于关联方之间，所以合并不是被视为双方企业之间的交易而视为双方股东之间的股权交换，并非现实的资产交换。其升值部分不应视为商誉，而应视为所有者权益的增加，即资产的价值是以账面价值计量的，其公允价值超过账面价值的部分都应体现在股东权益之中。

（3）对于被合并方在合并日以前实现的留存收益中归属于合并方的部分，合并方应根据不同情况进行调整，自资本公积转入留存收益。在吸收合并、新设合并情况下，这一调整在合并方的个别资产负债表中予以确认；在控股合并情况下，这一调整则在合并日合并资产负债表中予以反映。

4. 合并过程中发生费用的处理

（1）合并方为进行企业合并而发生的各项直接相关费用，包括为进行企业合并而支付的审计费用、评估费、法律服务费等，应当于发生时计入当期损益。

（2）为企业合并发行债券或承担其他债券支付的手续费、佣金等，应当计入所发行的债券及其他债券的初始计量金额，即构成有关债券的入账价值的组成部分。

（3）企业合并中发行权益性证券发生的手续费、佣金等，应当抵减权益性证券溢价收入；溢价收入不足冲减的，冲减留存收益。

9.2.3 会计处理应用实例

1. 吸收合并与新设合并的会计处理

同一控制下的吸收合并或新设合并中，合并方主要涉及合并日取得被合并方资产、负债入账价值的确定，以及合并中取得有关净资产的入账价值与支付的合并对价账面价值之间差额的处理。

（1）合并企业的账务处理。

借：被并方的资产账户（账面价值）
贷：被并方的负债账户（账面价值）
　　银行存款、库存商品等（支付对价的账面价值）
或　应付债券（面值-发行费用）
或　股本（面值）
　　资本公积（差额，或借方）

如果需要借记"资本公积"科目，则以合并方"资本公积——股本溢价"的贷方余额为上限，不足部分冲并方留存收益账面余额。

若企业合并过程发生直接相关费用，则账务处理如下。

借：管理费用
　　贷：银行存款（实际发生的直接相关费用）

（2）被并方的账务处理。

借：被并方的负债账户（账面价值）
　　被并方的所有者权益账户（账面价值）
贷：被并方的资产账户（账面价值）

吸收合并与新设合并后，被合并企业的资产与负债及所有者权益抵销，表示被合并企业丧失法人资格。

【例9-1】甲、乙公司同为M公司控制下的子公司，20×9年6月1日，甲公司通过发行股票400万股（每股面值1元，市价1.5元）收购乙公司的100%股权，合并后，乙公司不再存续。企业合并时发生的审计费、法律服务费等直接相关费用80 000元。20×9年5月31日，甲、乙公司的资产负债表部分项目数据如表9-2所示。

表9-2 甲、乙公司资产负债表部分项目数据　　　　　　　　　　单位：万元

项　目	甲公司	乙公司	
		账面价值	公允价值
库存现金	50	20	20
应收账款	450	180	150
存货	300	200	180
固定资产净值	1 000	300	400
短期借款	700	200	200
实收资本	1 300	500	500

分析：本例属于同一控制下企业合并的吸收合并情形，应采用权益联合法。甲公司按权益联合法核算，虽然乙公司的资产、负债的公允价值与账面价值存在差额，但甲公司仍按乙公司的账面价值合并乙公司的资产、负债和所有者权益。

根据表9-2的资料，甲公司应做的账务处理如下。

借：库存现金　　　　　　　　　　　　　　　　　　　　　200 000
　　应收账款　　　　　　　　　　　　　　　　　　　　　1 800 000
　　存货　　　　　　　　　　　　　　　　　　　　　　　2 000 000
　　固定资产　　　　　　　　　　　　　　　　　　　　　3 000 000
　贷：短期借款　　　　　　　　　　　　　　　　　　　　2 000 000
　　　股本　　　　　　　　　　　　　　　　　　　　　　4 000 000
　　　资本公积　　　　　　　　　　　　　　　　　　　　1 000 000
借：管理费用　　　　　　　　　　　　　　　　　　　　　80 000
　贷：银行存款　　　　　　　　　　　　　　　　　　　　80 000

2. 控股合并的会计处理

同一控制下的控股合并中，合并方在合并日涉及两个方面的问题：一是对于因该项企业合并形成的对被合并方的长期股权投资的确认与计量；二是合并日合并会计报表的编制。

(1) 长期股权投资的确认与计量。按照《企业会计准则第2号——长期股权投资》的规定，同一控制下企业合并形成的长期股权投资，合并方应以合并日应享有的被合并方所有者权益的账面份额作为形成长期股权投资的初始成本。其相关账务处理如下。

借：长期股权投资（被并方净资产的账面价值份额）
　贷：｛银行存款、库存商品等（支付对价的账面价值）
　　　或　应付债券（面值-发行费用）
　　　或　股本（面值）
　　　资本公积（差额，或借方）

若企业合并过程发生直接相关费用，则账务处理如下。

借：管理费用

贷：银行存款（实际发生的直接相关费用）

（2）合并日合并会计报表的编制。同一控制下的企业合并形成母子公司关系的，合并方一般应在合并日编制合并会计报表。合并日的合并会计报表一般包括合并资产负债表、合并利润表及合并现金流量表。

【例9-2】 沿用【例9-1】的资料，20×9年6月1日，甲公司通过发行股票400万股（每股面值1元，市价1.5元）来收购乙公司的100%股权，合并后形成母子公司关系，其他资料不变。

分析：本例题属于同一控制下的企业合并的控股合并情形，应采用权益联合法。甲公司按权益联合法核算，虽然乙公司的净资产的公允价值与账面价值存在差额，但甲公司的长期股权投资仍按乙公司的净资产账面价值的份额计量。

根据表9-1的资料，甲公司应做的账务处理如下。

借：长期股权投资　　　　　　　　　　　　　　　5 000 000
　　贷：股本　　　　　　　　　　　　　　　　　4 000 000
　　　　资本公积　　　　　　　　　　　　　　　1 000 000
借：管理费用　　　　　　　　　　　　　　　　　　80 000
　　贷：银行存款　　　　　　　　　　　　　　　　80 000

【例9-3】 甲公司以一台账面价值为2 800 000元的设备（原价4 000 000元，累计折旧1 200 000元）和一项账面价值为3 200 000元的无形资产（原价5 000 000元，累计摊销1 800 000元）为对价取得同一集团内的另一家全资企业乙公司100%的股权。合并日，甲公司和乙公司所有者权益构成如表9-3所示。

表9-3　甲、乙公司所有者权益构成　　　　　　　　　　　　　单位：元

甲公司		乙公司	
项　目	金　额	项　目	金　额
股本	36 000 000	股本	2 000 000
资本公积	1 000 000	资本公积	2 000 000
盈余公积	8 000 000	盈余公积	3 000 000
未分配利润	20 000 000	未分配利润	3 000 000
合计	65 000 000	合计	10 000 000

甲公司在合并日应确认对乙公司的长期股权投资，应做的账务处理如下。

借：固定资产清理　　　　　　　　　　　　　　　2 800 000
　　累计折旧　　　　　　　　　　　　　　　　　1 200 000
　　贷：固定资产　　　　　　　　　　　　　　　4 000 000
借：长期股权投资　　　　　　　　　　　　　　　10 000 000
　　贷：固定资产清理　　　　　　　　　　　　　2 800 000
　　　　无形资产　　　　　　　　　　　　　　　3 200 000
　　　　资本公积　　　　　　　　　　　　　　　4 000 000

【例9-4】 甲、乙公司同为一主管部门下属的两个企业。20×9年6月1日，甲公

司用账面价值为5 000 000元、公允价值为5 800 000元的库存商品和1 000 000元的银行存款与乙公司合并。20×9年5月31日，甲、乙公司的资产负债表部分项目数据如表9-4所示。

表9-4　甲、乙公司资产负债表部分项目数据　　　　　　　　单位：万元

项　目	甲公司	乙公司	
		账面价值	公允价值
库存现金	500	30	30
应收账款	100	70	70
存货	700	100	120
固定资产净值	1 500	900	980
短期借款	1 000	400	400
股本	1 400	500	500
资本公积	400	200	300

要求：

（1）假定合并后乙公司不再存续，请做出甲公司的账务处理；

（2）假定甲公司取得了乙公司100%的股权，合并后乙公司仍存续，请做出甲公司的账务处理。

分析：以支付资产方式进行企业合并，要求对吸收合并和控股合并的会计处理进行比较。

甲公司的账务处理如下。

（1）吸收合并（乙公司不再续存）。

借：库存现金　　　　　　　　　　　　　　　　300 000
　　应收账款　　　　　　　　　　　　　　　　700 000
　　存货　　　　　　　　　　　　　　　　　1 000 000
　　固定资产　　　　　　　　　　　　　　　9 000 000
　　贷：短期借款　　　　　　　　　　　　　4 000 000
　　　　库存商品　　　　　　　　　　　　　5 000 000
　　　　银行存款　　　　　　　　　　　　　1 000 000
　　　　资本公积　　　　　　　　　　　　　1 000 000

（2）控股合并（形成母子公司关系）。

借：长期股权投资　　　　　　　　　　　　　7 000 000
　　贷：库存商品　　　　　　　　　　　　　5 000 000
　　　　银行存款　　　　　　　　　　　　　1 000 000
　　　　资本公积　　　　　　　　　　　　　1 000 000

9.3 非同一控制下企业合并的会计处理

根据我国《企业会计准则第 20 号——企业合并》，非同一控制下企业合并的会计处理原则是：合并方对企业合并所取得的净资产或股权投资，需要采用公允价值进行计量；合并方所支付的合并对价也应当按公允价值计量，公允价值与其账面价值的差额，计入当期损益；合并中涉及商誉的确认。

9.3.1 会计处理方法——购买法

非同一控制下企业合并的会计处理实际上采用的是购买法。购买法假定企业合并是一个企业取得另一个企业净资产的一项交易，与企业购置普通资产的交易基本相同。购买法要求按公允价值反映被购买方的资产负债表项目，并将公允价值体现在购买方的账户和合并后的资产负债表中，所取得的净资产的公允价值与购买成本的差额表现为购买方购买时发生的商誉。因此，购买法的关键问题是购买成本的确定、被购买方可辨认净资产公允价值的确定和商誉的处理。

9.3.2 会计处理要点

1. 合并方取得的可辨认净资产按公允价值入账，确认合并中产生的商誉

非同一控制下的企业合并，其实质是一项交易。购买交易中取得的资产、承担的负债或取得的股权，需要采用公允价值计量，而不应该用账面价值计量。

（1）对于吸收合并和新设合并，购买方需要将取得的被购买方可辨认净资产按其公允价值入账。

（2）对于控股合并，购买方应当在购买日按所确定的合并成本作为长期股权投资的初始投资成本入账，以确认取得的被购买方的股权份额。

2. 合并方购买成本的确定

合并企业应将购买所实际支付的价款或企业所放弃的其他资产和承担的债务的公允价值，加上直接相关费用作为购买成本。直接相关费用是指为实现购买而发生的各项相关费用，包括聘请会计师、法律顾问、评估师及其他咨询人员所支付的费用。其他与购买没有直接联系的费用，如合并谈判费用等不应包括在购买成本中，应作为管理费用计入当期损益。不同购买方式的购买成本确定如下。

（1）现金支付方式。购买成本为实际支付的款项加上直接相关费用。

（2）发行债券方式。购买成本为债券未来应付金额的现值加上相关直接费用。债券发行费用应计入筹资费用，不作为购买成本。

（3）发行股票方式。应将所发行股票的公允价值与所取得资产的公允价值进行比较，如果股票的市价较资产的公允价值更客观，则按股票的公允市价计价；如果购买方为非上市公司或股票的市价不具有足够的客观性，则按所收到的资产的公允价值计价。

3. 合并方对购买成本与取得的被并方可辨认净资产的公允价值份额之间差额的处理

（1）购买成本大于其取得的可辨认净资产或股权的公允价值份额，差额确认为商誉。对于吸收合并和新设合并，购买日合并方能够将购买成本超过其取得的可辨认净资产公允价值份额的部分单独确认为商誉，从而在合并后存续企业的单独资产负债表中单项列示。而对于控股合并，因购买日合并方账务处理中作为长期股权投资的初始成本入账的购买成本中就包括商誉价值，因此在购买日合并方的单独资产负债表中商誉并未单独列报，而是包含在"长期股权投资"项目中，而在购买日合并资产负债表中才需要单独列报合并商誉。

(2) 购买成本小于其取得的可辨认净资产或股权公允价值份额，差额应当按照下列规定处理。

①对取得的被购买方各项可辨认资产、负债、或有负债的公允价值及购买成本的计量进行复核。

②复核后，购买成本仍小于合并中取得的被购买方可辨认净资产公允价值份额的，其差额应计入当期损益。

4. 合并中发生的各项直接相关费用

非同一控制下企业合并中发生的与企业合并直接相关的费用，包括为进行合并而发生的会计审计费用、法律服务费用、咨询费用等，应当计入企业当期损益。这里所称合并中发生的各项直接相关费用，不包括与为进行企业合并发行的权益性证券或发生的债务相关的手续费、佣金等，该部分费用应比照本章关于同一控制下企业合并中类似费用的处理原则处理。

9.3.3 会计处理应用实例

购买法主要从购买方的角度看待企业合并的问题，下面就购买企业的会计处理展开分析。

1. 吸收合并与新设合并的会计处理

非同一控制下的吸收合并或新设合并，购买方在购买日应当将合并中取得的符合确认条件的各项可辨认资产、负债，按其公允价值确认为本企业的资产和负债；将合并对价的有关非货币性资产在购买日的公允价值与其账面价值的差额，作为资产处置损益计入合并当期的利润表；将企业合并成本与所取得的被购买方可辨认净资产公允价值之间的差额，视情况分别确认为商誉或计入企业合并当期的损益。

(1) 现金支付方式的账务处理。

借：被并方的资产账户（公允价值）
　　商誉（差额）
　　贷：被并方的负债账户（公允价值）
　　　　银行存款（实际支付的价款）

如借贷差额在贷方，则商誉应计入"营业外收入"。

(2) 转让存货方式，视同销售的账务处理。

借：被并方的资产账户（公允价值）
　　商誉（差额）
　　贷：被并方的负债账户（公允价值）

主营业务收入（支付合并对价的公允价值）
借：主营业务成本
　　贷：存货账户（账面价值）
(3) 转让固定资产方式的账务处理。
借：被并方的资产账户（公允价值）
　　商誉（差额）
　　贷：被并方的负债账户（公允价值）
　　　　固定资产（账面价值）
　　　　营业外收入（固定资产公允价值与账面价值差额）
(4) 发行债券方式的账务处理。
借：被并方的资产账户（公允价值）
　　商誉（差额）
　　贷：被并方的负债账户（公允价值）
　　　　应付债券——面值（实际支付的价款）
　　　　　　　——利息调整（溢价——发行费用）
(5) 发行股票方式的账务处理。
借：被并方的资产账户（公允价值）
　　商誉（差额）
　　贷：被并方的负债账户（公允价值）
　　　　股本（面值）
　　　　资本公积（溢价——发行费用）

【例9-5】甲公司与乙公司均不受同一方或相同的多方控制。20×9年6月1日，甲公司对乙公司实施吸收合并。企业合并时发生审计费、法律服务费等直接相关费用80 000元。假如20×9年5月31日乙公司的资产负债表项目数据如表9-5所示。

表9-5　乙公司的资产负债表项目数据　　　　　　单位：元

项　目	乙公司	
	账面价值	公允价值
固定资产	6 000 000	8 500 000
长期股权投资	5 500 000	6 500 000
长期借款	3 000 000	3 000 000
实收资本	8 000 000	8 000 000
资本公积	500 000	4 000 000

(1) 若甲公司以12 070 000元现金对乙公司实施吸收合并。
(2) 若甲公司通过发行股票800万股（面值为1元，市价为1.6元）对乙公司实施吸收合并，且发行股票所发生的注册等费用为500 000元。

分析： 本例题属于非同一控制下企业合并的吸收合并情形，应采用购买法。

根据表9-5的资料，甲公司应做的账务处理如下：

(1) 借：固定资产　　　　　　　　　　　　　　　8 500 000
　　　　长期股权投资　　　　　　　　　　　　6 500 000
　　　　商誉　　　　　　　　　　　　　　　　　 70 000
　　　　贷：长期借款　　　　　　　　　　　　　3 000 000
　　　　　　银行存款　　　　　　　　　　　　 12 070 000
　借：管理费用　　　　　　　　　　　　　　　　 80 000
　　　贷：银行存款　　　　　　　　　　　　　　 80 000
(2) 借：固定资产　　　　　　　　　　　　　　　8 500 000
　　　　长期股权投资　　　　　　　　　　　　6 500 000
　　　　商誉　　　　　　　　　　　　　　　　　300 000
　　　　贷：长期借款　　　　　　　　　　　　　3 000 000
　　　　　　股本　　　　　　　　　　　　　　　8 000 000
　　　　　　资本公积　　　　　　　　　　　　　4 300 000
　借：管理费用　　　　　　　　　　　　　　　　 80 000
　　　贷：银行存款　　　　　　　　　　　　　　 80 000

2. 控股合并的会计处理

(1) 长期股权投资的确认与计量。非同一控制下的控股合并中，购买方在购买日应当按照确定的企业合并成本，作为形成的对被购买方长期股权投资的初始投资成本。

购买方为取得对被购买方的控制权，以支付非货币性资产为对价的，有关非货币性资产在购买日的公允价值与其账面价值的差额，应作为资产的处置损益，计入合并当期的利润表。其相关会计处理如下。

　借：长期股权投资（购买成本，由贷方金额确定）
　　　贷：银行存款（实际支付的价款）
　　　　或 { 股本（面值）
　　　　　　资本公积（溢价——发行费用）

(2) 购买日合并会计报表的编制。非同一控制下的控股合并中，购买方一般应于购买日编制合并资产负债表，反映其于购买日开始能够控制的经济资源情况。

【例9-6】沿用【例9-5】的资料，20×9年6月1日，甲公司通过发行股票800万股（每股面值1元，市价1.6元）来收购乙公司的100%股权，合并后形成母子公司关系。企业合并时发生审计费、法律服务费等直接相关费用80 000元，其他资料不变。

分析：本例题属于非同一控制下企业合并的控股合并情形，应采用购买法。
根据表9-5的资料，甲公司应做的账务处理如下。

　借：长期股权投资　　　　　　　　　　　　　12 800 000
　　　贷：股本　　　　　　　　　　　　　　　 8 000 000
　　　　　资本公积　　　　　　　　　　　　　4 800 000
　借：管理费用　　　　　　　　　　　　　　　　 80 000
　　　贷：银行存款　　　　　　　　　　　　　　 80 000

9.3.4 通过多次交易分步实现的非同一控制下企业合并

通过多次交换交易分步实现的非同一控制下企业合并，投资企业在每一单项交换交易发生时，应确认对被购买方的投资。投资企业在持有被投资单位的部分股权后，通过增加持股比例等达到对被投资单位形成控制的，应分别将每一单项交易的成本与该交易发生时应享有被投资单位可辨认净资产公允价值的份额进行比较，确定每一单项交易中产生的商誉。达到企业合并时应确认的商誉（或合并会计报表中应确认的商誉）为每一单项交易中应确认的商誉之和。

通过多次交易分步实现的非同一控制下企业合并，应按以下顺序处理。

一是对长期股权投资的账面余额进行调整。达到企业合并前长期股权投资采用成本法核算的，其账面余额一般无须调整；达到企业合并前长期股权投资采用权益法核算的，应进行调整，将其账面价值调整至取得投资时的初始投资成本，相应调整留存收益等。

二是比较达到企业合并时每一单项交易的成本与交易时应享有被投资单位可辨认净资产公允价值的份额，确定对每一单项交易应予以确认的商誉或应计入发生当期损益的金额。购买方在购买日确认的商誉（或计入损益的金额）应为每一单项交易产生的商誉（或应予确认损益的金额）之和。

三是对于被购买方在购买日与交易日之间可辨认净资产公允价值的变动，相对于原持股比例的部分，在合并会计报表（若是吸收合并则指购买方个别会计报表）中应调整所有者权益相关项目，其中属于原取得投资后被投资单位实现净损益增加的资产价值量，应调整留存收益，差额调整资本公积。

9.4 企业合并的披露

9.4.1 同一控制下企业合并的披露

同一控制下企业合并，合并方应当在合并当期报表附注中披露下列有关信息。

（1）参与合并企业的基本情况。
（2）属于同一控制下企业合并的判断依据。
（3）合并日的确定依据。
（4）以支付现金、转让非现金资产及承担债务作为合并对价的，所支付对价在合并日的账面价值；以发行权益性证券作为合并对价的，合并中发行权益性证券的数量及定价原则，以及参与合并各方交换有表决权股份的比例。
（5）被合并方的资产、负债在上一会计期间资产负债表日及合并日的账面价值；被合并方自合并当期期初至合并日的收入、净利润、现金流量等情况。
（6）合并合同或协议约定将承担被合并方或有负债的情况。
（7）被合并方采用的会计政策与合并方不一致所做调整情况的说明。
（8）合并后已处置或准备处置被合并方资产、负债的账面价值、处置价格等。

9.4.2 非同一控制下企业合并的披露

非同一控制下企业合并，合并方应当在合并当期报表附注中披露下列有关信息。
(1) 参与合并企业的基本情况。
(2) 购买日的确定依据。
(3) 合并成本的构成及其账面价值、公允价值的确定方法。
(4) 被购买方各项可辨认资产、负债在上一会计期间资产负债表日及购买日的账面价值和公允价值。
(5) 合并合同或协议约定将承担被购买方或有负债的情况。
(6) 被购买方自购买日起至报告期期末的收入、净利润、现金流量等情况。
(7) 商誉的金额及其确定方法。
(8) 因合并成本小于合并中取得的被购买方可辨认净资产公允价值的份额而计入当期损益的金额。
(9) 合并后已处置或准备处置的被购买方资产、负债的账面价值、处置价格等。

本章小结

本章主要对企业合并进行了阐述，具体包括三方面的内容。

一是企业合并的概述。阐述了企业合并的含义、特点、种类及其动因。企业合并是指两个或两个以上单独的企业合并形成一个报告主体的交易或事项。企业合并具有两个最显著的特点：①合并前企业彼此独立，合并后它们的经济资源和经营活动处于单一管理机构控制；②企业合并强调了单一会计主体，但合并后不一定是一个法律主体。

二是同一控制下企业合并的相关账务处理。同一控制下企业合并的会计处理方法是权益联合法，是核算两个或两个以上的企业通过权益性证券交换而完成合并的会计处理方法，由于合并各方将企业作为各合并企业股东权益的一种联合，而不视为购买行为，因此参与合并的企业的资产、负债按原来的账面价值记录，合并结果不会产生商誉或负商誉。如果有贷差，调整资本公积；如果有借差，先冲资本公积，资本公积不足时，再冲留存收益。

三是非同一控制下企业合并的相关账务处理。非同一控制下企业合并的会计处理则采用购买法，假定企业合并是一个企业取得另一个企业净资产的一项交易，与企业购置普通的资产交易基本相同。购买法要求按公允价值反映被购买方的资产负债表项目，并将公允价值体现在购买方的账户和合并后的资产负债表中，所取得的净资产的公允价值与购买成本的差额表现为购买方购买时发生的商誉。如果有借差，计入商誉；如果有贷差，计入营业外收入。

> 知识链接

企业合并会计处理方法的比较分析

购买法和权益联合法是分别在购买性质的合并和股权联合性质的合并下使用的两种方法。这两种方法不仅仅会计处理过程不同,也会对合并会计报表产生不同的影响。

1. 两种方法在操作过程中的差异

(1) 企业合并业务的会计处理中是否产生新的计价基础,即对被合并企业的资产和负债是按其账面价值入账,还是按其公允价值入账。针对购买性质的合并,购买法通常要确定被合并企业资产和负债的公允价值,进而为购买成本的确定提供依据;权益联合法直接按被合并企业的账面净值入账。

(2) 是否确认购买成本和购买商誉。购买性质的合并如同合并方购买普通资产,因此,合并方必须确定购买成本,作为支付购买价款的依据,购买成本与所取得净资产的公允价值的差额则为商誉价值;股权联合性质的合并不发生购买交易,不需要考虑购买成本,也不存在商誉的确认问题。

(3) 合并前收益及留存收益的处理不同。购买法将合并前的收益与留存收益视为购买成本的一部分,而不纳入合并企业的收益及留存收益;权益联合法则将被合并企业的收益及留存收益纳入合并后会计主体的报表中。

2. 两种方法对报表的影响

使用购买法计算的合并后的资产总额要大于使用权益联合法计算的合并后的资产总额,但收益及留存收益的数额却要小于用权益联合法计算的收益及留存收益额。其结果是权益联合法的净资产收益率会高于购买法的净资产收益率,原因如下。

(1) 购买法按资产的公允价值将被合并企业的净资产并入合并方的报表中,资产的公允价值大于其账面价值的,按购买法处理的资产的价值就高于权益联合法。当然,这两种方法资产总额的差别一部分来源于资产公允价值与账面价值的差额,另一部分则源于商誉。公允价值大于账面价值,会引起合并后固定资产折旧费用的增加。

(2) 购买法将合并前被合并企业的收益和留存收益作为购买成本的组成部分,而权益联合法则直接将这一部分收益和留存收益纳入合并企业的报表中。因此,只要被合并企业合并前有收益和留存收益,使用权益联合法计算的合并后的收益及留存收益,必然会大于购买法报表中的收益和留存收益。

购买法和权益联合法是处理企业合并业务的两种不同方法,会对实施合并的企业产生不同的影响,所以,各国对这两种方法的应用范围一般都进行了规定。购买法是各国普遍采用的方法,而权益联合法只有少数国家允许采用,同时,各国对采用权益联合法的条件有严格限制。

我国《企业会计准则》规定,同一控制下企业合并应采用权益联合法核算;非同一控制下企业合并按购买法组织核算。这是因为同一控制下企业合并均发生于关联方之间，参与合并的各方，在合并前后均受到同一方或相同多方的最终控制，交易作价往往存在不公允的情况，很难以双方议定价格视为公允价值作为核算基础。而非同一控制下企业合并发生在非关联方之间，交易对价一般会以市价为基础，相对公平合理。

练习题

一、单项选择题

1. 下列业务不属于企业合并的是（　　）。

  A. 甲公司通过增发自身的普通股自乙公司原股东处取得乙公司的全部股权，该交易事项发生后，乙公司仍持续经营

  B. M公司支付对价取得N公司的净资产，该交易事项发生后，撤销N公司的法人资格

  C. M公司以自身持有的资产作为出资投入N公司，取得对N公司的控制权，该交易事项发生后，N公司仍维持其独立法人资格继续经营

  D. M公司购买N公司20%的股权

2. 20×5年12月20日，A公司董事会做出决定，准备购买B公司股份；20×6年1月1日，A公司取得B公司30%的股份，能够对B公司施加重大影响；20×7年1月1日，A公司又取得B公司40%的股份，能够对B公司实施控制；20×8年1月1日，A公司又取得B公司20%的股份，持股比例达到90%。在上述情况下，购买日为（　　）。

  A. 20×6年1月1日　　　　　　　　B. 20×7年1月1日
  C. 20×8年1月1日　　　　　　　　D. 20×5年12月20日

3. 依据企业会计准则的规定，下列有关企业合并的表述中，不正确的是（　　）。

  A. 企业合并是将两个或两个以上单独的企业合并形成一个报告主体的交易或事项

  B. 受同一母公司控制的两个企业之间进行的合并，通常属于同一控制下的企业合并

  C. 同一控制下的控股合并发生当期，合并方于期末编制合并利润表时应包括被合并方自合并当期期初至期末的净利润

  D. 同一控制下的企业合并中，合并成本是购买方为取得对被购买方的控制权支付对价的公允价值及各项直接相关费用之和

4. 甲公司和乙公司同为A集团的子公司，20×8年1月1日，甲公司以银行存款9 000 000元取得乙公司所有者权益的80%，同日，乙公司所有者权益的账面价值为10 000 000元（其中资本公积为900 000元），可辨认净资产公允价值为11 000 000元。20×7年1月1日，甲公司应确认的资本公积为（　　）元。

  A. 1 000 000（借方）　　　　　　B. 1 000 000（贷方）

C. 900 000（借方） D. 200 000（借方）

5. 同一控制下吸收合并，合并方在合并中取得的净资产的入账价值相对于为进行企业合并支付的对价账面价值之间的差额（　　）。

A. 均调整所有者权益相关项目

B. 作为资产的处置损益，计入合并当期损益

C. 取得的净资产的入账价值大于合并对价账面价值之间的差额，计入所有者权益相关项目；取得的净资产的入账价值小于合并对价账面价值之间的差额，计入合并当期损益

D. 取得的净资产的入账价值大于合并对价账面价值之间的差额，确认为商誉；取得的净资产的入账价值小于合并对价账面价值之间的差额，计入合并当期损益

6. 关于非同一控制下一次交换交易实现的企业合并，其合并成本为（　　）。

A. 购买方在购买日为取得对被购买方的控制权而付出的资产，发生或承担的负债，以及发行的权益性证券的公允价值

B. 被合并方可辨认净资产的公允价值

C. 被合并方可辨认净资产的账面价值

D. 购买方在购买日为取得对被购买方的控制权而付出的资产，发生或承担的负债，以及发行的权益性证券的账面价值

7. 甲公司于20×8年4月1日与乙公司原投资者A公司签订协议，协议约定甲公司以库存商品和承担A公司的短期还贷义务换取A所持有的乙公司股权，假设20×8年7月1日合并日乙公司可辨认净资产公允价值为11 000 000元，甲公司取得70%的份额。甲公司投出存货的公允价值为5 000 000元，增值税450 000元，账面成本4 000 000元，承担归还贷款义务2 000 000元。甲公司20×8年7月1日应确认的合并成本为（　　）元。

A. 7 000 000　　B. 7 450 000　　C. 7 700 000　　D. 5 850 000

8. 20×8年2月1日，A公司向B公司的股东定向增发1 000万股普通股（每股面值为1元）对B公司进行合并，所发行股票每股市价4元，并于当日取得B公司70%的股权，B公司购买日可辨认净资产的公允价值为45 000 000元。假定此合并为非同一控制下的企业合并，则A公司应确认的合并商誉为（　　）元。

A. 10 000 000　　B. 7 500 000　　C. 8 500 000　　D. 9 600 000

9. 20×9年1月1日，甲公司发行1 000万股普通股（每股面值1元，市价5元）作为合并对价取得乙公司100%的股权，涉及合并各方均受同一母公司最终控制，合并日乙公司账面资产总额为50 000 000元，账面负债总额为20 000 000元，甲公司长期股权投资的入账价值为（　　）元。

A. 10 000 000　　B. 30 000 000　　C. 50 000 000　　D. 20 000 000

10. 非同一控制下企业通过多次交换交易分步实现的企业合并，其合并成本为（　　）。

A. 被投资单位可辨认净资产的公允价值中享有的份额

B. 被投资单位可辨认净资产的账面价值中享有的份额

C. 每次支付对价的账面价值之和
D. 每一单项交换交易的成本之和

二、多项选择题

1. 企业合并的方式有（　　）。
   A. 吸收合并   B. 新设合并
   C. 购买合并   D. 控股合并

2. 关于控股合并正确的表述包括（　　）。
   A. 控股合并是企业通过收购其他企业的股份达到对其他企业的控制
   B. 控股合并是企业通过相互交换股票达到对其他企业的控制
   C. 控股合并后购买企业称为"母公司"，被购买股份的企业称为"子公司"
   D. 控股合并后，控股和被控股企业相互组成一个集团

3. 按照企业合并准则，下列有关同一控制下企业合并的理解，正确的有（　　）。
   A. 合并各方合并前后均受同一方最终控制
   B. 合并各方合并前后均受相同的多方最终控制
   C. 合并各方在合并前后较长时间内为最终控制方所控制，一般为1年以上（含1年）
   D. 合并成本大于被合并方所有者权益份额，差额确认为商誉

4. 购买方对合并成本与合并中取得的被购买方可辨认净资产公允价值份额的差额，下列说法中正确的有（　　）。
   A. 购买方对合并成本大于合并中取得的被购买方可辨认净资产公允价值份额的差额，应当确认为商誉
   B. 购买方对合并成本大于合并中取得的被购买方可辨认净资产公允价值份额的差额，应当计入当期损益
   C. 购买方对合并成本小于合并中取得的被购买方可辨认净资产公允价值份额的差额，应当确认为商誉
   D. 购买方对合并成本小于合并中取得的被购买方可辨认净资产公允价值份额的差额，首先对取得的被购买方各项可辨认资产、负债、或有负债的公允价值及合并成本的计量进行复核，复核后，合并成本仍小于合并中取得的被购买方可辨认净资产公允价值份额的，其差额应当计入当期损益

5. 以发行债券方式进行的企业合并，与发行债券相关的佣金、手续费的处理，正确的说法有（　　）。
   A. 债券如为溢价发行的，该部分费用应减少合并成本
   B. 债券如为折价发行的，该部分费用应增加合并成本
   C. 债券如为溢价发行的，该部分费用应减少溢价的金额
   D. 债券如为折价发行的，该部分费用应增加折价金额

三、判断题

1. 企业合并是指将两个或两个以上单独的企业合并形成一个会计主体的交易或事

项。   （   ）

2. 非同一控制下的企业合并，合并成本为购买方在购买日为取得被购买方的控制权而付出的资产，发生或承担的负债，以及发生权益性证券的账面价值。（   ）

3. 商誉的形成原因主要是母公司收购子公司的合并成本大于享有的对子公司净资产公允价值的份额。   （   ）

4. 采用权益结合法进行账务处理，合并方取得被合并方可辨认净资产按账面价值入账。   （   ）

5. 通过企业合并取得长期股权投资，合并方为进行企业合并发生的各项直接相关费用均不计入投资成本，而应计入当期损益。   （   ）

四、计算分析题

（1）20×8年12月31日，A公司以股票交换方式对B公司进行吸收合并，经双方协商，A公司发行普通股票20万股（每股面值1元，市价5元），取得B公司的净资产。A公司还发生咨询费、手续费等费用50 000元。合并前A、B公司资产负债表如表9-6所示。

表9-6 合并前A、B公司资产负债表   单位：元

项 目	A公司	B公司	
		账面价值	公允价值
流动资产	340 000	200 000	220 000
长期股权投资	500 000	400 000	450 000
固定资产（净值）	680 000	550 000	620 000
无形资产	320 000	360 000	330 000
资产总计	1 840 000	1 510 000	1 620 000
流动负债	200 000	180 000	180 000
长期负债	630 000	490 000	490 000
股本	450 000	120 000	
资本公积	400 000	720 000	
留存收益	160 000		
股东权益合计	1 010 000	840 000	950 000

要求：

①假设A、B公司同为C公司控制下的子公司，请做出相关的会计处理；

②假设A、B公司同为C公司控制下的子公司，且A公司取得了B公司100%的股权，请做出相关的会计处理；

③假设A、B公司同为C公司控制下的子公司，且20×9年12月31日A公司以25万银行存款对B公司进行吸收合并，其他条件同题目已知条件，请做出相关的会计处理；

④假设A、B公司属于非同一控制下的企业，其他条件同题目已知条件，请做出

相关的会计处理。

（2）甲公司和乙公司不属于 A 集团的子公司，甲公司于 20×9 年 1 月 31 日以现金 1 000 000 元购得乙公司全部资产并承担所有负债，同时支付各种相关费用 20 000 元，完成了吸收合并。两家公司 1 月 31 日的简明资产负债表如表 9-7 所示。

表 9-7　甲、乙公司简明资产负债表　　　　　　单位：元

项目	甲公司	乙公司	
		账面价值	公允价值
流动资产	2 500 000	375 000	391 250
长期股权投资	600 000	150 000	176 250
固定资产（净值）	3 000 000	750 000	800 000
资产总计	6 100 000	1 275 000	1 367 500
流动负债	774 000	193 500	193 500
长期负债	1 280 000	320 000	274 000
负债合计	2 054 000	513 500	467 500
股本	2 200 000	300 000	
资本公积	1 000 000	305 000	
盈余公积	346 000	86 500	
未分配利润	500 000	70 000	
股东权益合计	4 046 000	761 500	900 000

要求：
①计算甲公司的购买成本和乙公司的商誉；
②请做出甲公司合并业务的会计处理。

第10章

合并会计报表——基础篇

学习目标

1. 了解合并会计报表的分类和合并理论。
2. 明确合并会计报表的合并范围。
3. 理解合并会计报表的编制基础和编制程序。
4. 掌握股权取得日合并会计报表和股权取得日后合并会计报表的编制方法。

10.1 合并会计报表的基本概念及理论

在吸收合并、新设合并和控股合并三种合并方式中，吸收合并和新设合并后，企业成为一个单一的会计主体，合并后日常会计核算及会计报表的编制与一般企业相同。但控股合并后，母公司及其每一个子公司都是单独的会计主体，均应在合并当期及以后各期提供个别会计报表，以反映其各自的财务状况、经营成本和现金流量情况。但在经济实质上，这两家企业已经通过合并融合为一个单一的经济实体，即企业集团。因此，需要以企业集团为对象编制合并会计报表，以反映其企业集团整体的财务状况、经营成本和现金流量情况。所以，合并业务完成以后，随之产生的问题是合并会计报表的编制问题。

10.1.1 合并会计报表的含义与分类

1. 合并会计报表的含义

合并会计报表是以由母公司和子公司组成的企业集团为会计主体，以母公司和子公司单独编制的会计报表（即个别会计报表）为基础，由母公司编制的综合反映企业集团整体的财务状况、经营成本和现金流量情况的会计报表。合并会计报表可以弥补母公司个别会计报表的不足，为有关方面提供对决策有用的信息，从而满足报表使用者了解集团总体财务状况和经营情况的需要。

2. 合并会计报表的分类

对合并会计报表可以从不同的角度进行分类。

(1) 按反映的具体内容分类。按合并会计报表反映的具体内容，合并会计报表分为合并资产负债表、合并利润表、合并现金流量表、合并所有者权益变动表和合并会计报表附注。

合并资产负债表是以母公司本身的资产负债表和属于合并范围的子公司的资产负债表为基础编制的，反映由母公司和子公司形成的企业集团在某一特定日期的财务状况的会计报表。

合并利润表是以母公司本身的利润表和属于合并范围的子公司的利润表为基础编制的，反映由母公司和子公司形成的企业集团在一定时期经营成果的会计报表。

合并现金流量表是以母公司本身的现金流量表和属于合并范围的子公司的现金流量表为基础编制的，反映由母公司和子公司形成的企业集团在一定时期经营活动、投资活动和筹资活动产生的现金流量和现金等价物的会计报表。

合并所有者权益变动表是以母公司和子公司的所有者权益变动表为基础，在抵销母公司与子公司相互之间发生的内部交易对合并所有者权益变动表的影响后，由母公司编制的反映企业集团所有者权益变动的会计报表。

合并会计报表附注除了应包括个别会计报表应说明的事项外，还应对以下事项进行说明。

①子公司所采用的与母公司不一致的会计政策，编制合并财务报表的处理方法及其影响。

②子公司与母公司不一致的会计期间，编制合并财务报表的处理方法及其影响。

③本期不再纳入合并范围的原子公司，说明原子公司的名称、注册地、业务性质、母公司的持股比例和表决权比例，本期不再成为子公司的原因，其在处置日和上一会计期间资产负债表日资产、负债和所有者权益的金额以及本期期初至处置日的收入、费用和利润的金额。

④子公司向母公司转移资金的能力受到严格限制的情况。

⑤需要在附注中说明的其他事项。

(2) 按编制时间及目的进行分类。合并会计报表按编制时间及目的，分为股权取得日合并会计报表和股权取得日后合并会计报表两类。

股权取得日合并会计报表是指控股合并日（或购买日）当天编制的合并报表。编制股权取得日合并会计报表是企业股权取得日的重要会计事项之一。同一控制下的企业合并，母公司在合并日编制的合并会计报表包括合并资产负债表、合并利润表和合并现金流量表；非同一控制下的企业合并，母公司在购买日只编制合并资产负债表。

股权取得日后合并会计报表是指控股合并日（或购买日）后的每一个资产负债表日编制的合并报表。与股权取得日相比，股权取得日后，报告期内发生了投资收益的确认、内部交易、股利分配等许多股权取得日不曾有的经济事项，对与之相关的会计报表数据进行抵销和调整，就构成了股权取得日后合并会计报表工作底稿中与股权取得日合并会计报表工作底稿不同的内容。

10.1.2 合并会计报表的合并理论

在控股合并方式下,如果母公司拥有子公司全部有表决权的股份,则子公司称为母公司的全资子公司;如果母公司拥有子公司50%以上不足100%有表决权的股份,则子公司称为母公司的非全资子公司。非全资子公司有一部分有表决权的股份为母公司之外的股东所有,因这一部分股份较少,称为少数股权。在编制合并会计报表时,需要确认少数股权对子公司的净资产和本期净收益的要求权。少数股权对子公司净资产的要求权称为少数股东权益;少数股权对子公司本期净收益或净损失的要求权称为少数股东损益。如何看待少数股权的性质?在合并会计报表中如何反映?会计理论界形成了三种合并会计报表的合并理论,即所有权理论、经济实体理论和母公司理论。

1. 所有权理论

所有权理论也称业主权理论。依据所有权理论,母公司、子公司之间的关系是拥有与被拥有的关系,编制合并会计报表的目的是向母公司的股东报告其所拥有的资源。合并会计报表只是为了满足母公司股东的信息需求,而不是为了满足子公司少数股东的信息需求,后者的信息需求应当通过子公司的个别报表予以满足。根据这一观点,当母公司合并非全资子公司的会计报表时,应当按母公司实际拥有的股权比例,合并子公司的资产、负债和所有者权益。同时,非全资子公司的收益、成本、费用也只能按母公司的持股比例予以合并。由此可见,所有权理论是一种着眼于母公司在子公司所持有的所有权的合并理论。采用所有权理论编制合并会计报表时,要将其拥有所有权的企业的所有资产、负债、收入、费用及利润,均按母公司持有股权的份额计入合并会计报表中。

2. 经济实体理论

经济实体理论也称实体理论。依据经济实体理论,母公司、子公司之间的关系是控制与被控制的关系,而不是拥有与被拥有的关系。根据控制的经济实质,母公司对子公司的控制意味着母公司有权支配子公司的全部资产,有权统驭子公司的经营决策和财务分配决策。由于存在控制与被控制的关系,母公司、子公司在资产的运用、经营与财务决策上便成为独立所有者的一个统一体,这个统一体应当是编制合并会计报表的主体。所以经济实体理论是将合并会计报表作为企业集团各成员企业构成的经济联合体的会计报表,从经济联合体的角度来考虑合并会计报表合并的范围和合并的技术方法问题。经济实体理论强调的是企业集团中所有成员企业所构成的经济实体,按照经济实体理论编制的合并会计报表是为整个经济实体服务的,编制合并会计报表的目的在于提供由不同法律实体组成的企业集团作为一个统一的合并主体进行经营所需的信息。在运用经济实体理论的情况下,对构成企业集团的拥有多数股权的股东和拥有少数股权的股东同等对待,因此通常将少数股东权益视为股东权益的一部分。

3. 母公司理论

对所有权理论和经济实体理论的折中和修正,形成了母公司理论。它继承了所有权理论和经济实体理论各自的优点,克服了这两种极端原则的合并观念固有的局限性。母公司理论继承了所有权理论中关于合并会计报表是为了满足母公司股东的信息需求而编制的理论,否定了经济实体理论中关于合并会计报表是为了合并主体的所有资源提供者编制的理论。在报表要素合并方法方面，摒弃了所有权理论狭隘的拥有观，采纳了经济实体理论所主张的视野更加开阔的控制观。母公司理论是站在母公司的角度来看待母公司与其子公司之间控股关系的合并理论。在运用母公司理论的情况下，通常将少数股东权益视为普通负债。按照母公司理论确定合并会计报表的合并范围时，通常以法定控制为基础，以持有多数股权或者表决权为确定是否将某一被投资企业纳入合并会计报表的依据，或者通过一家公司处于另一家公司法定支配下的控制协议来确定合并会计报表的合并范围。

美国和英国合并会计报表实务和国际会计准则委员会制定发布的有关合并会计报表的准则，采用的主要是母公司理论。我国关于合并会计报表的原有规定也基本采用母公司理论，但新企业会计准则对合并会计报表更偏重于经济实体理论。

10.1.3 合并会计报表的前提条件

合并会计报表的编制涉及几个法人企业。为了使编制的合并会计报表准确、全面地反映企业集团的真实情况，必须做好一系列的准备事项。

1. 统一报表决算日和会计期间

由于会计报表反映企业一定日期的财务状况和一定会计期间内的经营成果，因此只有在母公司与各子公司的个别会计报表反映财务状况的日期和反映经营成果的会计期间一致的情况下，才能以这些个别会计报表为基础编制合并会计报表。为了编制合并会计报表，必须要求子公司的会计报表决算日和会计期间与母公司保持一致，以便于统一企业集团内部企业的会计报表决算日和会计期间。对于境外子公司，由于受到当地法律的限制，不能与境内母公司的会计决算日和会计期间保持一致的，可以要求子公司按母公司的会计期间调整编制个别会计报表，以满足合并会计报表的要求。

2. 统一会计政策

会计政策是企业进行会计核算和编制会计报表时所采用的会计原则、会计程序和会计处理方法，是编制会计报表的基础，也是保证会计报表各项目所反映的内容一致的基础。只有在母公司与各子公司个别会计报表中各项目反映的内容保持一致的情况下，才能以它们为基础编制合并会计报表。因此，在编制合并会计报表之前，必须要求子公司采用的会计政策与母公司保持一致，以便于各子公司均能提供采用相同会计政策编制的会计报表。

3. 统一编报货币

会计报表是以货币为计量单位而编制的，只有在母公司与子公司采用相同币种编报其个别会计报表的情况下，才能以它们为基础编制合并会计报表。我国允许外币业务较多的企业采用某一种外币作为记账本位币，同时境外企业一般也采用其所在国或地区的货币作为其记账本位币，但在编制合并会计报表之前，必须将这些以外币编制的个别会计报表折算为母公司所采用的记账本位币表示的会计报表。

4. 对子公司的长期股权投资按权益法进行调整

《企业会计准则》规定，母公司对子公司的长期股权投资应当采用成本法核算，编制合并报表时，应当按照权益法进行调整。只有采用权益法调整后，母公司长期股权投资的账面价值才能反映其在被投资企业所有者权益中所享有的份额。而在编制合并会计报表时，需要抵销的项目之一就是母公司对子公司的长期股权投资与子公司所有者权益各项目。因此，在编制合并会计报表前应对母公司长期股权投资按权益法进行调整。

上述四点是编制合并会计报表应具备的基本前提条件。在实际工作中，子公司不仅要提供个别会计报表，还应提供合并会计报表应具备的其他相关资料。因为企业集团是没有直接的账簿资料的，所有的资料都靠母公司、子公司提供，并由母公司的会计人员来编制，因此子公司还应提供：采用的与母公司不同的会计政策及会计处理方法；与母公司会计期间不同的说明；与母公司及母公司的其他子公司之间发生的内部交易的相关资料；所有者权益变动的有关资料；编制合并会计报表所需的其他资料。

10.1.4 合并会计报表的合并范围

合并会计报表是将企业集团作为一个会计主体而编制的会计报表，在编制时首先需要界定合并会计报表的合并范围，即确定哪些子公司应包括在合并会计报表的编报范围之内，哪些子公司不应该纳入合并会计报表的范围。确定这一范围是正确编制合并会计报表的基础。

根据《企业会计准则》，合并会计报表的合并范围应当以控制为基础加以确定。母公司应当将其全部子公司纳入合并会计报表的合并范围。这就意味着解决合并范围的核心内容是四个关键词：母公司、控制、子公司、合并范围。

1. 应纳入合并会计报表的子公司

根据我国企业合并财务报表准则规定，能够由母公司控制的所有被投资企业，即所有的子公司，包括境内和境外从事各种经营业务的子公司，都应当纳入合并会计报表范围。这里所指的控制是指实质上的控制，即能够统驭一个企业的财务和经营政策，并能以此取得收益的权利。因此，应纳入合并会计报表的子公司应包括两类。

（1）母公司拥有其半数以上表决权的被投资企业。母公司拥有被投资企业半数以上的表决权的方式，包括直接拥有、间接拥有、直接和间接合计拥有三种。母公司直接控制和间接控制的关系可用图 10-1 表示。

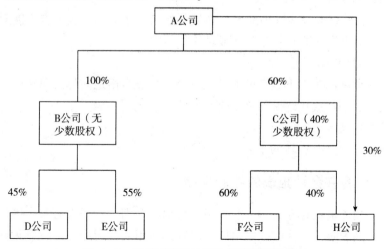

图 10-1　母公司直接控制和间接控制的关系

图 10-1 显示了企业集团内多层控股关系，A 公司直接控制了 B 公司和 C 公司，并通过 B 公司和 C 公司分别间接控制了 E 公司和 F 公司，A 公司对 H 公司直接投资 30%，通过控股子公司对 H 公司投资 40%，A 公司实际上直接和间接控制了 H 公司 70% 的股权。当母公司拥有被投资企业 50% 以上表决权时，就能操纵股东大会，拥有该被投资企业的控制权，能够对被投资企业的生产经营活动实施控制。这时，子公司处在母公司的直接控制下进行生产经营活动，子公司的生产经营活动事实上成为母公司生产经营活动的一个组成部分，应当将其纳入合并会计报表的合并范围。因此，A 公司编制合并会计报表的合并范围应包括 A 公司和其直接控制的 B 公司、C 公司和间接控制的 E 公司、F 公司，以及直接和间接控制的 H 公司。由于 B 公司只有 D 公司 45% 的股权，D 公司不应纳入 A 公司的合并范围。

(2) 母公司控制的其他被投资企业。在母公司通过直接和间接方式，虽然没有拥有半数以上的表决权，但通过其他方法对被投资企业的生产经营活动能够实施控制时，这些能够被母公司控制的被投资企业，也应当作为子公司，纳入合并会计报表的范围。一般认为，母公司与其被投资企业之间存在下列情况之一的，就应当视为该被投资企业被母公司控制，应作为子公司纳入企业集团合并会计报表的范围。

①通过与被投资企业的其他投资者之间的协议，持有被投资企业半数以上的表决权。如某投资方与其他投资者共同投资某企业，该投资方与其中的某些投资者签订有协议，受托管理和控制这些投资者在被投资企业中的股份，该投资方在投资企业的股东大会上拥有半数以上的表决权。

②根据公司章程或协议，有权决定被投资企业的财务和经营政策。

③有权任免被投资企业的董事会或类似机构的多数成员。这表明该投资方实际上能通过董事会成员控制被投资企业。

④在被投资企业的董事会或类似机构占多数表决权。

此外，在确定能否控制被投资企业时，应当考虑企业和其他企业持有的被投资企业的当期可转换公司债券、当期可执行的认股权证等潜在表决权因素。

2. 不得纳入合并范围的情况

我国企业合并财务报表准则规定，满足下列条件之一的，投资方不能对被投资企业实施控制，不应将其纳入合并会计报表的范围。

(1) 被暂时拥有的子公司。
(2) 在长期限制条件下经营的海外子公司，不能自由地向母公司转移资金。
(3) 已宣告破产或在法院监督下进行整顿的子公司。
(4) 股东权益为负数的非持续经营的子公司。
(5) 已关、停、并、转的子公司。

10.1.5 合并会计报表的编制程序

编制合并会计报表的方法和一般程序，与编制个别会计报表有很大区别。企业在编制个别会计报表时，是从取得原始凭证出发，运用复式记账方法编制记账凭证、登记账簿直至编制会计报表，运用的是一套完整的会计核算方法体系。合并会计报表不是直接依据账簿记录编制的,而是以纳入企业集团合并会计报表范围的企业的个别会计报表为基础,再根据其他有关资料,编制抵销分录,抵销集团内部交易的相关事项后编制出来的。编制合并会计报表时,一般运用抵销分录、编制合并工作底稿等方法。

编制合计会计报表的一般程序可分为五个步骤。

第一步,开设合并工作底稿。

一般地,合并利润表工作底稿、合并所有者权益变动表工作底稿和合并资产负债表工作底稿合在一张工作底稿中,合并现金流量表工作底稿单独开设。

合并会计报表工作底稿的格式为:纵向设置报表项目,横向分别设置"母公司""子公司""合计数""抵销分录""少数股东权(收)益"和"合并数"。合并会计报表工作底稿的格式如表10-1所示。

表10-1 合并会计报表工作底稿的格式

项 目	母公司	子公司			合计数	抵销分录		少数股东权(收)益	合并数
		A公司	B公司	…		借方	贷方		
(利润表项目)									
营业收入									
营业成本									
…									
净利润									
(所有者权益变动表项目)									
未分配利润——年初									
…									
(资产负债表项目)									
货币资金									
…									
短期借款									
…									
实收资本									
…									
未分配利润									
少数股东权益									

第二步,将母公司调整后的个别会计报表和子公司个别会计报表的数据抄入合并工作底稿,并计算得出个别会计报表项目加总数额,填入"合计数"栏中。

第三步，编制抵销分录，抵销母公司与子公司之间、子公司相互之间发生的内部交易事项对合并会计报表的影响。因为合并数中包括了合并会计报表范围内的各公司之间发生的经济事项，这类未对外发生事项，站在企业集团这一会计主体角度，属于内部交易事项，是一种重复计算，只有将这类事项抵销，合并会计报表才能客观反映企业集团的财务状况。根据编制的抵销分录金额，相应填写在合并会计报表工作底稿的"抵销分录/借方"或"抵销分录/贷方"栏中。

第四步，根据"合计数"栏与"抵销分录"栏数额，计算各项目的合并数。

合并工作底稿中资产负债表各项目"合并数"为：资产类各项目的合计数，加上抵销分录的借方发生额，减去抵销分录的贷方发生额；负债类各项目的合计数，加上抵销分录的贷方发生额，减去抵销分录的借方发生额；所有者权益类项目的合计数，加上抵销分录的贷方发生额，减去抵销分录的借方发生额。

合并工作底稿利润表各项目"合并数"为：收入各项目的合计数，加上抵销分录的贷方发生额，减去抵销分录的借方发生额；成本费用各项目的合计数，加上抵销分录的借方发生额，减去抵销分录的贷方发生额；最后根据工作底稿中收入、成本和费用的"合并数"，计算出净利润。

合并工作底稿利润分配表各项目"合并数"为："未分配利润——年初"项目的合计数，加上抵销分录的贷方发生额，减去抵销分录的借方发生额，计算得出期初未分配利润的合并数；利润分配各项目的合计数，加上抵销分录的借方发生额，减去抵销分录的贷方发生额；"未分配利润——年末"项目的合计数，加上合并工作底稿中利润表和利润分配表部分各项目"抵销分录"栏的贷方发生额合计数，减去合并工作底稿中利润表和利润分配表部分"抵销分录"栏的借方发生额合计数，计算得出期末未分配利润的合并数。

第五步，合并工作底稿编制完成后，将合并工作底稿计算得出的各项目的"合并数"，抄入合并会计报表，即可得出整个企业集团的合并资产负债表、合并利润表和合并所有者权益变动表。

合并现金流量表可以在合并资产负债表和合并利润表的基础上编制，也可以在个别现金流量表的基础上通过合并现金流量表工作底稿来编制。

10.2 股权取得日合并会计报表的编制

合并报表按其编制时间可以分为股权取得日合并会计报表和股权取得日后合并会计报表。母公司常常在会计年度的中间取得对子公司的控股权，按《企业会计准则第20号——企业合并》要求：同一控制下企业合并形成母子公司关系的，母公司应当编制合并日的合并资产负债表、合并利润表和合并现金流量表；非同一控制下企业合并形成母子公司关系的，母公司应当编制合并日的合并资产负债表。

10.2.1 同一控制下企业合并的股权取得日合并会计报表

根据我国《企业会计准则》规定，同一控制下企业合并的会计处理方法采用权益联合法。采用权益联合法编制股权取得日的合并会计报表，只需要将子公司净资产的账面价值属于母公司的份额作为母公司的长期股权投资成本，而不需要按公允价值对子公司的资产、负债进行评估，因而不会产生商誉。由于权益联合法要将被合并企业合并前的留存收益和利润并入合并报表，因此在股权取得日既要编制合并资产负债表，也要编制合并利润表和合并现金流量表。

1. 合并资产负债表

在编制合并资产负债表时，被合并方的资产、负债，应按其账面价值计量，并且需要将母公司对子公司的长期股权投资与子公司的所有者权益中归属于母公司的份额予以抵销，同时确认子公司的少数股东权益。

全资子公司与非全资子公司的区别是，全资子公司的股东只有一个，就是母公司，因此其所有者权益数额与母公司对其进行的长期股权投资金额相等；而非全资子公司除母公司之外还有少数股东持有股份，因此非全资子公司的所有者权益数额等于母公司对其进行的长期股权投资与少数股东权益的合计数。

股权取得日母公司编制合并会计报表的相关账务处理如下。

(1) 母公司取得控股权时，其账务处理如下。

借：长期股权投资（子公司净资产账面价值的份额）
　　贷：股本（面值）/银行存款（实际支付的价款）
　　　　资本公积（差额）

合并时发生的直接或间接相关费用借记"管理费用"项目，贷记"银行存款"项目。其账务处理如下。

借：管理费用
　　贷：银行存款

(2) 编制抵销分录。

①母公司对子公司的长期股权投资与子公司的所有者权益进行抵销。

借：子公司的所有者权益项目（账面价值）
　　贷：长期股权投资（母公司对子公司的长期股权投资）
　　　　少数股东权益（子公司净资产账面价值×少数股东持股比例）

②恢复子公司合并前留存收益中母公司应享有的份额。

借：资本公积
　　贷：盈余公积（子公司盈余公积的账面价值×母公司持股比例）
　　　　未分配利润（子公司未分配利润的账面价值×母公司持股比例）

冲减的资本公积应当以母公司股本溢价的贷方余额为限。

(3) 编制合并工作底稿，求出合并数。

【例10-1】甲公司与乙公司均为M公司的控股子公司，20×8年6月30日（合并日），甲公司以银行存款920 000元获得乙公司60%的有表决权的股份。合并过程中发生审计费、评估费和法律咨询费等50 000元，甲公司也以银行存款支付。甲公司与乙公司合并日的资产负债表如表10-2所示。

表10-2 甲公司与乙公司合并日的资产负债表

20×8年6月30日　　　　　　　　　　　　　　　　　　　　单位：元

资产项目	公司名称		权益项目	公司名称	
	甲公司	乙公司		甲公司	乙公司
银行存款	2 500 000	1 850 000	应付账款	1 800 000	800 000
原材料	2 600 000	1 000 000	应付债券	4 100 000	650 000
固定资产	6 000 000	1 000 000	长期借款	2 200 000	700 000
			负债合计	8 100 000	2 150 000
			股本	2 150 000	1 000 000
			资本公积	400 000	350 000
			盈余公积	350 000	250 000
			未分配利润	100 000	100 000
			股东权益合计	3 000 000	1 700 000
资产总额	11 100 000	3 850 000	权益总计	11 100 000	3 850 000

分析：同一控制下的企业合并编制合并会计报表采用权益联合法。据资料可知，乙公司属于甲公司的非全资子公司，因此相应的账务处理如下。

（1）甲公司取得控股权时，乙公司60%的所有者权益为1 020 000（1 700 000×60%）元，但甲公司为此只付出了920 000元，差额100 000元应调增其资本公积。其账务处理如下。

　　借：长期股权投资　　　　　　　　　　　　　　　　　1 020 000
　　　　贷：银行存款　　　　　　　　　　　　　　　　　　　920 000
　　　　　　资本公积　　　　　　　　　　　　　　　　　　　100 000

合并时发生的直接相关费用的账务处理如下。

　　借：管理费用　　　　　　　　　　　　　　　　　　　　50 000
　　　　贷：银行存款　　　　　　　　　　　　　　　　　　　50 000

股权取得后甲公司银行存款为1 530 000元，长期股权投资为1 020 000元，资产总额为11 150 000元。资本公积为500 000元，由于管理费用增加50 000元，导致未分配利润相应减少50 000元，因此未分配利润为50 000元。

（2）编制抵销分录。

①母公司对子公司的长期股权投资与子公司的所有者权益进行抵销。

　　借：股本　　　　　　　　　　　　　　　　　　　　1 000 000
　　　　资本公积　　　　　　　　　　　　　　　　　　　　350 000
　　　　盈余公积　　　　　　　　　　　　　　　　　　　　250 000
　　　　未分配利润　　　　　　　　　　　　　　　　　　　100 000
　　　　贷：长期股权投资　　　　　　　　　　　　　　　1 020 000
　　　　　　少数股东权益　　　　　　　　　　　　　　　　680 000

②恢复子公司合并前留存收益中母公司应享有的份额。

借：资本公积　　　　　　　　　　　　　210 000
　　贷：盈余公积　　　　　　　　　　　　　　　150 000
　　　　未分配利润　　　　　　　　　　　　　　60 000

（3）编制合并工作底稿，求出合并数，如表10-3所示。

表10-3　甲公司与乙公司的合并工作底稿

20×8年6月30日　　　　　　　　　　　　　　　　　　单位：元

项目	子公司		合计数	抵销分录		少数股东权益	合并数
	甲公司	乙公司		借方	贷方		
银行存款	1 530 000	1 850 000	3 380 000				3 380 000
存货	2 600 000	1 000 000	3 600 000				3 600 000
长期股权投资	1 020 000		1 020 000		1 020 000		0
固定资产	6 000 000	1 000 000	7 000 000				7 000 000
资产总额	11 150 000	3 850 000	15 000 000		1 020 000		13 980 000
应付账款	1 800 000	800 000	2 600 000				2 600 000
应付债券	4 100 000	650 000	4 750 000				4 750 000
长期借款	2 200 000	700 000	2 900 000				2 900 000
负债合计	8 100 000	2 150 000	10 250 000				10 250 000
少数股东权益						680 000	680 000
股本	2 150 000	1 000 000	3 150 000	1 000 000			2 150 000
资本公积	500 000	350 000	850 000	560 000			290 000
盈余公积	350 000	250 000	600 000	250 000	150 000		500 000
未分配利润	50 000 *	100 000	150 000	100 000	60 000		110 000
股东权益合计	3 050 000	1 700 000	4 750 000	1 910 000	210 000		3 730 000
权益合计	11 150 000	3 850 000	15 000 000	1 910 000	210 000	680 000	13 980 000

注：*母公司的未分配利润原账面价值为100 000元，但合并过程中支付直接费用50 000元，计入"管理费用"，而"管理费用"的金额会直接影响本期的未分配利润，因此未分配利润相应减少50 000元。

（4）根据合并工作底稿编制合并资产负债表，如表10-4所示。

表10-4　合并资产负债表

20×8年6月30日　　　　　　　　　　　　　　　　　　单位：元

项目	金额
银行存款	3 380 000
存货	3 600 000
固定资产	7 000 000

续表

项　　目	金　　额
资产总额	13 980 000
应付账款	2 600 000
应付债券	4 750 000
长期借款	2 900 000
负债合计	10 250 000
少数股东权益	680 000
股本	2 150 000
资本公积	290 000
盈余公积	500 000
未分配利润	110 000
股东权益合计	3 730 000
权益合计	13 980 000

2. 合并利润表和合并现金流量表

股权取得日的合并利润表应当包括参与合并各方合并当期期初至合并日所发生的收入、费用和利润，即合并日合并利润表要反映本期合并前的实现净利润情况；被合并方在合并前实现的净利润，应当在合并利润表中单列项目反映。

股权取得日的合并现金流量表应当包括参与合并各方自合并当期期初至合并日的现金流量，即合并日合并现金流量表要反映本期合并前的现金流动情况。

一般地，股权取得日的合并利润表和合并现金流量表基本上是将合并双方自合并当期期初至合并日的利润表和现金流量表分别汇总。

10.2.2　非同一控制下企业合并的股权取得日合并会计报表

根据我国《企业会计准则》规定，非同一控制下企业合并的会计处理方法采用购买法。按照购买法要求，合并前的收益与留存收益应作为购买成本的一部分，不纳入合并企业的收益及留存收益，因而在股权取得日编制合并会计报表时，只需要编制合并资产负债表。由于被投资企业的产权转让价格通常与账面净资产公允价值不同，由此就会产生资产增值或减值，以及合并商誉的问题。

在编制合并资产负债表时，被合并方的可辨认资产、负债，应按其公允价值计量；并且需要将母公司对子公司的长期股权投资（按购买成本计量）与子公司的所有者权益（按公允价值计量）中归属于母公司的份额予以抵销，差额确认商誉，并同时确认子公司的少数股东权益。

股权取得日母公司编制合并会计报表的相关账务处理如下。

（1）母公司取得控股权时，其账务处理如下。

借：长期股权投资（购买成本，由贷方金额确定）

贷：银行存款（实际支付的价款）

或 {股本（面值）
资本公积（溢价——发行费用）

合并时发生的直接或间接相关费用

借：管理费用
    贷：银行存款

（2）编制抵销分录。母公司对子公司的长期股权投资与子公司的所有者权益进行抵销，其账务处理如下。

借：子公司的所有者权益项目（公允价值）
    商誉（差额）
    贷：长期股权投资（购买成本）
        少数股东权益（子公司净资产公允价值×少数股东持股比例）

（3）编制合并工作底稿，求出合并数。

【例10-2】甲公司与乙公司在合并前后均不受相同的任何其他一方控制。20×8年6月30日（合并日），甲公司以银行存款1 200 000元获得乙公司全部股权。甲公司与乙公司合并日的资产负债表如表10-5所示。

表10-5　甲公司与乙公司合并日的资产负债表

20×8年6月30日　　　　　　　　　　　　　　　　单位：元

资产项目	公司名称		权益项目	公司名称	
	甲公司	乙公司（公允价值）		甲公司	乙公司（公允价值）
银行存款	2 500 000	400 000	应付账款	620 000	210 000
应收账款	1 400 000	150 000	长期借款	1 200 000	800 000
存货	820 000	240 000	应付债券	1 600 000	
固定资产	4 680 000	1 420 000	负债合计	3 420 000	1 010 000
			股本	5 000 000	1 000 000
			资本公积	500 000	
			盈余公积	300 000	180 000
			未分配利润	180 000	20 000
			股东权益合计	5 980 000	1 200 000
资产总额	9 400 000	2 210 000	权益总计	9 400 000	2 210 000

分析：非同一控制下的企业合并编制合并会计报表采用购买法。据资料可知，乙公司属于甲公司的全资子公司，因此相应的账务处理如下。

（1）甲公司取得控股权时，购买成本为实际支付的价款或企业所放弃的其他资产和承担的债务的公允价值，因此购买成本为1 200 000元。其账务处理如下。

借：长期股权投资　　　　　　　　　　　　　　1 200 000
    贷：银行存款　　　　　　　　　　　　　　　　1 200 000

股权取得后,甲公司银行存款为 1 300 000 元,长期股权投资为 1 200 000 元,资产总额仍然为 9 400 000 元。

(2) 编制抵销分录。母公司对子公司的长期股权投资与子公司的所有者权益进行抵销,其账务处理如下。

借:股本　　　　　　　　　　　　　　　　　　　　　1 000 000
　　盈余公积　　　　　　　　　　　　　　　　　　　　180 000
　　未分配利润　　　　　　　　　　　　　　　　　　　　20 000
　　贷:长期股权投资　　　　　　　　　　　　　　　　1 200 000

购买成本刚好等于被投资企业可辨认净资产的公允价值,因此不会产生合并商誉。

(3) 编制合并工作底稿,求出合并数,如表 10-6 所示。

表 10-6　甲公司与乙公司的合并工作底稿

20×8 年 6 月 30 日　　　　　　　　　　　　　　　　　单位:元

项目	公司名称		合计数	抵销分录		合并数
	甲公司	乙公司		借方	贷方	
银行存款	1 300 000	400 000	1 700 000			1 700 000
应收账款	1 400 000	150 000	1 550 000			1 550 000
存货	820 000	240 000	1 060 000			1 060 000
长期股权投资	1 200 000		1 200 000		1 200 000	0
固定资产	4 680 000	1 420 000	6 100 000			6 100 000
资产总额	9 400 000	2 210 000	11 610 000		1 200 000	10 410 000
应付账款	620 000	210 000	830 000			830 000
长期借款	1 200 000	800 000	2 000 000			2 000 000
应付债券	1 600 000		1 600 000			1 600 000
负债合计	3 420 000	1 010 000	4 430 000			4 430 000
股本	5 000 000	1 000 000	6 000 000	1 000 000		5 000 000
资本公积	500 000		500 000			500 000
盈余公积	300 000	180 000	480 000	180 000		300 000
未分配利润	180 000	20 000	200 000	20 000		180 000
股东权益合计	5 980 000	1 200 000	7 180 000	1 200 000		5 980 000
权益合计	9 400 000	2 210 000	11 610 000	1 200 000		10 410 000

【例 10-3】 甲公司与乙公司在合并前后均不受相同的任何其他一方控制,20×8 年 6 月 30 日(合并日),甲公司以银行存款 1 100 000 元获得乙公司的 80% 股权。甲公司和乙公司最终的合并工作底稿如表 10-7 所示。

分析:非同一控制下的企业合并编制合并会计报表采用购买法。据资料可知,乙公司属于甲公司的非全资子公司,需要确认少数股东权益。相应的账务处理如下。

第10章 合并会计报表——基础篇

(1) 甲公司取得控股权时，购买成本为 1 100 000 元。其账务处理如下。

借：长期股权投资　　　　　　　　　　　　　　1 100 000
　　贷：银行存款　　　　　　　　　　　　　　　　　　　1 100 000

(2) 编制抵销分录。

母公司对子公司的长期股权投资与子公司的所有者权益进行抵销，确认少数股东权益为 240 000 元（1 200 000×20%），在合并资产负债表中单独以"少数股东权益"项目列示。

借：股本　　　　　　　　　　　　　　　　　　1 000 000
　　盈余公积　　　　　　　　　　　　　　　　　　180 000
　　未分配利润　　　　　　　　　　　　　　　　　 20 000
　　商誉　　　　　　　　　　　　　　　　　　　　140 000
　　贷：长期股权投资　　　　　　　　　　　　　　　　　1 100 000
　　　　少数股东权益　　　　　　　　　　　　　　　　　　240 000

购买成本大于被投资企业可辨认净资产的公允价值，差额确认商誉。

(3) 编制合并工作底稿，求出合并数，如表 10-7 所示。

表 10-7　甲公司与乙公司的合并工作底稿

20×8 年 6 月 30 日　　　　　　　　　　　　　　　　　　　　　单位：元

项目	公司名称		合计数	抵销分录		少数股东权益	合并数
	甲公司	乙公司		借方	贷方		
银行存款	1 400 000	400 000	1 800 000				1 800 000
应收账款	1 400 000	150 000	1 550 000				1 550 000
存货	820 000	240 000	1 060 000				1 060 000
长期股权投资	1 100 000		1 100 000		1 100 000		0
固定资产	4 680 000	1 420 000	6 100 000				6 100 000
商誉				140 000			140 000
资产总额	9 400 000	2 210 000	11 610 000	140 000	1 100 000		10 650 000
应付账款	620 000	210 000	830 000				830 000
长期借款	1 200 000	800 000	2 000 000				2 000 000
应付债券	1 600 000		1 600 000				1 600 000
负债合计	3 420 000	1 010 000	4 430 000				4 430 000
少数股东权益						240 000	240 000
股本	5 000 000	1 000 000	6 000 000	1 000 000			5 000 000
资本公积	500 000		500 000				500 000
盈余公积	300 000	180 000	480 000	180 000			300 000
未分配利润	180 000	20 000	200 000	20 000			180 000
股东权益合计	5 980 000	1 200 000	7 180 000	1 200 000			5 980 000
权益合计	9 400 000	2 210 000	11 610 000	1 200 000		240 000	10 650 000

(4) 根据合并工作底稿编制合并资产负债表，如表 10-8 所示。

表 10-8　合并资产负债表

20×8 年 6 月 30 日　　　　　　　　　　　　　　　　　　　　单位：元

项　　目	金　　额
银行存款	1 800 000
应收账款	1 550 000
存货	1 060 000
固定资产	6 100 000
商誉	140 000
资产总额	10 650 000
应付账款	830 000
长期借款	2 000 000
应付债券	1 600 000
负债合计	4 430 000
少数股东权益	240 000
股本	5 000 000
资本公积	500 000
盈余公积	300 000
未分配利润	180 000
股东权益合计	5 980 000
权益合计	10 650 000

10.3　股权取得日后合并会计报表的编制

母公司在取得控股权之后的各个会计期间，对子公司的长期股权投资按成本法核算，编制合并会计报表时，应对子公司的长期股权投资和投资收益按权益法进行调整。企业进行控股合并后，母公司与子公司分别作为独立的经济实体，相互之间可能会发生各种各样的内部交易事项，这些交易事项也必然会反映在各自的账簿记录中，并最终体现在个别会计报表中。而从企业集团的角度看，上述事项仅属于"内部事务"，因此股权取得日后的合并会计报表，应在母公司和子公司的个别会计报表的基础上，除抵销母公司投资与子公司所有者权益以外，还要抵销母公司与子公司的内部交易事项对合并会计报表的影响。同一控制下企业控股合并和非同一控制下企业控股合并，股权取得日后均需要编制合并会计报表。由于这两种企业合并编制股权取得日后合并会计报表的程序基本相同，因此本节着重介绍非同一控制下企业合并的股权取得日后合并会计报表的编制。

10.3.1 股权取得日后首期合并会计报表的编制

股权取得日后合并会计报表包括合并资产负债表、合并利润表、合并现金流量表和合并所有者权益变动表。股权取得日后合并会计报表抵销分录的类型有以下三种。

（1）各子公司的所有者权益项目与母公司长期股权投资抵销。

（2）各子公司当年利润分配与母公司当年投资收益抵销。

（3）母公司与子公司之间，以及子公司之间的内部往来和内部交易事项予以抵销。

本章将只讨论前两种类型的抵销业务，内部交易事项的抵销将在第 11 章进行讨论。

【例 10-4】甲公司于 20×8 年 1 月 1 日对乙公司投资 600 000 元，取得乙公司 80%的股权。乙公司股本 600 000 元。经过 1 年的经营后，乙公司实现利润 100 000 元，按净利润的 10% 提取盈余公积，40% 向投资者分配利润。甲公司按成本法核算，编制合并报表时按权益法调整。请编制 20×8 年（即合并当年）年末的合并会计报表。甲公司和乙公司的资产负债表如表 10-9 所示，甲公司和乙公司的利润表及利润分配表如表 10-10 所示。

表 10-9　甲公司和乙公司的资产负债表

20×8 年 12 月 31 日　　　　　　　　　　　　　　　　单位：元

资产项目	公司名称		权益项目	公司名称	
	甲公司	乙公司		甲公司	乙公司
银行存款	120 000	80 000	短期借款		85 000
应收账款	240 000	120 000	应付账款	160 000	65 000
应收股利	42 000		应付股利		40 000
存货	770 000	250 000	长期借款	600 000	150 000
长期股权投资	740 000		负债合计	760 000	340 000
其中：对 S 公司投资	600 000		股本	1 800 000	600 000
固定资产	1 140 000	550 000	资本公积	200 000	
			盈余公积	160 000	10 000
			未分配利润	132 000	50 000
			股东权益合计	2 292 000	660 000
资产总额	3 052 000	1 000 000	权益总计	3 052 000	1 000 000

表 10-10　甲公司和乙公司的利润表及利润分配表

20×8 年度　　　　　　　　　　　　　　　　　　　　单位：元

项目	公司名称	
	甲公司	乙公司
营业收入	3 200 000	600 000
减：营业成本	2 250 000	350 000
营业费用	590 000	101 000
加：投资收益	42 000	
营业利润	402 000	149 000
利润总额	402 000	149 000
减：所得税费用	140 000	49 000
净利润	262 000	100 000
加：未分配利润——年初	60 000	
减：提取盈余公积	33 000	10 000
应付利润	157 000	40 000
未分配利润——年末	132 000	50 000

分析：编制合并当年期末的合并会计报表，应当先调整母公司对子公司长期股权投资的核算方法，由成本法调整为权益法。在调整的金额基础上编制抵销分录，最后通过合并工作底稿来编制合并会计报表。其相应的账务处理如下。

（1）根据已知条件，按权益法调整甲公司对乙公司投资有关账户余额。

"长期股权投资"调整前余额为 600 000 元，少数股东权益为 140 000 元。

①实现净利润的会计分录如下。

借：长期股权投资　　　　　　　　　　　　　　　　80 000
　　贷：投资收益　　　　　　　　　　　　　　　　　　80 000

②分配利润的分录如下。

借：投资收益　　　　　　　　　　　　　　　　　　32 000
　　贷：长期股权投资　　　　　　　　　　　　　　　　32 000

③以上各项从成本法调整为权益法的调整分录如下。

借：长期股权投资　　　　　　　　　　　　　　　　48 000
　　贷：投资收益　　　　　　　　　　　　　　　　　　48 000

（2）编制抵销分录。

①母公司的长期股权投资与子公司的所有者权益项目抵销。

借：股本　　　　　　　　　　　　　　　　　　　600 000
　　盈余公积　　　　　　　　　　　　　　　　　　10 000
　　未分配利润——年末　　　　　　　　　　　　　50 000
　　商誉　　　　　　　　　　　　　　　　　　　120 000

贷：长期股权投资 648 000
　　少数股东权益 132 000

②将乙公司应付利润与甲公司应收股利中应收乙公司股利抵销。

借：应付股利 32 000
　　贷：应收股利 32 000

③将利润表中乙公司对当年利润的分配与甲公司当年投资收益抵销。

借：投资收益 80 000
　　少数股东收益 20 000
　　贷：提取的盈余公积 10 000
　　　　应付利润 40 000
　　　　未分配利润——年末 50 000

④恢复已抵销的盈余公积（仅属于母公司的份额）。

借：提取的盈余公积 8 000
　　贷：盈余公积 8 000

(3) 编制合并工作底稿，求出合并数，如表10-11所示。

表10-11　甲公司与乙公司的合并工作底稿

20×8年12月31日　　　　　　　　　　　　　　　　单位：元

项目	公司名称		合计数	抵销分录		少数股东权益（收）益	合并数
	甲公司	乙公司		借方	贷方		
（利润表项目）							
营业收入	3 200 000	600 000	3 800 000				3 800 000
营业成本	2 250 000	350 000	2 600 000				2 600 000
营业费用	590 000	101 000	691 000				691 000
投资收益	90 000		90 000	80 000			10 000
营业利润	450 000	149 000	599 000	80 000			519 000
利润总额	450 000	149 000	599 000				519 000
所得税费用	140 000	49 000	189 000				189 000
净利润	310 000	100 000	410 000	80 000			330 000
少数股东收益						20 000	20 000
归属于母公司所有者的净利润	310 000	100 000	410 000	80 000		20 000	310 000
加：未分配利润——年初	60 000		60 000				60 000

续表

项目	公司名称		合计数	抵销分录		少数股东权益(收)益	合并数
	甲公司	乙公司		借方	贷方		
减：提取盈余公积	33 000	10 000	43 000	8 000	10 000		41 000
应付利润	157 000	40 000	197 000		40 000		157 000
未分配利润——年末	180 000	50 000	230 000	88 000	50 000	20 000	172 000
(资产负债表项目)							
货币资金	120 000	80 000	200 000				200 000
应收账款	240 000	120 000	360 000				360 000
应收股利	42 000		42 000		32 000		10 000
存货	770 000	250 000	1 020 000				1 020 000
长期股权投资	788 000		788 000		648 000		140 000
其中：对S公司投资	648 000		648 000		648 000		0
固定资产	1 140 000	550 000	1 690 000				1 690 000
商誉				120 000			120 000
资产总计	3 100 000	1 000 000	4 100 000	120 000	680 000		3 540 000
短期借款		85 000	85 000				85 000
应付账款	160 000	65 000	225 000				225 000
应付股利		40 000	40 000	32 000			8 000
长期借款	600 000	150 000	750 000				750 000
负债合计	760 000	340 000	1 100 000	32 000			1 068 000
少数股东权益						132 000	132 000
股本	1 800 000	600 000	2 400 000	600 000			1 800 000
资本公积	200 000		200 000				200 000
盈余公积	160 000	10 000	170 000	10 000	8 000		152 000
未分配利润	180 000	50 000	230 000	58 000			172 000
所有者权益合计	2 340 000	660 000	3 000 000	668 000	8 000		2 340 000
权益合计	3 100 000	1 000 000	4 100 000	700 000	8 000	132 000	3 540 000

10.3.2 股权取得日后连续各期合并会计报表的编制

在首期编制合并会计报表时,已经将企业集团内部由于股权产生的母公司长期股权投资与子公司所有者权益、母公司投资收益与子公司利润分配等进行了抵销。但是,这种抵销仅仅是在合并工作底稿中进行的,并没有相应计入企业集团母公司及子公司个别账户中。因而,这些企业在以后年度仍然以个别企业账簿记录为依据编制的个别会计报表,而合并会计报表也是以这些个别会计报表为基础编制的,所以在第二期以及以后各期连续编制合并会计报表时,不仅要抵销企业集团在本年度发生的股权投资和内部交易事项,还要考虑以前年度企业集团内部业务对本年度个别会计报表的后续影响。仍然假定母公司与子公司之间除了股权投资及股权投资所引起的利润分配以外,没有其他内部交易事项,说明股权取得日后连续各期合并会计报表的编制需要抵销事项。

【例10-5】甲公司于20×8年1月1日对乙公司投资600 000元,取得乙公司80%的股权。20×8年和20×9年甲公司按权益法调整后的长期股权投资与乙公司利润及利润分配情况如表10-12所示。

表10-12 20×8年和20×9年甲公司按权益法调整后的长期股权投资与
乙公司利润及利润分配情况 单位:元

甲公司	20×8年年初	20×8年年末	20×9年年末	乙公司	20×8年年初	20×8年年末	20×9年年末
长期股权投资——对乙公司投资	600 000	680 000	800 000	股本	500 000	500 000	500 000
投资收益		160 000	240 000	资本公积	200 000	200 000	200 000
				盈余公积		20 000	50 000
				未分配利润——年末		80 000	200 000
				股东权益合计	700 000	800 000	950 000
				净利润		200 000	300 000
				提取盈余公积		20 000	30 000
				应付利润		100 000	150 000

(1)根据上述资料,甲公司在20×8年年末(即合并首期)编制合并会计报表时应做抵销分录如下。

①将甲公司的长期股权投资与乙公司所有者权益抵销。

借:股本 500 000
　　资本公积 200 000
　　盈余公积 20 000
　　未分配利润——年末 80 000

商誉	40 000
贷：长期股权投资	680 000
少数股东权益	160 000

②将利润分配表中乙公司对当年利润的分配与甲公司当年投资收益抵销。

借：投资收益	160 000
少数股东收益	40 000
贷：提取盈余公积	20 000
应付利润	100 000
未分配利润——年末	80 000

③恢复已抵销的盈余公积。

借：提取的盈余公积	16 000
贷：盈余公积	16 000

(2) 甲公司在20×9年年末（即第二年年末）编制合并会计报表时应做抵销分录如下。

①将甲公司的长期股权投资与乙公司所有者权益抵销。

分析：虽然20×8年年末编制合并会计报表时母公司的长期股权投资与子公司的所有者权益已经抵销，但20×9年年末甲公司与乙公司的个别会计报表并未对其予以抵销，因而20×9年年末仍然要将甲公司的长期股权投资与乙公司所有者权益项目抵销。

借：股本	500 000
资本公积	200 000
盈余公积	50 000
未分配利润——年初	200 000
商誉	90 000
贷：长期股权投资	800 000
少数股东权益	240 000

②将利润分配表中乙公司对当年利润的分配与甲公司当年投资收益抵销。

分析：由于乙公司本期已分配利润和年末未分配利润中含有年初未分配利润，因此在抵销乙公司20×9年年末的利润分配数额时还应将乙公司的年初未分配利润进行抵销。

借：投资收益	240 000
少数股东收益	60 000
未分配利润——年初	80 000
贷：提取盈余公积	30 000
应付利润	150 000
未分配利润——年末	200 000

③恢复已抵销的盈余公积。

分析：在第二年和以后各期编制合并会计报表时，需要恢复的母公司已抵销的盈余公积,除了恢复本期计提的部分外,还要恢复以前各期累计计提的部分,以反映企业集团已计提的盈余公积而相应减少的未分配利润。恢复上年度计提的盈余公积时,应调整减少期初未分配利润。

借:期初未分配利润　　　　　　　　　　　　　16 000
　　提取的盈余公积　　　　　　　　　　　　　24 000
　　　贷:盈余公积　　　　　　　　　　　　　　　　　40 000

(3) 编制合并工作底稿,求出合并数。(略)

10.3.3 其他合并会计报表的编制

1. 合并现金流量表

合并现金流量表是由母公司编制的反映企业集团整体报表期内现金流入、现金流出数量及增减变动情况的合并报表。合并现金流量表的编制方法有两种:一种方法是根据合并资产负债表、合并利润表及其他有关资料,按个别现金流量表的编制方法编制;另一种方法是根据母公司和纳入合并范围的子公司的个别现金流量表,通过抵销母公司与子公司之间或子公司相互之间的现金流入和现金流出,采用合并会计报表的一般编制程序编制。

《企业会计准则第33号——合并财务报表》规定,编制合并现金流量表应抵销的内部现金流量如下。

(1) 母公司与子公司之间、子公司相互之间当期以现金投资或收购股权增加的投资所产生的现金流量应当抵销。

(2) 母公司与子公司之间、子公司相互之间当期取得投资收益收到的现金,应当与分配股利、利润或偿付利息支付的现金相互抵销。

(3) 母公司与子公司之间、子公司相互之间以现金结算债权与债务所产生的现金流量应当抵销。

(4) 母公司与子公司之间、子公司相互之间当期销售商品所产生的现金流量应当抵销。

(5) 母公司与子公司之间、子公司相互之间处置固定资产、无形资产及其他长期资产收回的现金净额,应当与购建固定资产、无形资产及其他长期资产支付的现金相互抵销。

(6) 母公司与子公司之间、子公司相互之间当期发生的其他内部交易所产生的现金流量应当抵销。

与个别现金流量表相比,编制合并现金流量表的一个特殊问题是,在纳入合并范围的子公司为非全资子公司的情况下,涉及子公司与其少数股东之间的现金流量的处理问题。从企业集团角度看,子公司与少数股东之间发生的现金流入与现金流出,必然影响其整体的现金流入与现金流出数量的增减变动,所以应该在合并现金流量表中予以反映。子公司与少数股东之间发生的影响现金流量的经济业务包括:少数股东增加对子公司的权益性投资,应在合并现金流量表中"筹资活动产生的现金流量"之下的"吸收投资所收到的现金"项目之后单列"子公司吸收少数股东权益性投资所收到的现金"项目予以反映;少数股东依法抽回其在子公司中的权益性投资,应在合并现金流量表中"筹资活动产生的现金流量"之下的"支付的其他与筹资活动有关的现金"项目中反映;子公司向少数股东支付现金股利,应在合并现金流量表中"筹资活动产生的现金流量"之下的"分配股利或利润所支付的现金"项目之后单列"向少数股东分配股利或利润所支付的现金"项目反映;对于少数股东收益,应在合并现金流量表的补充资料部分中"经营活动产生的现金流量"之下的"计提的资产减值准备"项目之前单列"少数股东收益"项目反映。

2. 合并所有者权益变动表

合并所有者权益变动表应当以母公司和子公司的所有者权益变动表为基础,在抵销母公司与子公司之间、子公司相互之间发生的内部交易对合并所有者权益变动表的影响后,由母公司合并编制。编制合并所有者权益变动表应抵销的事项包括三方面。

(1) 母公司对子公司的长期股权投资与母公司在子公司所有者权益中所享有的份额,各子公司之间的长期股权投资,以及子公司对母公司的长期股权投资与其对应的子公司或母公司所有者权益中所享有的份额。

(2) 母公司与子公司之间、子公司相互之间持有对方长期股权投资的投资收益。

(3) 母公司与子公司之间、子公司相互之间发生的其他内部交易对所有者权益变动的影响。

3. 合并会计报表附注

附注是会计报表不可或缺的组成部分。报表使用者想了解企业的财务状况、经营成果和现金流量,应当全面阅读附注。附注相对于报表而言,同样具有重要性。合并会计报表附注应当按照一定的结构进行系统合理的排列和分类,有顺序地披露相关信息。

根据企业会计准则的有关规定,应当在附注中披露下列信息。

(1) 子公司的清单,包括企业名称、注册地、业务性质、母公司的持股比例和表决权比例。

(2) 母公司直接或通过子公司间接拥有被投资单位表决权不足半数但能对其形成控制的原因。

(3) 母公司直接或通过其他子公司间接拥有被投资单位半数以上的表决权但未能对其形成控制的原因。

(4) 子公司所采用的与母公司不一致的会计政策,编制合并会计报表的处理方法及其影响。

(5) 子公司与母公司不一致的会计期间,编制合并会计报表的处理方法及其影响。

(6) 本期增加子公司,按照《企业会计准则第 20 号——企业合并》的规定进行披露。

(7) 本期不再纳入合并范围的原子公司,说明原子公司的名称、注册地、业务性质、母公司的持有比例和表决权比例,本期不再成为子公司的原因,其在处置日和上一会计期间资产负债表日资产、负债和所有者权益的金额,以及本期期初至处置日的收入、费用和利润的金额。

（8）子公司向母公司转移资金的能力受到严格限制的情况。

（9）需要在附注中说明的其他事项。

本章小结

本章主要对企业合并会计报表进行阐述，具体包括三部分内容。

一是合并会计报表的基本概念和理论。明确了企业合并会计报表的含义和分类，在此基础上，衍生出合并会计报表的合并理论、合并报表的前提条件和范围，以及合并报表的编制程序。

二是股权取得日合并会计报表的编制。简要介绍了同一控制下和非同一控制下合并会计报表的处理原则，在此基础上，对合并报表中的资产负债表、利润表等合并处理进行了详细介绍，列举了一些具有代表性的实例，明确了合并报表的会计处理程序。

三是股权取得日后合并会计报表的编制。简要介绍了股权取得日后首个合并会计报表的编制流程，以及股权取得日后连续各期合并会计报表的编制流程，并介绍了其他合并会计报表的编制，如现金流量表、所有者权益变动表等。

知识链接

合并会计报表与长期股权投资

合并会计报表与长期股权投资有关，但长期股权投资不一定必须编制合并会计报表。长期股权投资按投资企业对被投资企业的影响可分为四种情形：控制、共同控制、重大影响、非控制或共同控制或重大影响。根据我国《企业会计准则》，当投资企业对被投资企业实施控制（无论是直接控制还是间接控制），投资双方构成一个经济意义上的整体时，才需要编制反映这一经济整体的财务状况、经营成果和现金流量信息的合并会计报表。可见，合并会计报表的前提是存在长期股权投资，但合并会计报表的编制与否最终取决于投资企业与被投资企业是否存在控制与被控制关系。

练习题

一、单项选择题

1. 下列关于合并会计报表的合并范围确定的叙述不正确的是（ ）。

A. 合并会计报表的合并范围应当以控制为基础予以确定

B. 在确定能否控制被投资单位时应当考虑潜在表决权因素

C. 小规模的子公司应纳入合并会计报表的合并范围

D. 经营业务性质特殊的子公司不纳入合并会计报表的合并范围

2. 对A公司来说，下列哪一种说法不属于控制（ ）。

A. A公司拥有B公司50%的权益性资本，B公司拥有C公司100%的权益性资

本，A 公司和 C 公司的关系

B. A 公司拥有 D 公司 51% 的权益性资本，A 公司和 D 公司的关系

C. A 公司在 E 公司董事会会议上有半数以上投票权，A 公司和 E 公司的关系

D. A 公司拥有 F 公司 60% 的股份，拥有 G 公司 10% 的股份，F 公司拥有 G 公司 41% 的股份，A 公司和 G 公司的关系

3. 下列企业中，不应纳入其母公司合并会计报表合并范围的是（　　）。

A. 报告期内新购入的子公司

B. 规模小的子公司

C. 联营企业

D. 受所在国外汇管制及其他管制，资金调度受到限制的境外子公司

4. 下列不属于合并会计报表编制的前提及准备事项的是（　　）。

A. 统一母子公司的会计报表决算日　　B. 统一母子公司的会计期间

C. 统一母子公司的会计政策　　　　　D. 统一母子公司采用的会计科目

5. 第二期以及以后各期连续编制会计报表时，编制基础为（　　）。

A. 上一期编制的合并会计报表

B. 上一期编制合并会计报表的合并工作底稿

C. 企业集团母公司与子公司的个别会计报表

D. 企业集团母公司和子公司的账簿记录

6. 甲公司拥有乙公司 60% 的股份，拥有丙公司 30% 的股份，乙公司拥有丙公司 25% 的股份，在这种情况下，甲公司编制合并会计报表时，应当将（　　）纳入合并会计报表的合并范围。

A. 乙公司　　　　　　　　　　　B. 丙公司

B. 乙公司和丙公司　　　　　　　D. 两家都不是

7. 甲公司于 20×9 年 1 月 1 日以银行存款 90 000 000 元作为合并对价支付给乙公司的原股东丙公司，取得了乙公司 80% 的股权。甲公司与丙公司不具有关联方关系。乙公司 20×9 年 1 月 1 日的所有者权益账面价值与公允价值均为 110 000 000 元。不考虑所得税因素，甲公司 20×9 年编制合并报表应确认的合并商誉为（　　）元。

A. 2 000 000　　　B. 1 800 000　　　C. 0　　　D. 38 000 000

8. 下列有关合并范围的确定，表述不正确的是（　　）。

A. 母公司应当将其全部子公司（包括母公司所控制的被投资单位可分割部分、结构化主体）纳入合并范围

B. 如果母公司是投资性主体，只应将为投资性主体的投资活动提供相关服务的子公司纳入合并范围，其他子公司不应予以合并

C. 如果一个投资性主体的母公司本身不是投资性主体，应当将其控制的全部主体，包括投资性主体及通过投资性主体间接控制的主体纳入合并范围

D. 如果母公司是投资性主体，为投资性主体的投资活动提供相关服务的子公司不纳入合并范围，其他子公司应予以合并

9. 因同一控制下企业合并增加的子公司，在编制合并资产负债表时，下列说法中

正确的是（   ）。

A. 只调整年初未分配利润
B. 不调整年初未分配利润
C. 不调整合并资产负债表的期初数
D. 应当调整合并资产负债表的期初数

10. 以下关于母公司投资收益和子公司利润分配的抵销分录表述不正确的是（   ）。

A. 抵销母公司投资收益和少数股东损益均按照调整后的净利润份额计算
B. 抵销子公司利润分配有关项目按照子公司实际提取和分配数计算
C. 抵销期末未分配利润按照期初和调整后的本期净利润减去实际分配后的余额计算
D. 抵销母公司投资收益按照调整后的净利润份额计算，计算少数股东损益的净利润不需要调整

二、多项选择题

1. 按照我国《企业会计准则》的规定，合并会计报表的特点有（   ）。

A. 合并会计报表反映的是经济意义主体的财务状况、经营成果及现金流量
B. 合并会计报表的编制主体是母公司
C. 合并会计报表的编制基础是构成企业集团的母公司、子公司的个别报表
D. 合并会计报表的编制遵循独特的方法

2. 下列被投资企业中，应当纳入甲公司合并会计报表合并范围的有（   ）。

A. 甲公司在报告年度购入其57%股份的境外被投资企业
B. 甲公司持有其40%股份，且受托代管乙公司持有其30%股份的被投资企业
C. 甲公司持有其43%股份，甲公司的子公司乙公司持有其8%股份的被投资企业
D. 甲公司持有其40%股份，甲公司的母公司持有其11%股份的被投资企业

3. 在编制合并会计报表时，不纳入合并范围的有（   ）。

A. 根据公司章程或协议，有权决定被投资单位的财务和经营政策
B. 已宣告被清理整顿的子公司
C. 已宣告破产的子公司
D. 合营企业

4. 下列有关合并会计报表不正确的表述方法是（   ）。

A. 在确定能否控制被投资单位时，应当考虑企业和其他企业持有的被投资单位的当期可转换的可转换公司债券、当期可执行的认股权证等潜在表决权因素
B. 母公司不应当将其全部子公司纳入合并财务报表的合并范围，例如小规模的子公司、经营业务性质特殊的子公司
C. 纳入合并财务报表的合并范围的子公司，在合并工作底稿中按照权益法调整对子公司的长期股权投资，编制相关调整分录
D. 将内部交易固定资产相关的销售收入、销售成本以及其原价中包含的未实现内部销售损益予以抵销

5. 因非同一控制下企业合并增加的子公司,在编制合并财务报表时,下列说法中正确的有(   )。

A. 编制合并利润表时,应当将该子公司购买日至报告期末的收入、费用、利润纳入合并利润表

B. 编制合并利润表时,应当将该子公司合并当期期初至报告期末的收入、费用、利润纳入合并利润表

C. 编制合并资产负债表时,应当调整合并资产负债表的期初数

D. 编制合并资产负债表时,不应调整合并资产负债表的期初数

三、判断题

1. 在编制合并财务报表涉及的调整分录时,对于被投资单位除净损益、其他综合收益和利润分配以外所有者权益的其他变动,母公司应按享有的份额,借记或贷记"长期股权投资"项目,贷记或借记"投资收益"项目。(   )

2. 母子公司之间发生的经济业务,对整个企业集团财务状况和经营成果影响不大时,可以不编制抵销分录而直接编制合并财务报表,体现的是重要性原则。(   )

3. 子公司之间出售资产所发生的未实现内部交易损益,应当按照母公司对出售方子公司的分配比例在"归属于母公司所有者的净利润"和"少数股东损益"之间分配抵销。(   )

4. 在编制财务报表前,应当尽可能统一母公司和子公司的会计政策,统一要求母公司所采用的会计政策和子公司保持一致。(   )

5. 对企业终止经营进行充分的信息披露,有助于财务报表使用者评估企业资产处置及终止经营的财务影响,判断未来现金流量的时间、金额和不确定性。(   )

四、计算分析题

1. 假设20×8年12月31日乙公司以现金12 000 000元收购了丙公司100%的股权,丙公司每年末按照当期净利润的10%提取法定公积。20×8年12月31日乙公司与丙公司的有关项目如表10-13所示。

表10-13 20×8年12月31日乙公司与丙公司的有关项目   单位:元

项目	乙公司	丙公司	
		账面价值	公允价值
固定资产净值	18 000 000	6 000 000(寿命5年)	7 000 000
股本	16 000 000	5 000 000	
资本公积	5 000 000	1 500 000	
盈余公积	2 000 000	1 000 000	
未分配利润	3 000 000	2 500 000	
所有者权益合计	26 000 000	10 000 000	11 000 000

其他相关资料有:20×9年5月丙公司宣告实施20×8年度利润分配方案,分派现

金股利 500 000 元；20×9 年丙公司全年实现净利润 1 500 000 元，乙、丙公司无关联关系。

要求：

编制 20×9 年乙公司合并报表有关项目抵销分录并填列工作底稿。工作底稿如表 10-14 所示。涉及利润表项目填列在"未分配利润"项。

表 10-14　乙公司与丙公司合并工作底稿

20×9 年 12 月 31 日　　　　　　　　　　　　　　　　　单位：元

项目	乙公司	丙公司	合计数	抵销分录		合并数
				借方	贷方	
长期股权投资	11 500 000					
固定资产净额	17 800 000	7 380 000				
商誉						
其他资产	22 700 000	7 820 000				
资产合计	52 000 000	15 200 000				
各项负债	24 200 000	4 200 000				
实收资本（或股本）	16 000 000	5 000 000				
资本公积	5 000 000	1 500 000				
盈余公积	2 300 000	1 150 000				
未分配利润	4 500 000	3 350 000				
负债和所有者权益合计	52 000 000					

2. 乙公司于 20×8 年 1 月 1 日以非同一控制下企业合并方式合并了甲公司，持有甲公司 80% 的股权，合并对价成本为 45 000 000 元。乙公司在 20×8 年 1 月 1 日备查簿中记录的甲公司的可辨认净资产、负债的公允价值与账面价值相同。有关资料如下。

（1）甲公司 20×8 年 1 月 1 日的所有者权益为 52 500 000 元，其中，实收资本为 30 000 000 元，资本公积为 22 500 000 元，盈余公积为 0 元，未分配利润为 0 元。

（2）甲公司 20×8 年度实现净利润为 15 000 000 元（均由投资者享有），按照净利润的 10% 计提盈余公积。甲公司 20×8 年因持有可供出售金融资产，公允价值变动计入资本公积 2 238 800 元（未扣除所得税，甲公司所得税税率为 25%）。甲公司 20×8 年度宣告发放现金股利 6 000 000 元。

（3）甲公司 20×9 年度实现净利润为 30 000 000 元（均由投资者享有）。甲公司 20×9 年因持有可供出售金融资产，公允价值变动计入资本公积 2 000 000 元（已扣除所得税）。甲公司 20×9 年度宣告发放现金股利 9 000 000 元。

（4）甲公司采用的会计政策和会计期间与乙公司一致。

要求：

①20×8 年按照权益法对甲公司的长期股权投资进行调整，编制应在工作底稿中

编制的调整分录；

②编制20×8年乙公司与甲公司股权投资项目与甲公司所有者权益项目的抵销分录；

③编制20×8年乙公司对甲公司持有对方长期股权投资的投资收益的抵销分录；

④20×9年按照权益法对甲公司的长期股权投资进行调理，编制应在工作底稿中编制的调整分录；

⑤编制20×9年乙公司对甲公司股权投资项目与甲公司所有者权益项目的抵销分录；

⑥编制20×9年乙公司对甲公司持有对方长期股权投资的投资收益的抵销分录。

第 11 章

合并会计报表——拓展篇

> **学习目标**
> 1. 理解企业集团内部交易的含义和内部交易事项的类型。
> 2. 掌握编制合并会计报表时当期内部交易抵销方法。
> 3. 掌握以前年度内部交易对本期损益产生影响的事项的抵销方法。

母公司在取得控股权后,在一定的会计期末都要编制合并资产负债表、合并利润表、合并现金流量表、合并所有者权益变动表和相关附注。合并会计报表通过编制合并工作底稿来完成,而在编制合并工作底稿的过程中,抵销程序是最为重要的工作。在前一章已经对编制合并工作底稿的完整过程进行了阐述,在此不再重复。本章只讨论企业在股权取得日后为编制合并工作底稿而编制的抵销分录的有关问题。

11.1 集团内部交易事项概述

11.1.1 内部交易事项的定义和类型

集团内部交易事项是指企业集团内部母公司与其所属的子公司之间及各子公司之间发生的除股权投资以外的各种往来业务及交易事项。可见,内部交易事项至少涉及两个纳入合并的成员企业,而不涉及企业集团以外的会计主体。

上一章假定母公司与子公司之间除了股权投资及其因投资所引起的利润分配以外没有其他内部交易事项发生,但在实际工作中,它们之间很可能会发生各种涉及损益或不涉及损益的内部交易事项。由于这种交易事项发生后,已经分别反映在母公司或子公司的个别会计报表中,但从企业集团的角度看,其会计报表中不应该包括这类内部交易事项,因而应将反映在个别会计报表中内部交易事项对合并会计报表的影响予以抵销，以免虚列资产、负债和虚增利润。

集团内部交易事项可按不同的标准分为以下几种类型。

1. 按内部交易事项是否涉及损益分类

按照内部交易事项是否涉及损益，其可分为涉及损益的内部交易事项和不涉及损益的内部交易事项。

（1）涉及损益的内部交易事项。涉及损益的内部交易事项是指企业集团内部母公司与子公司之间及各子公司之间发生的与损益有关的事项。如母公司将其生产的产品出售给所属的子公司，导致母公司营业收入和营业成本增加。

涉及损益的内部交易事项按其损益是否实现，又可分为已实现的内部损益交易事项和未实现的内部损益交易事项两种。前者是指企业集团内部母公司与子公司之间及各子公司之间发生了涉及损益的内部交易事项后，其购买方已于当期全部向企业集团外销售。如母公司将其生产的产品卖给所属的子公司后，子公司在当期将其从母公司购进的存货全部出售给企业集团以外的其他公司。后者是指企业集团内部母公司与子公司之间及各子公司之间发生涉及损益的内部交易事项后，其购买方在当期尚未向企业集团外销售。如母公司将其生产的产品卖给所属的子公司后，子公司在当期尚未将其从母公司购进的存货对企业集团以外的公司销售，形成期末存货或固定资产等事项。就出售方的个别会计报表来说，已经反映销售收入和销售成本，并形成销售利润，但由于购买方尚未对外销售，在其个别会计报表中表现为存货或固定资产，因此对于企业集团来说，销售利润并未真正实现。

（2）不涉及损益的内部交易事项。不涉及损益的内部交易事项是指企业集团内部母公司与子公司之间及各子公司之间发生的交易只与资产负债表项目相关，与各公司的损益确定无关的事项，如企业集团内部的债权债务、内部贷款业务等。

2. 按内部交易事项的具体内容分类

按内部交易事项的具体内容，其可分为内部投资交易、内部债权债务交易、内部存货交易、内部固定资产交易及其他内部交易。

11.1.2 抵销分录的含义和特点

抵销集团内部交易事项对合并会计报表的影响主要是通过母公司按一体性原则，从集团整体利益出发，对内部交易事项的影响程度和范围重新进行确认和计量，运用借贷记账法编制抵销分录实现的。

区别于日常会计处理中所编制的其他会计分录，抵销分录具有以下特点。

（1）抵销分录主要起到抵销有关报表项目数据的作用。依据这一特征，通常情况下结合报表项目的性质就能确定抵销分录的借贷方向涉及的具体项目，而不会将所要抵销报表项目的借贷方向弄错。例如，当抵销内部存货和固定资产交易中的未实现利润时，如果相关资产的内部销售价格高于原售出方的账面价值或成本，未实现利润为盈利，导致个别会计报表中期末相关资产的账面价值被高估，因此编制抵销分录时，贷方应抵销相关的资产项目，借方抵销相关损益项目。如果相关资产的内部售价低于原售出方的账面价值或成本，未实现利润为亏损，导致个别会计报表中期末相关资产的账面价值被低估，编制抵销分录时，借方应抵销相关的资产项目，贷方抵销相关损益项目。

（2）抵销分录不过账，不会导致当期和以后期间个别会计报表相关项目的数据发生变化。编制抵销分录使内部交易在个别会计报表中的反映与在合并会计报表的反映一致，但这种一致性仅仅是为了编制合并会计报表，而非调整母公司和子公司各自对外提供的个别会计报表。因此，编制合并抵销分录并不意味着个别会计报表相关项目的账簿数据和报表数据发生变化。

（3）抵销分录抵销的是报表项目而非具体的会计账户。会计报表的项目名称与所对应的账户名称不完全一致，处理日常会计业务所编制会计分录借贷方都用相应的账户名称，但是编制抵销分录时，借贷方要用相应的报表项目名称。当报表项目名称与所对应的账户名称不一致时，用报表项目名称。例如，在合并抵销分录中会用到"存货""固定资产原价""期初未分配利润""提取盈余公积"等报表项目名称，而不是用"原材料""库存商品""固定资产""利润分配"等账户名称。

11.1.3 合并资产负债表和合并利润表需抵销的交易事项

母公司对子公司的股权投资按权益法调整后，在不同报表中需要抵销不同的交易事项。

1. 编制合并资产负债表需要抵销的具体内容

（1）母公司对子公司的长期股权投资与子公司所有者权益中母公司应享有的份额相互抵销，同时抵销相应的长期股权投资减值准备。各子公司之间的长期股权投资及子公司对母公司的长期股权投资，应当比照上述规定，将长期股权投资与其对应的子公司或母公司所有者权益中所享有的份额相互抵销。

（2）母公司与子公司之间、各子公司相互之间的债权与债务项目应当相互抵销，同时抵销应收款项的坏账准备和债券投资的减值准备。母公司与子公司、各子公司相互之间的债券投资与应付债券相互抵销后，产生的差额应当计入投资收益项目。

（3）母公司与子公司之间、各子公司相互之间以销售商品（或提供劳务，下同）或其他方式形成的存货、固定资产、工程物资、无形资产等所包含的未实现内部销售损益应当抵销。

对存货、固定资产、工程物资和无形资产等计提的跌价准备或减值准备与未实现内部销售损益相关的部分应当抵销。

（4）母公司与子公司之间、各子公司相互之间的其他内部交易对合并资产负债表的影响应当抵销。

（5）子公司所有者权益中不属于母公司的份额，应当作为少数股东权益，在合并资产负债表中所有者权益项目下以"少数股东权益"项目列示。

2. 编制合并利润表需要抵销的具体内容

（1）母公司与子公司之间、各子公司相互之间销售商品所产生的营业收入和营业成本应当抵销。

（2）在对母公司与子公司之间、各子公司相互之间销售商品形成的固定资产或无形资产所包含的未实现内部销售损益进行抵销的同时,也应当对固定资产的折旧额或无形资产的摊销额与未实现内部销售损益相关的部分进行抵销。

(3) 母公司与子公司之间、各子公司相互之间持有对方债券所产生的投资收益,应当与其相对应的发行方利息费用相互抵销。

(4) 母公司对子公司之间、各子公司相互之间持有对方长期股权投资的投资收益应当抵销。

(5) 母公司与子公司之间、各子公司相互之间的其他内部交易对合并利润表的影响应当抵销。

(6) 子公司当期净损益中属于少数股东损益的份额,应当在合并利润表中净利润项目下以"少数股东损益"项目列示。

11.2 集团内部债权债务的抵销

集团内部债权债务项目,即母公司与子公司之间、子公司相互之间的债权和债务项目,具体是指母公司与子公司之间、子公司相互之间的应收账款与应付账款、预付账款与预收账款、应付债券与债券投资等项目。对于发生在母公司与子公司之间、子公司相互之间的这些项目,从债权方来说,在资产负债表中表现为一项债权资产;而从债务方来说,一方面形成一项负债;另一方面同时形成一项资产。发生的这种内部债权债务,从母公司与子公司组成的集团整体角度来看,它只是集团内部资金运动,既不增加企业集团的资产,也不增加负债。为此,在编制合并会计报表时也应当将内部债权债务项目予以抵销。

在编制合并资产负债表时需要进行合并处理的内部债权债务项目主要包括:应收账款与应付账款;应收票据与应付票据;预付账款与预收账款;长期债券投资与应付债券;应收股利与应付股利;其他应收款与其他应付款。

11.2.1 内部往来发生的当期抵销处理

1. 内部债权债务的形式

(1) 应收账款和应付账款。

(2) 其他应收款和其他应付款。

(3) 预收账款和预付账款。

(4) 债券投资和应付债券。

(5) 应收票据和应付票据。

2. 内部应收账款和应付账款的抵销

(1) 根据期末内部应收账款余额做如下抵销。

借:应付票据及应付账款
    贷:应收票据及应收账款

(2) 根据期初内部应收账款已计提过的坏账准备做如下抵销。

借:应收票据及应收账款

贷：年初未分配利润

（3）根据当年内部应收账款所计提或反冲坏账准备的会计分录，倒过来即为抵销分录。

　　借：应收票据及应收账款
　　　　贷：信用减值损失

或

　　借：信用减值损失
　　　　贷：应收票据及应收账款

【例 11-1】 甲公司是乙公司的母公司，20×8 年年初，乙公司应收账款中有应收甲公司的款项 50 000 元，年末应收账款中有应收甲公司的款项 40 000 元，假定乙公司提取坏账准备的比例为 10%。做出编制合并报表时当年有关内部债权、债务的抵销分录。

甲公司编制合并会计报表时的账务处理如下。

（1）根据期末内部债权、债务额做如下抵销。

　　借：应付票据及应付账款　　　　　　　　　　　40 000
　　　　贷：应收票据及应收账款　　　　　　　　　　　　40 000

（2）根据期初内部应收账款已提过的坏账准备做如下抵销。

　　借：应收票据及应收账款　　　　　　　　　　　5 000
　　　　贷：年初未分配利润　　　　　　　　　　　　　　5 000

（3）当年乙公司针对内部应收账款是反冲坏账准备 1 000（50 000×10% -40 000×10%）元，因此倒过来即为抵销分录。

　　借：信用减值损失　　　　　　　　　　　　　　1 000
　　　　贷：应收票据及应收账款　　　　　　　　　　　　1 000

11.2.2　内部往来发生的以后各期抵销处理

上一会计期间计提的坏账准备数额，影响到了资产减值准备（即损益类账户），在编制合并会计报表时已经进行抵销处理，抵销处理的结果是减少合并会计报表中未分配利润的数额，从而直接影响到下一会计期间期初未分配利润的数额。而编制合并会计报表又是以母公司和子公司个别会计报表中的期初未分配利润数额为基础的，因此，连续各期编制合并会计报表时，必须对个别会计报表中的期初未分配利润的加总数进行调整。

1. 调整上期数对本期期初未分配利润的影响

　　借：应收账款——坏账准备（上年抵销的数额）
　　　　贷：期初未分配利润

2. 抵销本期发生的内部债权债务及相应计提的内部坏账准备

（1）抵销内部债权债务的期末余额。

　　借：应付账款/预收账款/其他应付款
　　　　贷：应收账款/预付账款/其他应收款

（2）抵销计提的内部坏账准备。

借：应收账款——坏账准备（本期计提的坏账准备数额）
　　贷：信用减值损失

如果本期收回债权，则债权方在上年已计提的坏账准备的基础上调整减少坏账准备，因此本期的抵销分录方向相反。

【例11-2】某公司个别资产负债表中"应收账款"5 000元中有3 000元为子公司"应付账款"；"预收账款"2 000元中有1 000元为子公司"预付账款"；"应收票据"8 000元中有4 000元为子公司"应付票据"。当期母公司对该子公司应收账款计提的坏账准备为15元；第二年年末集团内部的应收账款余额为7 000元，应收票据余额为6 000元。本期补提了坏账准备10元。

编制合并会计报表时，应编制抵销分录如下。

(1) 发生内部往来的当期抵销分录。

①抵销内部债权债务的期末余额。

借：应付账款　　　　　　　　　　　　　　　　　　　3 000
　　应付票据　　　　　　　　　　　　　　　　　　　4 000
　　预收账款　　　　　　　　　　　　　　　　　　　1 000
　　贷：应收账款　　　　　　　　　　　　　　　　　3 000
　　　　应收票据　　　　　　　　　　　　　　　　　4 000
　　　　预付账款　　　　　　　　　　　　　　　　　1 000

②抵销计提的内部坏账准备。

借：应收账款——坏账准备　　　　　　　　　　　　　15
　　贷：信用减值损失　　　　　　　　　　　　　　　15

(2) 发生内部往来的第二年年末编制的抵销分录。

①调整上期数对本期期初未分配利润的影响。

借：应收账款——坏账准备　　　　　　　　　　　　　15
　　贷：期初未分配利润　　　　　　　　　　　　　　15

②抵销本期发生的内部债权债务及相应计提的内部坏账准备。

抵销第二年内部债权债务的期末余额。

借：应付账款　　　　　　　　　　　　　　　　　　　7 000
　　应付票据　　　　　　　　　　　　　　　　　　　6 000
　　贷：应收账款　　　　　　　　　　　　　　　　　7 000
　　　　应收票据　　　　　　　　　　　　　　　　　6 000

抵销第二年补提的内部坏账准备。

借：应收账款——坏账准备　　　　　　　　　　　　　10
　　贷：信用减值损失　　　　　　　　　　　　　　　10

11.3 集团内部商品交易的抵销

11.3.1 初次编制合并报表时内部存货交易的合并处理

母公司与子公司之间、各子公司相互之间发生的内部存货交易主要是指内部商品或产品的销售业务。对于企业集团成员之间发生的内部销售，各成员企业都从自身的角度，以独立的会计主体进行了核算。销售企业将其销售收入和销售成本计入当期损益，列示在利润表中。购买企业按支付的价款作为购进存货的入账价值，其存货可能出现三种情况：第一种情况是内部购进的商品全部实现对外销售；第二种情况是内部购进的商品全部未实现对外销售；第三种情况是内部购进的商品部分实现对外销售，部分形成期末存货。

1. 内部购进商品全部实现对外销售的合并处理

在这种情况下，对于销售企业来说，销售给企业集团内其他企业的商品与销售给企业集团外部企业的会计处理相同，即在本期确认销售收入，结转销售成本，计算销售商品损益，并在其个别利润表中反映；对于购买企业来说，一方面要确认向企业集团外部企业的销售收入，另一方面要结转销售内部购进商品的成本，在其个别利润表中分别作为营业收入和营业成本反映，并确认销售损益。也就是说，对于同一购销业务，在销售企业和购买企业的个别利润表中都有所反映。但从整个企业集团来看，这一购销业务只是实现了一次对外销售，其销售收入只是购买企业向企业集团外部企业销售该产品的销售收入，其销售成本只是销售企业向购买企业销售该商品的成本。销售企业向购买企业销售该商品实现的收入属于内部销售收入，相应地，购买企业向企业集团外部企业销售该商品的销售成本则属于内部销售成本。因此，在编制合并利润表时，母公司就必须将重复反映的内部营业收入与内部营业成本予以抵销。其抵销分录为，借记"营业收入"项目，贷记"营业成本"项目。

【例11-3】20×9年1月1日，A公司用银行存款42 000 000元购得B公司80%的股份（假定A公司与B公司的企业合并属于非同一控制下的企业合并）。A公司在20×9年1月1日建立的备查簿中记录的B公司在购买日（20×9年1月1日）可辨认资产负债及或有负债的公允价值的信息显示，B公司一项无形资产账面价值为3 000 000元，公允价值为3 500 000元（该无形资产剩余有效期5年），其他可辨认净资产账面价值和公允价值一致。20×9年1月1日，B公司股东权益总额为50 000 000元，其中股本为40 000 000元，资本公积为5 000 000元，盈余公积为2 000 000元，未分配利润为3 000 000元。假设A公司本期将成本200 000元的商品，以250 000元的价格销售给B公司，B公司当期全部实现对外销售。

在合并工作底稿中应编制如下抵销分录。

借：营业收入　　　　　　　　　　　　　　　　　250 000
　　　贷：营业成本　　　　　　　　　　　　　　　　　　　250 000

2. 内部购进商品全部未实现对外销售的合并处理

在内部购进商品全部未实现对外销售的情况下，销售企业将集团内部销售作为收入确认并计算销售利润，而购买企业则是以支付购货的价款作为其成本入账，其存货价值中也相应地包括两部分内容：一部分为真正的存货成本（销售企业销售该商品的成本），另一部分为销售企业的销售毛利（其销售收入减去销售成本的差额）。对于期末存货价值中包括的这部分销售毛利，从企业集团整体来看，并不是真正实现的利润。因为从整个企业集团来看，集团内部企业之间的商品购销活动实际上相当于企业内部物资调拨活动，既不会实现利润，也不会增加商品的价值。从这一意义上来说，期末存货价值中销售企业作为利润确认的部分，称为未实现内部销售损益。因此，在编制合并财务报表时，母公司应当将存货价值中包含的未实现内部销售损益予以抵销。其抵销分录为按照集团内部销售企业销售该商品的销售收入，借记"营业收入"科目，按照销售企业销售该商品的销售成本，贷记"营业成本"科目，按照当期期末存货价值中包含的未实现内部销售损益的金额，贷记"存货"科目。

【例 11-4】沿用【例 11-3】的资料，假设 B 公司购进的商品全部未对外销售。

在合并工作底稿中应编制如下抵销分录

借：营业收入　　　　　　　　　　　　　　　　　　　250 000
　　贷：营业成本　　　　　　　　　　　　　　　　　　　200 000
　　　　存货　　　　　　　　　　　　　　　　　　　　　 50 000

也可以编制如下两笔抵销分录。

借：营业收入　　　　　　　　　　　　　　　　　　　250 000
　　贷：营业成本　　　　　　　　　　　　　　　　　　　250 000
借：营业成本　　　　　　　　　　　　　　　　　　　 50 000
　　贷：存货　　　　　　　　　　　　　　　　　　　　　 50 000

3. 内部购进商品部分实现对外销售、部分形成期末存货的合并处理

内部购进的商品部分实现对外销售、部分形成期末存货的情况，可以将内部购买的商品分解为两部分来理解：一部分为当期购进并全部实现对外销售；另一部分为当期购进但未实现对外销售而形成期末存货。分别按照上述两种情况进行抵销处理。

【例 11-5】沿用【例 11-3】的资料，假设 B 公司购进商品于当期对外销售了 60%，期末结存 40%。

在合并工作底稿中可编制如下抵销分录。

借：营业收入　　　　　　　　　　　　　　　　　　　150 000
　　贷：营业成本　　　　　　　　　　　　　　　　　　　150 000
借：营业收入　　　　　　　　　　　　　　　　　　　100 000
　　贷：营业成本　　　　　　　　　　　　　　　　　　　 80 000
　　　　存货　　　　　　　　　　　　　　　　　　　　　 20 000

也可以编制如下抵销分录。

借：营业收入　　　　　　　　　　　　　　　　　　　250 000
　　贷：营业成本　　　　　　　　　　　　　　　　　　　250 000
借：营业成本　　　　　　　　　　　　　　　　　　　 20 000
　　贷：存货　　　　　　　　　　　　　　　　　　　　　 20 000

11.3.2 连续编制合并报表时内部存货交易的合并处理

对于上期内部购进商品全部实现对外销售的情况，由于不涉及内部存货价值中包含的未实现内部销售损益的抵销处理，在本期连续编制合并财务报表时不涉及对其进行处理的问题。但在上期内部购进并形成期末存货的情况下，在编制合并财务报表进行抵销处理时，存货价值中包含的未实现内部销售损益的抵销，直接使上期合并净利润金额减少，最终使合并所有者权益变动表中期末未分配利润的金额减少。由于本期编制合并财务报表时是以母公司和子公司本期个别财务报表为基础的，而在母公司和子公司个别财务报表中，未实现内部销售损益是作为其实现利润的部分包括在其期初未分配利润之中，以母子公司个别财务报表中期初未分配利润为基础计算得出的合并期初未分配利润的金额就可能与上期合并财务报表中的期末未分配利润的金额不一致。可见，上期编制合并财务报表时抵销的内部购进存货中包含的未实现内部销售损益，也对本期的期初未分配利润产生影响，因此，本期编制合并财务报表时必须在合并母子公司期初未分配利润的基础上，将上期抵销的未实现内部销售损益对本期期初未分配利润的影响予以抵销，调整本期期初未分配利润的金额。

在连续编制合并财务报表的情况下，首先必须将上期抵销的存货价值中包含的未实现内部销售损益对本期期初未分配利润的影响予以抵销，调整本期期初未分配利润的金额；然后再对本期内部购进存货进行抵销处理。其具体抵销处理程序和方法如下。

（1）将上期抵销的存货价值中包含的未实现内部销售损益对本期期初未分配利润的影响进行抵销，即按照上期内部购进存货价值中包含的未实现内部销售损益的金额，借记"期初未分配利润"科目，贷记"营业成本"科目。

（2）对于本期发生内部购销活动的，将内部销售收入、内部销售成本及内部购进存货中未实现内部销售损益予以抵销。即按照销售企业内部销售收入的金额，借记"营业收入"科目，贷记"营业成本"科目。

（3）将期末内部购进存货价值中包含的未实现内部销售损益予以抵销。对于期末内部购买形成的存货（包括上期结转形成的本期存货），应按照购买企业期末内部购入存货价值中包含的未实现内部销售损益的金额，借记"营业成本"科目，贷记"存货"科目。

【例 11-6】沿用【例 11-5】的资料，假设第二年 B 公司将上期结存内部购进商品全部实现对外销售，本期又从 A 公司以 500 000 元的价格购进成本为 400 000 元的商品，该商品全部未实现对外销售。

在合并工作底稿中应编制如下抵销分录。

（1）调整期初未分配利润。

借：期初未分配利润　　　　　　　　　　　　　　　20 000
　　贷：营业成本　　　　　　　　　　　　　　　　　　　　20 000

（2）抵销本期内部销售收入。

借：营业收入　　　　　　　　　　　　　　　　　500 000

贷：营业成本　　　　　　　　　　　　　　　　　　　　　　　　500 000
　(3) 抵销期末存货中包含的内部销售损益。
　　借：营业成本　　　　　　　　　　　　　　　　　　　　　　　　100 000
　　贷：存货　　　　　　　　　　　　　　　　　　　　　　　　　　100 000

11.4　集团内部固定资产交易的抵销

　　内部固定资产交易是指企业集团内部交易的某一方发生了固定资产及无形资产有关的购销业务。根据销售方销售的是产品还是固定资产，可划分为三种情况：第一种是企业集团内部某企业将自身生产的商品销售给集团内部的其他企业作为固定资产使用；第二种是企业集团内部某企业将自身使用的固定资产变卖给集团内部的其他企业作为固定资产使用；第三种是企业集团内部某企业将自身使用的固定资产变卖给集团内部的其他企业作为普通商品对外销售。其中，第三种情况极少发生，因此下面只就第一种和第二种情况分别进行讨论。

　　固定资产在使用期内，是以其原值作为基数分期计提折旧的。由于购买方的固定资产原价中含有未实现的内部销售利润，并据此计提了折旧，因此每期计提的折旧额必然大于按建造成本的折旧额。因此，编制合并会计报表时，还应将多计提的折旧与多计的折旧费用予以抵销。

11.4.1　内部固定资产交易发生的当期抵销处理

1. 内部固定资产交易但当期未计提折旧的抵销处理

　(1) 企业集团内部固定资产变卖交易的抵销处理。在合并工作底稿中编制抵销分录时，应当按照该内部交易固定资产的转让价格与其原账面价值之间的差额，借记"资产处置收益"科目，贷记"固定资产——原价"科目。如果该内部交易的固定资产转让价格低于其原账面价值，则按其差额，借记"固定资产——原价"科目，贷记"资产处置收益"科目。

　　【例11-7】A公司和B公司同为甲公司控制下的两个子公司。A公司将其净值为12 800 000元的某厂房，以15 000 000元的价格变卖给B公司作为固定资产使用。A公司因该内部固定资产交易实现收益2 200 000元，并列示在其个别利润表之中。B公司以15 000 000元的金额将该厂房作为固定资产的原价入账，并列示其个别资产负债表中。

　　分析：在该内部固定资产交易中，A公司因交易实现资产处置收益2 200 000元。其抵销分录如下。
　　借：资产处置收益　　　　　　　　　　　　　　　　　　　　　2 200 000
　　　贷：固定资产——原价　　　　　　　　　　　　　　　　　　　2 200 000
　　通过上述抵销处理后，该内部固定资产交易所实现的损益予以抵销，该厂房的原价通过抵销处理后调整为12 800 000元。

　(2) 企业集团内部产品销售给其他企业作为固定资产的交易的抵销处理。在合并工作底稿中编制抵销分录将其抵销时,应当借记"营业收入"科目,贷记"营业成本"和"固定资产——原价"科目。其中,借记"营业收入"科目的数额,为销售企业销售该产品的销售收入;贷记"营业成本"科目的数额为销售企业销售该产品结转的销售成本;贷记"固定资产——原价"科目的数额为销售企业销售该产品的销售收入与销售成本之间的差额,即该内部交易所形成的固定资产原价中包含的未实现内部销售损益的数额。

【例 11-8】A 公司和 B 公司同为甲公司控制下的两个子公司。A 公司于 20×9 年 12 月将自己生产的产品销售给 B 公司作为固定资产使用,A 公司销售该产品的销售收入为 16 800 000 元,销售成本为 12 000 000 元,B 公司以 16 800 000 元的价格作为该固定资产的原价入账。

分析:在合并工作底稿中应进行如下抵销处理。

借:营业收入　　　　　　　　　　　　　　　　16 800 000
　　贷:营业成本　　　　　　　　　　　　　　　12 000 000
　　　　固定资产——原价　　　　　　　　　　　 4 800 000

2. 内部固定资产交易且当期计提折旧的合并处理

在发生内部固定资产交易当期编制合并财务报表时,首先,必须将该内部固定资产交易相关销售收入、销售成本及形成的固定资产原价中包括的未实现内部销售损益予以抵销。其次,购买企业使用该内部交易固定资产并计提折旧,其折旧费用计入当期损益。由于购买企业是以该固定资产的取得成本作为其原价计提折旧的,在取得成本中包含了销售企业由于该内部固定资产交易所实现的损益(即未实现内部销售损益),相应地,在该内部交易固定资产使用过程中,其各期计提的折旧额也包含未实现内部销售损益摊销的金额。因此,还必须将当期该内部交易固定资产计提的折旧额中相当于未实现内部销售损益的摊销金额,即多计提折旧的数额,从该内部交易固定资产当期计提的折旧费用和该固定资产累计折旧中予以抵销。其合并抵销处理如下。

(1) 将内部交易固定资产相关的销售收入、销售成本及其原价中包含的未实现内部销售损益予以抵销,即按销售企业由于该固定资产交易所实现的销售收入,借记"营业收入"科目,按照其销售成本贷记"营业成本"科目,并按照该内部交易固定资产的销售收入与销售成本之间的差额(即原价中包含的未实现内部销售损益的数额),贷记"固定资产——原价"科目。

(2) 将内部交易固定资产当期因未实现内部销售损益而多计提的折旧费用和累计折旧予以抵销。对固定资产计提折旧,企业进行会计处理时,一方面增加当期的费用,另一方面形成累计折旧。对因内部交易固定资产当期使用多计提的折旧进行抵销处理时,应按当期多计提的数额,借记"固定资产——累计折旧"科目,贷记"管理费用"等科目(为便于理解,本节有关内部交易固定资产均假定为管理用固定资产,其各期多计提的折旧费用均通过"管理费用"科目进行抵销处理)。

【例 11-9】A 公司和 B 公司同为甲公司控制下的两个子公司。A 公司于 20×1 年 1 月 1 日将自己生产的产品销售给 B 公司作为固定资产使用,A 公司销售该产品的销售收入为 16 800 000 元,销售成本为 12 000 000 元。B 公司以 16 800 000 元的价格作为该固定资产的原价入账。B 公司将该固定资产用于公司的行政管理，该固定资产属于不需要安装的固定资产，当月投入使用，其折旧年限为 4 年，预计净残值为零。为简化合并处理，假定该内部交易固定资产在交易当年按 12 个月计提折旧。

分析：甲公司在编制合并会计报表时，应当进行如下抵销处理。

（1）将该内部交易固定资产相关销售收入与销售成本及原价中包含的未实现内部销售利润予以抵销。此时在合并工作底稿中应进行如下抵销处理。

借：营业收入　　　　　　　　　　　　　　　　　　　16 800 000
　　贷：营业成本　　　　　　　　　　　　　　　　　　12 000 000
　　　　固定资产——原价　　　　　　　　　　　　　　 4 800 000

（2）将当年计提的折旧和累计折旧中包含的未实现内部销售损益予以抵销。此时在合并工作底稿中应进行如下抵销处理。

借：固定资产——累计折旧　　　　　　　　　　　　　 1 200 000
　　贷：管理费用　　　　　　　　　　　　　　　　　　 1 200 000

11.4.2　内部交易固定资产取得后至处置前期间的抵销处理

在以后的会计期间，具体抵销程序如下。

（1）将内部交易固定资产原价中包含的未实现内部销售损益抵销，并调整期初未分配利润，即按照固定资产原价中包含的未实现内部销售损益的数额，借记"期初未分配利润"科目，贷记"固定资产——原价"科目。

（2）将以前会计期间内部交易固定资产多计提的累计折旧抵销，并调整期初未分配利润，即按照以前会计期间抵销该内部交易固定资产因包含未实现内部销售损益而多计提的累计折旧额，借记"固定资产——累计折旧"科目，贷记"期初未分配利润"科目。

（3）将当期由于该内部交易固定资产因包含未实现内部销售损益而多计提的折旧费用予以抵销，并调整本期计提的累计折旧额，即按照本期该内部交易的固定资产多计提的折旧额，借记"固定资产——累计折旧"科目，贷记"管理费用"等费用科目。

【例 11-10】沿用【例 11-9】的资料，B 公司 20×2 年个别资产负债中，该内部交易固定资产原价为 16 800 000 元，累计折旧为 8 400 000 元，该固定资产净值为 8 400 000 元。

分析：甲公司编制 20×2 年度合并会计报表时，应当进行如下抵销处理。

（1）借：期初未分配利润　　　　　　　　　　　　　　4 800 000
　　　　贷：固定资产——原价　　　　　　　　　　　　4 800 000
（2）借：固定资产——累计折旧　　　　　　　　　　　 1 200 000
　　　　贷：期初未分配利润　　　　　　　　　　　　　1 200 000
（3）借：固定资产——累计折旧　　　　　　　　　　　 1 200 000
　　　　贷：管理费用　　　　　　　　　　　　　　　　1 200 000

【例 11-11】沿用【例 11-10】的资料，B 公司 20×3 年个别资产负债表中，该内部交易固定资产原价为 16 800 000 元，累计折旧为 12 600 000 元，该固定资产净值为 4 200 000 元。该内部交易固定资产 20×3 年计提折旧为 4 200 000 元。

分析：甲公司编制 20×3 年度合并会计报表时，应当进行如下抵销处理。

(1) 借：期初未分配利润　　　　　　　　　　　　　4 800 000
　　　贷：固定资产——原价　　　　　　　　　　　　　　　4 800 000

(2) 借：固定资产——累计折旧　　　　　　　　　　2 400 000
　　　贷：期初未分配利润　　　　　　　　　　　　　　　　2 400 000

(3) 借：固定资产——累计折旧　　　　　　　　　　1 200 000
　　　贷：管理费用　　　　　　　　　　　　　　　　　　　1 200 000

11.4.3　内部交易固定资产清理期间的抵销处理

对于销售企业来说，内部交易固定资产实现的利润，作为期初未分配利润的一部分结转到以后的会计期间，直到购买企业对该内部交易固定资产进行清理的会计期间。从购买企业来说，对内部交易固定资产进行清理的会计期间，在其个别财务报表中表现为固定资产原价和累计折旧的减少，该固定资产清理收入减去该固定资产净值及有关清理费用后的余额，则在其个别利润表中以"资产处置收益"项目列示。固定资产清理时可能出现期满清理、超期清理、提前清理三种情况。编制合并会计报表时，应当根据具体情况进行合并处理。

1. 内部交易固定资产使用期限届满进行清理期间的合并处理

在内部交易固定资产使用期限届满进行清理的会计期间期末，购买企业内部固定资产实体已不复存在，因此不存在未实现内部销售损益抵销问题，包括未实现内部销售损益在内的该内部交易固定资产的价值全部转移到各会计期间实现的损益之中。从整个企业集团来说，随着该内部交易固定资产的使用期满，其包含的未实现内部销售损益也转化为已实现利润。从销售企业来说，因该内部销售所实现的利润，作为期初未分配利润的一部分已结转到购买企业对该内部交易固定资产使用期满进行清理的会计期间。为此，编制合并财务报表时，首先必须调整期初未分配利润。其次，在对固定资产进行清理的会计期间，在未进行清理前仍处于使用之中，仍需计提折旧，本期计提折旧中仍然包含因内部未实现销售损益而多计提的折旧额，因此也需要将当期多计提的折旧额予以抵销。

【例 11-12】沿用【例 11-11】的资料，20×4 年 12 月，该内部交易固定资产使用期满，B 公司于 20×4 年 12 月对其进行清理。B 公司对该固定资产清理时实现固定资产清理净收益 140 000 元，在 20×4 年度个别利润表中以"资产处置收益"项目列示。随着对该固定资产的清理，该固定资产的原价和累计折旧转销，在 20×4 年 12 月 31 日个别资产负债表固定资产中已无该固定资产的列示。

分析：甲公司在编制合并会计报表时，应当进行如下抵销处理。

(1) 按照内部交易固定资产原价中包含的未实现内部销售利润，调整"期初未分配利润"项目。

　　借：期初未分配利润　　　　　　　　　　　　　　4 800 000

贷：资产处置收益　　　　　　　　　　　　　　　　　4 800 000

（2）按以前会计期间因固定资产原价中包含的未实现内部销售利润而多计提累计折旧的数额，调整"期初未分配利润"项目。

借：资产处置收益　　　　　　　　　　　　　　　　　3 600 000
　　贷：期初未分配利润　　　　　　　　　　　　　　　3 600 000

（3）将本期因固定资产原价中包含的未实现内部销售利润而多计提的折旧额抵销。

借：资产处置收益　　　　　　　　　　　　　　　　　1 200 000
　　贷：管理费用　　　　　　　　　　　　　　　　　　1 200 000

以上三笔抵销分录，可以合并为以下抵销分录。

借：期初未分配利润　　　　　　　　　　　　　　　　1 200 000
　　贷：管理费用　　　　　　　　　　　　　　　　　　1 200 000

2. 内部交易固定资产超期使用进行清理期间的合并处理

内部交易固定资产超期使用进行清理时，在内部交易固定资产清理前的会计期间，该固定资产仍然按包含未实现内部销售损益的原价及计提的累计折旧在购买企业的个别资产负债表中列示。对于销售企业来说，因该内部交易固定资产所实现的利润，作为期初未分配利润的一部分结转到购买企业对该内部交易固定资产进行清理的会计期间，因此首先需要将该固定资产原价中包括的未实现内部销售损益予以抵销，并调整期初未分配利润。其次，要将以前会计期间因内部交易固定资产原价中包含的未实现内部销售利润而多计提的累计折旧予以抵销。最后，由于在该固定资产使用期满的会计期间仍然需要计提折旧，本期计提折旧中仍然包含多计提的折旧，因此需要将多计提的折旧费用予以抵销，并调整已计提的累计折旧。

【例11-13】沿用【例11-11】的资料，20×4年12月31日，该内部交易固定资产使用期满，但该固定资产仍处于使用之中，B公司未对其进行清理报废。B公司20×4年度个别资产负债表固定资产仍列示该固定资产的原价为16 800 000元，累计折旧16 800 000元；在其个别利润表列示固定资产当年计提的折旧4 200 000元。

分析：甲公司在编制20×4年度合并会计报表时，应当进行如下抵销处理。

（1）将内部交易固定资产原价中包含的未实现内部销售利润抵销，并调整"期初未分配利润"项目。

借：期初未分配利润　　　　　　　　　　　　　　　　4 800 000
　　贷：固定资产——原价　　　　　　　　　　　　　　4 800 000

（2）将因固定资产原价中包含的未实现内部销售利润而多计提的累计折旧抵销，并调整"期初未分配利润"项目。

借：固定资产——累计折旧　　　　　　　　　　　　　3 600 000
　　贷：期初未分配利润　　　　　　　　　　　　　　　3 600 000

（3）将本期因固定资产原价中包含的未实现内部销售利润而多计提的折旧额抵销。

借：固定资产——累计折旧　　　　　　　　　　　　　1 200 000
　　贷：管理费用　　　　　　　　　　　　　　　　　　1 200 000

首先，在内部交易固定资产超期使用未进行清理前，由于该内部交易的固定资产仍处于使用之中，并在购买企业资产负债表中列示，因此必须将该固定资产原价中包含的未实现内部销售损益予以抵销。其次，由于该固定资产的累计折旧仍然按包含未实现内部销售损益的原价计提折旧，为此必须将其计提的累计折旧予以抵销。但由于固定资产超期使用不计提折旧，因此不存在抵销多计提折旧问题。

【例11-14】沿用【例11-13】的资料，该内部交易固定资产20×5年仍在使用。B公司个别资产负债表中内部交易固定资产为16 800 000元，累计折旧为16 800 000元；由于固定资产超期使用不计提折旧，B公司个别利润表中无该内部固定资产计提的折旧费用。

分析：甲公司在编制合并会计报表时，应编制如下抵销分录。
（1）将固定资产原价中包含的未实现内部销售利润抵销。
借：期初未分配利润　　　　　　　　　　　　　　4 800 000
　　贷：固定资产——原价　　　　　　　　　　　　　4 800 000
（2）将累计折旧包含的未实现内部销售利润抵销。
借：固定资产——累计折旧　　　　　　　　　　　4 800 000
　　贷：期初未分配利润　　　　　　　　　　　　　　4 800 000

对于超期使用后再进行清理的内部交易的固定资产，由于清理当期其实物已不存在，因此不存在固定资产原价中包含未实现内部销售损益的抵销问题。同时，该固定资产累计折旧也随着固定资产的清理而转销，也不存在着固定资产使用多计提折旧的抵销问题。也可以这样理解，在内部交易固定资产超期使用进行清理的情况下，随着其折旧计提完毕，其包含的未实现内部销售损益已实现。因此，在编制对该内部交易固定资产进行清理的会计期间的合并会计报表时，不需要进行合并处理。

3. 内部交易固定资产使用期限未满提前进行清理期间的合并处理

在这种情况下，购买企业内部交易固定资产实体已不复存在，因此不存在未实现内部销售损益抵销问题，但由于固定资产提前报废，固定资产原价中包含的未实现内部销售损益随着清理而成为实现的损益。对于销售企业来说，因该内部交易固定资产所实现的利润，作为期初未分配利润的一部分结转到购买企业对该内部交易固定资产进行清理的会计期间。为此，首先必须调整期初未分配利润；其次在固定资产进行清理前仍需计提折旧，本期计提折旧中仍然包含有多计提的折旧，需要将多计提的折旧费用予以抵销。

【例11-15】沿用【例11-10】的资料，B公司于20×3年12月对该内部交易固定资产进行清理处置，在清理过程中取得清理净收入250 000元，在其个别利润表中作为资产处置收益列示。该内部交易固定资产于20×3年12月已经使用3年，B公司对该固定资产累计计提折旧12 600 000元。

分析：编制合并会计报表，应编制如下抵销分录。
借：期初未分配利润　　　　　　　　　　　　　　4 800 000
　　贷：资产处置收益　　　　　　　　　　　　　　　4 800 000
借：资产处置收益　　　　　　　　　　　　　　　2 400 000

　　　　　贷：期初未分配利润　　　　　　　　　　　　　　　　　2 400 000
　　　借：资产处置收益　　　　　　　　　　　　　　　　　　　1 200 000
　　　　　贷：管理费用　　　　　　　　　　　　　　　　　　　　1 200 000

本章小结

　　本章主要是在第 10 章的基础上考虑企业集团内部交易，进行企业合并会计报表的核算，具体包括四部分内容。

　　一是集团内部交易概述。集团内部交易事项是指企业集团内部母公司与其所属的子公司之间及各子公司之间发生的除股权投资以外的各种往来业务及交易事项。按内部交易事项的具体内容分类，包括内部债权债务、内部商品交易、内部固定资产交易和其他内部交易。由于这种交易事项发生后，已经分别反映在母公司或子公司的个别会计报表中。从企业集团的角度看，其会计报表中不应该包括这类内部交易事项。因而应将反映在个别会计报表中内部交易事项对合并会计报表的影响予以抵销，以避免虚列资产、负债和虚增利润。

　　二是集团内部债权债务的抵销。母公司与子公司之间、子公司相互之间的债权和债务项目，是指母公司与子公司之间、子公司相互之间的应收账款与应付账款、预付账款和预收账款、应付债券与债券投资等项目。在编制合并资产负债表时需要进行合并处理的内部债权债务项目主要包括：应收账款与应付账款；应收票据与应付票据；预付账款与预收账款；长期债券投资与应付债券；应收股利与应付股利；其他应收款与其他应付款。

　　三是集团内部商品交易的抵销。母公司与子公司之间、子公司相互之间发生的内部存货交易主要是指内部商品或产品的销售业务。购买企业按支付的价款作为购进存货的入账价值，其存货可能出现三种情况：第一种情况是内部购进的商品全部实现对外销售；第二种情况是内部购进的商品全部未实现对外销售；第三种情况是内部购进的商品部分实现对外销售，部分形成期末存货。

　　四是集团内部固定资产交易的抵销。内部固定资产交易是指企业集团内部交易的某一方发生了固定资产及无形资产有关的购销业务。根据销售方销售的是产品还是固定资产，可划分为三种情况：第一种是企业集团内部某企业将自身生产的商品销售给集团内部的其他企业作为固定资产使用；第二种是企业集团内部某企业将自身使用的固定资产变卖给集团内部的其他企业作为固定资产使用；第三种是企业集团内部某企业将自身使用的固定资产变卖给集团内部的其他企业作为普通商品对外销售。

知识链接

合并财务报表准则主要变化

一、控制概念及控制权判断

2006 版《企业会计准则第 33 号——合并财务报表》（以下称旧准则）中对控制

的表述为"控制是指一个企业能够决定另一个企业的财务和经营政策,并能据以从另一个企业的经营活动中获取利益的权利。"旧准则对控制权的判断是以母公司对子公司的表决权在半数以上和表决权的半数以下却能够加以控制的四种情形为主要考量因素,同时也说明了企业还应考虑潜在表决权等因素。与之相比,新修订的 2014 版《企业会计准则第 33 号——合并财务报表》(以下称新准则)在吸收旧准则合理表述的基础上,结合现实条件的变化做出了新的补充和完善。对于"控制"概念,新准则的表述为"控制是指投资方拥有对被投资方的权利,通过参与被投资方的相关活动而享有可变回报,并且有能力运用对被投资方的权利影响其回报金额",即要考虑权利、可变回报及二者的关系。新准则在第八条中对控制的判断新增了因相关事实和情况变化而需重新评估的内容,这体现了新准则对于母公司并非总长时间对子公司形成控制这一事实的考虑,弥补了旧准则在母公司对子公司控制持续时间变化方面的空白。此外,新准则还引入了"实质性权利""保护性权利""代理人"等表述,更为细致地阐释了在具体判断控制权时可能面临的现实情况,有助于我们增进对控制权的理解。

二、合并范围

新旧准则都指出对于纳入合并范围的子公司要以控制为基础,但旧准则只是提出"母公司应当将其全部子公司纳入合并范围",硬性规定了所有需要纳入合并范围的情况。新准则除了指明旧准则在这一层面的意思之外,还新增了无须纳入合并范围的豁免情况。新准则规定:如果母公司是投资性主体,则母公司应当仅将为其投资活动提供相关服务的子公司(如有)纳入合并范围并编制合并财务报表;其他子公司不应当予以合并,母公司对其他子公司的投资应当按照公允价值计量且其变动计入当期损益。这是因为投资性主体的主要活动是向投资者募集资金,并为这些投资者提供管理咨询服务,其经营的目的并不是对被投资单位实施控制、重大影响等,其唯一目的是通过资本增值、投资收益或者两者兼有而让投资方获得回报。因为这些企业的主营业务就是搞股权投资,可能涉及无数被投资单位,在这种情况下,编制合并报表不仅会是很大的负担,而且其实际的价值也不大。

三、合并程序

与旧准则相比,新会计准则删去了"按照权益法调整对子公司的长期股权投资"的表述,明确了母公司应从企业集团的角度出发,将整个集团视为一个会计主体以反映集团整体的财务信息。这有助于规范企业合并的秩序,建立有序的市场环境。在披露要求上,新准则删去了旧准则第四章的披露要求,而针对部分特殊业务,增加了具体细致的会计处理要求。这两方面的变化为相关企业编制合并报表提供了指导,使得企业由负有披露义务转变为遵守特殊交易会计处理的规范。此外,具体到四大报表的编制上,新准则在合并资产负债表和合并利润表抵销项目方面做了调整,在合并现金流量表和合并所有者权益增减变动表的比较报表项目上做了调整。

(资料来源:魏梦妍.浅析合并财务报表准则修订的影响及对准则修订的评价[J].福建质量管理.2018(14):39.)

练习题

一、单项选择题

1. 20×9年9月，母公司向子公司销售商品100件，每件成本12 000元，每件销售价格为15 000元，子公司本年全部没有实现对外销售，期末该批存货的可变现净值每件为10 500元。20×9年年末，母公司编制合并财务报表时，为对该存货跌价准备项目抵销而做的抵销处理是（　　）。

A. 分录为：
借：存货——存货跌价准备　　　　　　　　　　　　　　　　300 000
　　贷：资产减值损失　　　　　　　　　　　　　　　　　　　　300 000

B. 分录为：
借：存货——存货跌价准备　　　　　　　　　　　　　　　　450 000
　　贷：资产减值损失　　　　　　　　　　　　　　　　　　　　450 000

C. 分录为：
借：资产减值损失　　　　　　　　　　　　　　　　　　　　　300 000
　　贷：存货——存货跌价准备　　　　　　　　　　　　　　　　300 000

D. 分录为：
借：资产减值损失　　　　　　　　　　　　　　　　　　　　　150 000
　　贷：存货——存货跌价准备　　　　　　　　　　　　　　　　150 000

2. 甲公司是乙公司的母公司。20×9年，甲公司向乙公司出售一批存货，其成本为4 000 000元，售价为5 000 000元，乙公司取得后作为库存商品核算，当年乙公司出售了20%，期末该存货的可变现净值为3 300 000元，乙公司对此确认了存货跌价准备，甲公司合并报表中编制调整抵销分录对存货跌价准备的影响是（　　）元。

A. 0　　　　　　　　B. -700 000　　　　　　C. 700 000　　　　　　D. -600 000

3. 甲公司原持有乙公司70%的股权，20×9年1月1日自购买日持续计算的公允价值为550 000 000元，当日又取得乙公司10%股权，支付价款60 000 000元，该业务影响合并报表所有者权益的金额是（　　）元。

A. 0　　　　　　　　B. -5 000 000　　　　　C. 6 000 000　　　　　D. 5 000 000

4. 20×8年1月1日，M公司以银行存款购入N公司80%的股份，能够对N公司实施控制。20×8年N公司从M公司购进A商品200件，购买价格为每件20 000元。M公司A商品每件成本为15 000元。20×8年N公司对外销售A商品150件，每件销售价格为22 000元；年末结存A商品50件。20×8年12月31日，A商品每件可变现净值为18 000元；N公司对A商品计提存货跌价准备100 000元。假定M公司和N公司适用的所得税税率均为25%。不考虑其他因素，下列关于M公司20×8年合并抵销处理的表述中，正确的是（　　）。

A. 对"存货"项目的影响金额是250 000元

B. 对"资产减值损失"项目的影响金额是 -100 000元

C. 应确认递延所得税资产62 500元

D. 对"所得税费用"项目的影响金额是 25 000 元

5. 子公司上期从母公司购入的 1 000 000 元存货全部在本期实现销售，取得 1 400 000 元的销售收入，该项存货母公司的销售成本为 800 000 元，母公司在编制本期合并报表时（假定不考虑内部销售产生的暂时性差异）应做的抵销分录为（　　）。

  A. 借：期初未分配利润　　　　　　　　　400 000
    贷：营业成本　　　　　　　　　　　　　　　400 000
  B. 借：期初未分配利润　　　　　　　　　200 000
    贷：存货　　　　　　　　　　　　　　　　　200 000
  C. 借：期初未分配利润　　　　　　　　　200 000
    贷：营业成本　　　　　　　　　　　　　　　200 000
  D. 借：营业收入　　　　　　　　　　　1 400 000
    贷：营业成本　　　　　　　　　　　　　　1 000 000
      存货　　　　　　　　　　　　　　　　400 000

6. 甲、乙公司是母子公司关系。20×7 年，甲公司从乙公司购进 A 商品 400 件，购买价格为每件 20 000 元。乙公司 A 商品每件成本为 15 000 元。20×7 年，甲公司对外销售 A 商品 300 件。每件销售价格为 22 000 元。年末结存 A 商品 100 件，每件可变现净值为 18 000 元。假定不考虑其他因素，在甲公司 20×7 年年末合并资产负债表中，A 商品作为存货应当列报的金额是（　　）元。

  A. 2 200 000　　　　B. 2 000 000　　　　C. 1 800 000　　　　D. 1 500 000

7. A 公司取得 B 公司 75% 的股份，从 20×9 年 1 月 1 日开始将 B 公司纳入合并范围编制合并会计报表。A 公司 20×9 年 6 月 22 日向 B 公司销售一栋新办公楼，用于公司行政管理，价款 9 846 000 元，以银行存款支付，该栋办公楼于当日投入使用。该办公楼出售时在 A 公司的账面价值为 8 640 000 元。B 公司对该办公楼采用年限平均法计提折旧，预计使用年限为 4 年，预计净残值为零。不考虑增值税等其他因素，编制 20×0 年年末合并资产负债表时，应调整"固定资产"项目的金额为（　　）元。

  A. 1 206 000　　　　B. 753 700　　　　C. -753 700　　　　D. 904 500

8. 20×9 年 3 月，母公司以 10 000 000 元的价格（不含增值税额），将其生产的设备销售给其全资子公司作为管理用固定资产。该设备的生产成本为 8 000 000 元。子公司采用年限平均法对该设备计提折旧，该设备预计使用年限为 10 年，预计净残值为零。母子公司的所得税税率均为 25%，假定税法按历史成本确定计税基础，编制 20×9 年合并财务报表时，因该设备相关的未实现内部销售利润的抵销而影响合并净利润的金额为（　　）元。

  A. -1 800 000　　　　B. 1 850 000　　　　C. 2 000 000　　　　D. -1 387 500

9. 甲公司坏账准备计提比例为应收账款余额的 6%。上年末甲公司对其子公司的应收账款的余额为 80 000 000 元，本年末对其子公司的应收账款的余额为 120 000 000 元。不考虑所得税等因素，甲公司因该内部债权债务的抵销对本年合并营业利润的影响为（　　）元。

  A. 3 600 000　　　　B. 1 200 000　　　　C. 1 000 000　　　　D. 2 400 000

10. A公司于20×9年5月31日用固定资产换取B公司80%的股权。为核实B公司的资产价值，A公司聘请专业资产评估机构对B公司的资产进行评估，支付评估费用500 000元。该项固定资产原价为5 000 000元，已计提折旧1 000 000元，公允价值8 000 000元。假定合并前A公司与B公司不存在任何关联方关系，B公司当日可辨认净资产公允价值为9 000 000元，不考虑其他因素，A公司因该项投资产生的合并商誉是（　　）元。

  A. 500 000   B. 800 000   C. 1 300 000   D. 6 500 000

二、多项选择题

1. 母公司本期将其成本为800 000元的一批产品销售给子公司，销售价格为1 000 000元，子公司本期购入该产品都形成期末存货，并为该项存货计提50 000元跌价准备。1年以后，子公司上期从母公司购入的产品仅对外销售了40%，另外60%依然为存货。由于产品已经陈旧，预计其可变现净值进一步下跌为400 000元，子公司再次计提跌价准备，期末编制合并会计报表时（假设不考虑所得税影响），母公司应抵销的项目和金额有（　　）。

  A. "期初未分配利润"，150 000元   B. "营业成本"，60 000元
  C. "存货"，120 000元   D. "存货跌价准备"，120 000元

2. 甲公司为乙公司的母公司，20×8年年末甲公司应收乙公司10 000 000元账款，甲公司按照应收账款余额的5%计提坏账准备，甲、乙公司适用的所得税税率均为25%，不考虑其他因素。甲公司因该账款在合并报表中编制抵销分录时对合并资产负债表的影响为（　　）。

  A. 调增递延所得税负债125 000元   B. 调减应收账款项目10 000 000元
  C. 调减应付账款项目10 000 000元   D. 调减递延所得税资产125 000元

3. 将内部交易形成的固定资产中包含的未实现内部销售利润抵销时，可能进行的处理有（　　）。

  A. 借记"营业收入"科目，贷记"营业成本""固定资产——原值"科目
  B. 借记"净利润"科目，贷记"固定资产——原值"科目
  C. 借记"营业利润"科目，贷记"固定资产——原值"科目
  D. 借记"资产处置损益"科目，贷记"固定资产——原值"科目

4. 合并报表中抵销无形资产原价中包含的未实现内部交易损益时，可能贷记的科目有（　　）。

  A. 资产处置收益   B. 营业外收入
  C. 期初未分配利润   D. 无形资产

5. 将企业集团内部利息收入与内部利息支出抵销时，可能编制的抵销分录有（　　）。

  A. 借记"投资收益"科目，贷记"财务费用"科目
  B. 借记"营业外收入"科目，贷记"财务费用"科目
  C. 借记"管理费用"科目，贷记"财务费用"科目
  D. 借记"投资收益"科目，贷记"在建工程"科目

三、计算分析题

1. 甲公司20×8年年初购得乙公司80%的股份,初始投资成本为30 000 000元,合并前甲、乙公司无任何关联方关系。当日乙公司可辨认净资产公允价值为35 000 000元,账面价值为34 000 000元,差额由一批存货导致。该批存货当年出售了70%,剩余的30%在20×9年上半年全部出售。乙公司20×8年全年实现净利润3 000 000元,20×8年年末,乙公司持有的其他债权投资增值500 000元;20×9年上半年乙公司实现净利润1 200 000元,未发生所有者权益其他变动。20×9年7月1日,甲公司出售了乙公司50%的股份,售价为25 000 000元。剩余股权在丧失控制权日的公允价值为15 000 000元。剩余股份能够保证甲公司对乙公司的重大影响能力,甲、乙公司按照净利润的10%提取盈余公积。不考虑所得税等因素的影响。

要求:
①编制处置股权在个别报表的会计分录;
②编制处置股权在合并报表中的调整分录;
③计算合并报表中的处置损益。

2. 20×8年4月2日,A公司与B公司签订购买B公司持有的C公司(非上市公司)70%股权的合同。假设A公司与B公司在发生该交易之前没有任何关联方关系。

(1) A公司以银行存款80 000 000元为对价,20×8年6月30日办理完毕上述相关资产的产权转让手续。C公司可辨认净资产的账面价值为100 000 000元,其中股本为60 000 000元,资本公积为10 000 000元,盈余公积为3 000 000元,未分配利润为27 000 000元。

(2) C公司可辨认资产、负债的公允价值与其账面价值仅有一项资产存在差异,即管理用固定资产,其账面价值为85 000 000元,公允价值为90 000 000元。C公司该项固定资产未来仍可使用10年,预计净残值为零,采用年限平均法计提折旧。固定资产的折旧年限、折旧方法及预计净残值均与税法规定一致。

(3) C公司20×8年7月1日至20×8年12月31日实现净利润10 000 000元,提取盈余公积1 000 000元;20×8年8月1日宣告分派现金股利2 550 000元。

(4) A公司20×8年9月销售100件产品给C公司,每件售价80 000元,每件成本75 000元,C公司20×8年对外销售60件。

(5) 该合并中,C公司各项可辨认资产、负债的计税基础与其公允价值相等;各公司适用的所得税税率均为25%;在合并会计报表层面出现的暂时性差异均符合递延所得税资产和递延所得税负债的确认条件;不考虑其他因素。

要求:
①计算购买日企业合并报表中应确认的合并商誉,并编制购买日合并报表中相关的调整抵销分录;
②编制A公司20×8年年末合并报表中相关的调整抵销分录。

四、综合题

1. A股份有限公司(本题下称"A公司")为上市公司,20×0年发生有关企业合并的相关资料如下。

(1) 20×0 年 4 月 10 日，A 公司拟以一项其他债权投资和一项固定资产为对价，自 B 公司购入 C 公司 80%的股份。20×0 年 5 月 20 日，A、B、C 公司分别召开了股东大会，决议通过该投资方案。20×0 年 5 月 31 日，A 公司付出相关资产的转让手续已经办理妥当，但是由于人员问题，A 公司一时无法向 C 公司派驻董事，双方于 6 月 30 日针对 C 公司日常管理达成一致意见，并签订协议。协议约定，在新董事会成立之前，继续由原董事会主持日常工作，但 C 公司董事会做出的任何决议须经 A 公司认可方才生效。20×0 年 7 月 31 日，C 公司股权转让手续办理完毕，C 公司于当日对外发布临时报告予以公告。20×0 年 12 月 31 日，A 公司向 C 公司派遣董事会人员 7 名，正式接管 C 公司董事会，并对 C 公司今后战略发展方向做出调整。

A 公司付出的其他债权投资和固定资产的相关信息包括：该其他债权投资的公允价值为 20 000 000 元，账面价值为 18 000 000 元（其中成本为 12 000 000 元，累计形成的公允价值变动收益为 6 000 000 元）；该固定资产为 A 公司使用的 1 台机器设备，公允价值为 30 000 000 元，原值为 25 000 000 元，已计提的累计折旧为 8 000 000 元，已计提减值为 1 000 000 元。

20×0 年 4 月 10 日、20×0 年 5 月 20 日、20×0 年 5 月 31 日、20×0 年 6 月 30 日、20×0 年 7 月 31 日，C 公司的可辨认净资产公允价值与账面价值均相等，且分别为 58 000 000 元、60 000 000 元、63 000 000 元、65 000 000 元、67 000 000 元。

(2) 20×0 年 9 月 30 日，A 公司向 C 公司销售 1 台管理用设备，不含税价款 4 000 000 元，账面价值 5 000 000 元。C 公司取得该设备后仍然作为管理用固定资产，预计尚可使用年限为 5 年，采用直线法计提折旧，净残值为零。

(3) C 公司 20×0 年实现净利润 24 000 000 元（假设各月均衡实现），年末分配现金股利 5 000 000 元，提取盈余公积 2 400 000 元。

(4) 20×1 年 3 月 20 日，A 公司以 8 000 000 元的价款向 C 公司出售一批存货，该批存货的成本为 5 000 000 元，未发生减值。到年末，该批存货尚未对外出售。

C 公司 20×1 年实现净利润 50 000 000 元，分配现金股利 10 000 000 元，提取盈余公积 5 000 000 元。当年实现其他综合收益 2 000 000 元。

(5) 20×2 年 1 月 20 日，A 公司出售了 C 公司 50%的股权，取得价款 60 000 000 元。剩余的 30%股权仅能够对 C 公司施加重大影响。此时，剩余股权的公允价值为 36 000 000 元。当日，A 公司办理资产转移手续并收取价款。

(6) 其他资料：假定 A 公司与 B 公司不存在关联方关系；A、B、C 公司存货和动产设备适用的增值税税率均为 13%。不考虑所得税等其他因素的影响。

要求：
①确定 A 公司取得 C 公司股权的购买日并说明理由；
②确定 A 公司取得 C 公司股权的合并成本及合并商誉金额；
③编制 20×0 年 12 月 31 日合并报表中按照权益法调整的分录及内部交易的相关分录（不需要考虑合并现金流量表编制的相关抵销分录）；
④编制 20×1 年 12 月 31 日合并报表中按照权益法调整的分录及内部交易的相关分录（不需要考虑合并现金流量表编制的相关抵销分录）；
⑤计算 A 公司出售 50%股权在个别报表中和在合并报表中确认的处置损益。

第四篇

特殊行业会计

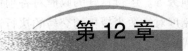

第 12 章

政府及民间非营利组织会计

> **学习目标**
> 1. 了解非营利组织会计的会计主体和目标。
> 2. 理解政府及非营利组织会计的特点和会计要素。
> 3. 掌握政府及非营利组织会计的基本概念和特征。

12.1 政府及非营利组织会计概述

公元前 11 世纪，西周已有"官计"，汉至清朝均有"国计"，统谓官厅会计，近现代改称政府会计。而不具政府职能、不以营利为目的、从事社会公益性服务的各种组织（含政府公立和民间私立）的会计，构成非营利组织会计。政府会计和非营利组织会计，合称政府及非营利组织会计，中华人民共和国成立后，曾一直称为预算会计。

政府及非营利组织会计反映和监督中央与地方各级政府的预算资金，以及行政事业单位和民间非营利组织的业务资金活动。政府、行政事业单位及民间非营利组织属于非物质生产部门，不直接提供物质产品，而是通过各种业务活动向社会生产和人民生活提供服务，在社会再生产过程中起着不可忽视的作用。政府与非营利组织会计体系主要包括财政总预算会计、行政单位会计、事业单位会计和民间非营利组织会计。

综上所述，政府及非营利组织会计是政府预算管理的重要组成部分，是以货币为主要计量单位，连续、系统、完整地核算和监督各级政府、各级行政单位、各类事业单位及民间非营利组织的资金运动过程和结果的一门专业会计。

12.1.1 政府及非营利组织会计的目标

政府及非营利组织会计有三级目标：基本目标、中级目标和高级目标。基本目标是保持公共资金的安全完整，防止腐败和揭露贪污。中级目标是促进合理的财务管理，财务管理的对象包括税收的征收、其他收入、购买货物或服务付款、借款和偿付债务等。运行良好的政府对各项业务活动都进行精确的预算或适当的计划，财务会计制度对经适当授权的交易的执行情况进行记录。为此，政府须建立成本会计制度进行成本核算，使政府经济高效地运行。政府及非营利组织会计的高级目标是帮助政府解除受托责任。此处的受托责任包括三层受托责任官僚机构对首席执行官的受托责任、行政部门对立法部门的受托责任、政府对公民的受托责任。解除受托责任的目标可通过增加代理人披露信息的激励和减少委托人的信息成本来更好地实现。

12.1.2 政府及非营利组织会计的分类和主体特征

在我国，政府及非营利组织会计主要分为三类：各级政府财政会计、各级政府行政部门会计、非营利组织会计（又称事业单位会计）。其主体特征有：从事政府财政预算管理、政府行政管理、社会公益服务活动；不以营利而以宏观经济效益、社会效益为目的；收入取自税收、规费、拨款、服务活动；资财提供者不索取直接经济利益（债务例外）；业绩评价基于管理和服务的效益、质量、数量；可以实行基金制度，应特别目的和用途建立种类基金。

政府及非营利组织会计的特殊方法包括三种。

（1）会计要素（会计报表要素）分为资产、负债、净资产、收入、支出、结余，基本会计等式为：资产=负债+净资产，收入-支出=结余。在基金制度下，分为资产、负债、基金余额、收入、支出、基金余额变动，基本会计等式为：资产-负债=基金余额，收入-支出=基金余额变动。

（2）会计确认采用收付实现制。收付实现制又称现金制或实收实付制，是以现金收到或付出为标准来记录收入的实现和费用的发生。按照收付实现制，收入和费用的归属期间与现金收支行为的发生与否紧密地联系在一起。

（3）基本会计报表除资产负债表、现金流量表外，还有收入支出表。在基金制度下有资产负债表，收入、支出及基金余额变动表，现金流量表，均依基金种类分设专栏列报。此外，政府及其公立非营利组织还编制预算比较表，在基金制度下也按基金种类分别比较。

12.2 政府单位特定业务的会计核算

12.2.1 政府会计的概念

政府会计是会计体系的重要分支，它运用会计专门方法对政府及其组成主体（如政府所属的行政事业单位等）的财务状况、运行情况、预算执行情况等进行全面核算监督和报告。政府会计是政府财政财务管理和预算管理的重要基础。建立与现代财政制度相适应的政府会计体系，对于加强公共财政管理、促进财政长期可持续发展、推进国家治理体系和治理能力现代化具有重要意义。

12.2.2 政府会计标准体系

我国的政府会计标准体系由政府会计基本准则、政府会计具体准则及应用指南和政府会计制度等组成。

1. **政府会计基本准则**

政府会计基本准则在政府会计标准体系中居于统驭地位,主要规范政府会计目标、政府会计主体、政府会计信息质量要求、政府会计核算基础,以及政府会计要素定义、确认和计量原则、列报要求等重大概念和原则。

2. **政府会计具体准则及应用指南**

政府会计具体准则依据政府会计基本准则制定,主要确定政府会计主体发生的经济业务或事项的会计处理原则,具体准则包括会计要素类准则、特殊业务或事项类准则和列报类准则。

3. **政府会计制度**

政府会计制度依据政府会计基本准则制定,主要规定政府会计科目及账务处理、报表体系及编制说明等,与政府会计具体准则互为补充。按照政府会计主体不同,政府会计制度主要由政府财政总会计制度和政府单位会计制度组成。

政府会计标准体系适用于政府会计主体,政府会计主体主要包括各级政府、各部门、各单位。各级政府指各级政府财政部门负责的财政总会计。各部门、各单位是指与本级政府财政部门直接或间接发生预算拨款关系的国家机关、军队、政党组织、社会团体、事业单位和其他单位。

12.2.3 政府会计核算模式

政府会计由预算会计和财务会计构成,实行"双功能、双基础、双报告"的核算模式,具体内容如下。

双功能指政府会计应当实现预算会计和财务会计双重功能。预算会计通过预算收入、预算支出与预算结余三个要素,对政府会计主体预算执行过程中发生的全部预算收入和全部预算支出进行会计核算,主要反映和监督预算收支执行情况。财务会计通过资产、负债、净资产、收入和费用五个要素,对政府会计主体发生的各项经济业务或者事项进行会计核算,主要反映和监督政府会计主体的财务状况、运行情况等。

双基础指预算会计实行收付实现制(国务院另有规定的,从其规定),财务会计实行权责发生制。

双报告指政府会计主体应当编制决算报告和财务报告。政府决算报告的编制主要以收付实现制为基础,以预算会计核算生成的数据为准。政府财务报告的编制主要以权责发生制为基础,以财务会计核算生成的数据为准。

需要说明的是,在"双功能、双基础、双报告"的核算模式下,政府预算会计和财务会计是适度分离并相互衔接的关系。

还需要说明的是,在"双功能、双基础、双报告"的核算模式下,政府单位应当对预算会计和财务会计进行平行记账。平行记账的基本规则是:单位对于纳入部门预算管理的现金收支业务，在采用财务会计核算的同时，应当进行预算会计核算；对于其他业务，仅需进行财务会计核算。

12.2.4 政府会计要素及其确认和计量

政府会计要素包括预算会计要素和财务会计要素。预算会计要素包括预算收入、预算支出和预算结余；财务会计要素包括资产、负债、净资产、收入和费用。

1. 政府预算会计要素

（1）预算收入是指政府会计主体在预算年度内依法取得并纳入预算管理的现金流入。预算收入一般在实际收到时予以确认，以实际收到的金额计量。

（2）预算支出是指政府会计主体在预算年度内依法发生并纳入预算管理的现金流出。预算支出一般在实际支付时予以确认，以实际支付的金额计量。

（3）预算结余是指政府会计主体在预算年度内预算收入扣除预算支出后的资金余额，以及历年滚存的资金余额。

预算结余包括结余资金和结转资金。结余资金是指年度预算执行终了时，预算收入实际完成数扣除预算支出和结转资金后剩余的资金。结转资金是指预算安排项目的支出年终尚未执行完毕或者因故未执行，且下年需要按原用途继续使用的资金。

2. 政府财务会计要素

（1）资产。

①资产的定义。资产是指由政府会计主体过去的经济业务或者事项形成的，由政府会计主体控制的，预期能够产生服务潜力或者带来经济利益流入的经济资源。服务潜力是指政府会计主体利用资产提供公共产品和服务以履行政府职能的潜在能力。经济利益流入表现为现金及现金等价物的流入，或者现金及现金等价物流出的减少。

②资产的分类。政府会计主体的资产按照是否具有流动性，分为流动资产和非流动资产。流动资产是指预计在1年内（含1年）耗用或者可以变现的资产，包括货币资金、短期投资、应收及预付款项、存货等。非流动资产是指流动资产以外的资产，包括长期投资、固定资产、在建工程、无形资产、公共基础设施、政府储备资产、文物文化资产、保障性住房等。

③资产的确认条件。一是与该经济资源相关的服务潜力很可能实现或者经济利益很可能流入政府会计主体；二是该经济资源的成本或者价值能够可靠地计量。

④资产的计量属性。政府资产的计量属性主要包括历史成本、重置成本、现值、公允价值和名义金额。政府会计主体在对资产进行计量时，一般应当采用历史成本。采用重置成本、现值、公允价值计量的，应当保证所确定的资产金额能够持续可靠计量。

（2）负债。

①负债的定义。负债是指由政府会计主体过去的经济业务或者事项形成的，预期会导致经济资源流出的现时义务。现时义务是指政府会计主体在现行条件下已承担的义务。未来发生的经济业务或者事项形成的义务不属于现时义务，不应当确认为负债。

②负债的分类。政府会计主体的负债按照是否具有流动性,分为流动负债和非流动负债。流动负债是指预计在1年内(含1年)偿还的负债,包括短期借款、应付短期政府债券、应付及预收款项、应缴款项等。非流动负债是指流动负债以外的负债,包括长期借款、长期应付款、应付长期政府债券等。

政府会计主体的负债包括偿还时间与金额基本确定的负债和由或有事项形成的预计负债。偿还时间与金额基本确定的负债按政府会计主体的业务性质及风险程度,分为融资活动形成的举借债务及其应付利息、运营活动形成的应付及预收款项和运营活动形成的暂收性负债。

③负债的确认条件。一是履行该义务很可能导致含有服务潜力或者经济利益的经济资源流出政府会计主体;二是该义务的金额能够可靠地计量。

④负债的计量属性。政府负债的计量属性主要包括历史成本、现值和公允价值。政府会计主体在对负债进行计量时,一般应当采用历史成本。采用现值、公允价值计量的,应当保证所确定的负债金额能够持续可靠地计量。

(3)净资产。净资产是指政府会计主体资产扣除负债后的净额,其金额取决于资产和负债的计量属性。

(4)收入。

①收入的定义。收入是指报告期内导致政府会计主体净资产增加的、含有服务潜力或者经济利益的经济资源的流入。

②收入的确认条件:一是与收入相关的含有服务潜力或者经济利益的经济资源很可能流入政府会计主体;二是含有服务潜力或者经济利益的经济资源流入会导致政府会计主体资产增加或者负债减少;三是流入金额能够可靠地计量。

(5)费用。

①费用的定义。费用是指报告期内导致政府会计主体净资产减少的、含有服务潜力或者经济利益的经济资源的流出。

②费用的确认条件:一是与费用相关的含有服务潜力或者经济利益的经济资源很可能流出政府会计主体;二是含有服务潜力或者经济利益的经济资源流出会导致政府会计主体资产减少或者负债增加;三是流出金额能够可靠地计量。

12.2.5 政府决算报告和财务报告

1. 政府决算报告

政府决算报告是综合反映政府会计主体年度预算收支执行结果的文件。政府决算报告应当包括决算报表和其他应当在决算报告中反映的相关信息和资料。而政府单位的预算会计报表是单位通过预算会计核算直接形成的报表,是决算报表的主要信息来源。

2. 政府财务报告

政府财务报告是反映政府会计主体某一特定日期的财务状况和某一会计期间的运行情况和现金流量等信息的文件。政府财务报告的目标是向财务报告使用者提供与政府财务状况、运行情况和现金流量等有关的信息,反映政府会计主体受托责任履行情况，有助于财务报告使用者做出决策或者进行监督和管理。

政府财务报告应当包括财务报表和其他应当在财务报告中披露的相关信息和资料。财务报表包括会计报表和附注。会计报表一般包括资产负债表、收入费用表和净资产变动表，政府单位可根据实际情况自行选择编制现金流量表。

12.3 民间非营利组织会计

目前，我国的民间非营利组织主要包括依照国家法律、行政法规登记的社会团体、基金会、民办非企业单位和寺院、宫观、清真寺、教堂等。民间非营利组织适用的《民间非营利组织会计制度》由财政部于2004年8月18日发布，自2005年1月1日起施行。

12.3.1 民间非营利组织的特征

民间非营利组织是指通过筹集社会民间资金举办的，不以营利为目的，从事教育、科技、文化、卫生、宗教等社会公益事业，提供公共产品的社会服务组织。

在我国现行法律、行政法规体系中，《社会团体登记管理条例》《基金会管理条例》《民办非企业单位登记管理暂行条例》等分别对社会团体、基金会和民办非企业单位等民间非营利组织的具体组织形式做了明确的界定。但是，对于"民间非营利组织"本身则并没有明确的界定。《民间非营利组织会计制度》则指出，民间非营利组织应当同时具备以下三个特征。

（1）该组织不以营利为目的和宗旨。民间非营利组织的非营利性与企业的营利性有本质的区别。但强调民间非营利组织的非营利性，并不排除其因提供商品或者社会服务而获取相应收入或者收取合理费用，只要这些活动的所得最终用于组织的非营利事业即可。

（2）资源提供者向该组织投入资源不取得经济回报。民间非营利组织的资金或者其他资源提供者不能从民间非营利组织中获取回报。如果出资者等可以从组织中获取回报，应当将其视为企业，适用《企业会计准则》或《小企业会计准则》。

（3）资源提供者不享有该组织的所有权。资金或者其他资源提供者在将资源投入到民间非营利组织后不再享有相关所有者权益，如与所有者权益有关的资产出售、转让、处置权及清算时剩余财产的分配权等。这一特征既将民间非营利组织与企业区分开来，也将其与各行政事业单位区分开来，因为行政事业单位尽管也属于非营利组织，但是国家对这些组织及其净资产拥有所有权。

12.3.2 民间非营利组织会计的概念和特点

民间非营利组织会计是对民间非营利组织的财务收支活动进行连续、系统、综合的记录、计量和报告，以价值指标客观地反映业务活动过程，从而为业务管理和其他相关的管理工作提供信息的活动。在《民间非营利组织会计制度》发布前，我国并没有专门针对民间非营利组织的会计制度，从而导致民间非营利组织在会计实务工作中各行其是。

《民间非营利组织会计制度》的发布，统一了民间非营利组织应遵循的会计标准，要求民间非营利组织必须按照该制度的规定进行会计核算，编制财务报告。因此，严格执行这一制度，可以大大提高我国民间非营利组织会计信息的可比性和有用性，提高民间非营利组织财务活动和业务活动的透明度，促使其以高质量会计信息取信于民、取信于社会，便于政府、社会公众等各部门对其进行监督管理。

民间非营利组织会计的主要特点包括三个。

（1）以权责发生制为会计核算基础。《民间非营利组织会计制度》明确规定，民间非营利组织会计核算采用权责发生制。这是由于权责发生制较收付实现制更有益于民间非营利组织加强资产、负债的管理，提高民间非营利组织会计信息质量，增强其会计信息的有用性。

（2）在采用历史成本计价的基础上，引入公允价值计量基础。公允价值的引入是由民间非营利组织的特殊业务活动所决定的，如通过接受捐赠等业务取得的资产，可能很难或者根本无法确定其实际成本，此时采用历史成本原则就无法满足对资产计量的要求，采用公允价值则可以解决资产计量问题。借鉴国际先进经验，引入公允价值，丰富了民间非营利会计的计量基础，实现了对特殊业务活动取得资产的准确计量。

（3）由于民间非营利组织资源提供者既不享有组织的所有权，也不取得经济回报，因此其会计要素不应包括所有者权益和利润，而设置了净资产这一要素。

12.3.3 民间非营利组织会计核算的基本原则

《民间非营利组织会计制度》要求民间非营利组织在进行会计核算时，遵循客观性原则、相关性原则、实质重于形式原则、一贯性原则、可比性原则、及时性原则、可理解性原则、配比性原则、历史成本原则、谨慎性原则、划分费用性支出与资本性支出原则及重要性原则等基本原则。

12.3.4 民间非营利组织的会计要素

民间非营利组织的会计要素划分为反映财务状况的会计要素和反映业务活动情况的会计要素。反映财务状况的会计要素包括资产、负债和净资产，其会计等式为"资产负债=净资产"；反映业务活动情况的会计要素包括收入和费用，其会计等式为"收入费用=净资产变动额"。

1. 反映财务状况的会计要素

（1）资产。资产是指由过去的交易或者事项形成，并由民间非营利组织拥有或者控制的资源，该资源预期会给民间非营利组织带来经济利益或者服务潜力，包括流动资产、长期投资固定资产、无形资产和受托代理资产等。

（2）负债。负债是指由过去的交易或者事项形成的现时义务，履行该义务预期会导致含有经济利益或者服务潜力的资源流出民间非营利组织，包括流动负债、长期负债和受托代理负债等。

(3) 净资产。净资产是指民间非营利组织的资产减去负债后的余额，包括限定性净资产和非限定性净资产。

2. 反映业务成果的会计要素

(1) 收入。收入是指民间非营利组织开展业务活动取得的，导致本期净资产增加的经济利益或者服务潜力的流入。收入包括捐赠收入、会费收入、提供服务收入、政府补助收入、投资收益、商品销售收入等主要业务活动收入和其他收入。

(2) 费用。费用是指民间非营利组织为开展业务活动所发生的，导致本期净资产减少的经济利益或者服务潜力的流出。费用包括业务活动成本、管理费用、筹资费用和其他费用等。

本章小结

本章主要对政府及非营利组织会计进行了阐述，具体包括三方面的内容。

一是政府及非营利组织会计概述。通过回顾政府与非营利组织会计的历史，明确核算的对象和核算特征。政府及非营利组织会计的特殊方法有三种：会计要素分为资产、负债、净资产、收入、支出和结余；会计确认采用收付实现制；会计报表包括资产负债表、现金流量表及收入支出表。

二是政府单位特定业务的会计核算。首先阐述了政府会计的概念、标准体系及核算模式，其次详细阐述了政府会计要素的确认和计量，最后简要介绍了政府决算报告和财务报告。

三是民间非营利组织会计。首先阐述了民间非营利组织的概念和特点，其次阐述了民间非营利组织会计的概念和特点，最后阐述了民间非营利组织会计核算的基本原则和会计要素。

知识链接

政府和非营利组织会计的控制对策

随着我国进行部门预算、收支两条线、政府采购、国库单一账户制度等预算管理改革，非营利组织会计环境发生了巨大变化。因此，目前的预算会计制度已不能适应预算会计改革后出现的新业务，且在执行中暴露出一些深层次的问题，急需借鉴国际经验，构建全新的政府与非营利组织会计体系，根据我国的实际情况，结合政府与非营利组织会计的目标，采取相应的控制对策。针对预算会计改革后出现的新业务，以及日渐暴露出的一些深层次的问题，应从以下六个方面采取相应的控制对策。

一、设立基金主体

进行控制基金是拥有自我平衡账户体系的会计主体，用于记录现金和其他财务资源、相关负债、剩余权益或余额及其变动。政府与非营利组织会计的显著特征是将会计科目划分成多种基金主体，每一种基金主体都与该组织的委托契约所规定的某一种特定公共产品或服务有关，但立法机构或理事会通常会限制基金的使用和基金间的转移。政府与非营利组织会计通过设立基金主体来控制时间被限制和用途被限定的资源。防止管理当局将各种基金混合使用,确保并证明政府与非营利组织遵守了法律和管理要求。所有的公共组织都在不同程度上对基金进行了划分,而政府组织对基金的划分则相对严格。基金会计可以保证专款专用,帮助受托人履行法定受托责任,并用以评估管理当局的运营绩效。

二、编制部门预算

部门预算是由政府各部门编制,经财政部门审核后报议会审议通过,反映部门所有收入和支出的预算。编制部门预算的基本要求是:将各类不同性质的财政资金统一编制到使用这些资金的部门。部门预算的编制采用综合预算形式,部门所有单位的各项资金,包括财政预算内拨款、财政专户核拨资金和其他收入,统一作为部门和单位的预算收入,统一由财政核定支出需求。凡是直接与财政发生经费领拨关系的一级预算会计单位均作为预算管理的直接对象。按部门编制预算后,可以清晰地反映政府预算在各部门的分布,从而取消财政与部门的中间环节,避免发生单位预算交叉、脱节和层层代编的现象。

三、推行国库单一账户制度

国库单一账户制度的框架是:按照政府预算级次,由财政部门在中国人民银行开设国库单一账户;所有的财政性资金逐步纳入各级政府预算统一管理,财政收入直接缴入国库或财政指定的商业银行开设的单一账户,取消所有的过渡账户;财政性支出均从国库单一账户直接拨付到商品或劳务供应者。推行国库单一账户制度后,财政部门不再将资金拨到行政单位,只需给各行政单位下达年度预算指标并审批预算单位的月度用款计划,在预算资金没有拨付给商品和劳务供应者之前,始终保留在中国人民银行的国库单一账户上,由财政部门直接管理。行政单位的人员工资由财政部门通过中国人民银行——商业银行——职工工资卡的方式直接支付;行政单位的专项支出按预算指标通过中国人民银行——政府采购——商品供应商的方式直接支付;行政单位的小额零星支出,通过中国人民银行——商业银行——行政单位备用金(信用卡)的方式支付。国库集中支付虽然不改变各行政单位的预算数额,但其作用在于建立起了预算执行的监督管理机制。

四、实行政府采购制度

许多国家实践证明,现代政府采购制度是强化财政支出管理的有效手段之一。政府采购制度的实质一方面是使政府得到价廉物美的商品和服务,实现物有所值的基本目标,另一方面是使预算资金管理从价值形态延伸到实物形态,节约公共资金,提高资金使用效益。

五、加强政府与非营利组织的成本核算和财务管理

政府与非营利组织会计中,成本核算和财务管理一直不受重视。针对我国的国情和政府机关现状,加强成本核算和控制,降低行政成本,提高行政效率,具有重要现实意义。在实施成本管理会计时,应与财务会计实施应计制过程相匹配,逐步实施。目前可先执行必要的成本会计过程以满足当前急需的成本信息需求,等条件成熟后再建立成本系统。政府成本管理系统包括:综合成本计算,寻找成本驱动因素,按驱动

率分配管理费用，并归集到相应的职能、规划、项目和任务中，以便在资源成本和资源用途之间以及成本和业绩之间建立联系，从而明确各自的责任；活动分析和成本趋势分析，寻找较低成本的项目和能减少执行特定任务的成本途径；目标成本，即恰当地制定支出上限；将成本同绩效管理目标联系起来，实施绩效预算和业绩计量。

六、编制、提供政府与非营利组织财务报告和业绩报告

编制、提供政府与非营利组织财务报告和业绩信息，可反映和解脱财务受托责任，而且可以减少使用者对信息分析和评价的成本。目前，我国预算会计缺乏统一的财务报告制度，可得到的财务信息只有政府预算执行报告、行政事业单位收支汇总情况等。所以，我国预算会计财务报告的范围狭窄，提供的信息较为零散且不全面，财务结构不合理，且局限于预算收支信息，不能全面反映并解脱政府与非营利组织的受托责任。由于项目受托责任和业绩受托责任是政府与非营利组织受托责任的重要组成部分，也是业绩计量的核心，因此政府与非营利组织还要专门提供业绩报告。业绩信息有助于改进决策、加强项目监督及合约监督。政府与非营利组织只有提供政府层面的财务报告和业绩报告，才能有效地反映并解脱其受托责任。

(资料来源：李春杰. 政府和非营种组织会计目标与控制对策 [J]. 财会通讯. 2010（4）：41-42.）

练习题

一、单项选择题

1. 下列关于政府会计核算的表述中，不正确的是（　　）。

A. 政府会计应当实现财务会计与预算会计双重功能

B. 财务会计核算实行收付实现制，预算会计核算实行权责发生制

C. 单位对于纳入部门预算的现金收支业务，在采用财务会计核算的同时应当进行预算会计核算

D. 财务会计要素包括资产、负债、净资产、收入和费用，预算会计要素包括预算收入、预算支出和预算结余

2. 政府会计主体编制的下列报表中，体现其在某一特定日期的财务状况的报表是（　　）。

A. 资产负债表　　B. 收入费用表　　C. 净资产变动表　　D. 现金流量表

3. 下列关于政府会计标准体系的说法中，不正确的是（　　）。

A. 政府会计基本准则用于确定政府发生的经济业务或事项的会计处理原则，详细规定经济业务或事项引起的会计要素变动的确认、计量和报告

B. 政府会计应用指南是对具体准则的实际应用做出的操作性规定

C. 政府会计制度主要规定政府会计科目及账务处理、报表体系及编制说明等

D. 政府会计制度主要由政府财政会计制度和政府单位会计制度组成

4. 政府会计应当实现预算会计和财务会计双重功能。下列不属于财务会计应准确完整反映的财务信息的是（　　）。

A. 资产　　　　　　B. 净资产　　　　　C. 收入　　　　　D. 支出

5. 行政事业单位预算会计核算时，预算恒等式为（　　）。

A. 资产-负债=所有者权益　　　　B. 预算收入-预算支出=预算结余

C. 预算收入-预算支出=净资产　　D. 资产-负债=净资产

6. 下列关于民间非营利组织会计的说法中，正确的是（　　）。

A. 采用收付实现制更有助于民间非营利组织加强资产、负债的管理，提高民间非营利组织会计信息质量，增强其会计信息的有用性

B. 反映财务状况的会计要素包括资产、负债和所有者权益

C. 反映业务成果的会计要素包括收入和费用

D. 接受捐赠取得的资产，如果无法确定其历史成本，则按照名义金额（1元）入账

7. 下列各要素中，不属于政府会计要素的是（　　）。

A. 资产　　　　　　B. 负债　　　　　　C. 净资产　　　　D. 利润

8. 行政区政府合并财务报表的编制部门是（　　）。

A. 部门（单位）　　　　　　　　B. 政府财政部门

C. 行政区财政部门　　　　　　　D. 单位（部门）财政部门

9. 下列各项中，不属于民间非营利组织的会计要素的是（　　）。

A. 资产　　　　　　B. 净资产　　　　　C. 支出　　　　　D. 收入

10. 下列关于民间非营利组织特征的说法中，不正确的是（　　）。

A. 不以营利为目的和宗旨

B. 资源提供者向该组织投入资源取得一定的经济回报

C. 资源提供者不享有民间非营利组织的所有权

D. 资源提供者向该组织投入资源不取得经济回报

二、多项选择题

1. 下列关于民间非营利组织的相关表述中，正确的有（　　）。

A. 民间非营利组织不以营利为目的和宗旨

B. 民间非营利组织的会计要素包括资产、负债、净资产、收入和支出

C. 民间非营利组织的会计核算基础是收付实现制

D. 民间非营利组织的会计报表应当包括资产负债表、业务活动表和现金流量表等三张基本会计报表

2. 下列属于民间非营利组织会计要素的是（　　）。

A. 资产　　　　　　B. 负债　　　　　　C. 净资产　　　　D. 收入

3. 下列各项中，属于民间非营利组织的是（　　）。

A. 民办学校　　　　B. 养老院　　　　　C. 国有控股企业　　D. 基金会

4. 下列关于政府单位资产要素的表述，正确的有（　　）。

A. 资产是政府会计主体过去的经济业务或者事项形成的经济资源

B. 资产是由政府会计主体控制的经济资源

C. 资产是预期能够产生服务潜力或者带来经济利益流入的经济资源

D. 资产是预期能够产生服务潜力的现时义务

5. 下列各项中，属于我国政府会计标准体系组成部分的是（   ）。

A. 政府会计基本准则　　　　　　　　B. 政府会计具体准则及应用指南
C. 政府会计制度　　　　　　　　　　D. 政府会计主体

三、简答题

1. 民间非营利组织会计制度规定的核算范围包括哪些组织？
2. 民间非营利组织的会计假设和会计原则是什么？
3. 政府会计的会计要素有哪些？

参 考 文 献

[1] 胡世强，曹明才，刘金彬，等. 高级财务会计 [M]. 3版. 成都：西南财经大学出版社，2018.
[2] 财政部会计资格评价中心. 中级会计实务 [M]. 北京：经济科学出版社，2019.
[3] 中国注册会计师协会. 会计 [M]. 北京：中国财政经济出版社，2019.
[4] 熊细银. 高级财务会计 [M]. 北京：北京理工大学出版社，2016.
[5] 王善平，周密，邓小洋. 高级财务会计学. [M]. 长沙：湖南人民出版社，2009.
[6] 储一昀. 高级财务会计 [M]. 上海：复旦大学出版社，2006.
[7] 陈信元. 高级财务会计 [M]. 3版. 上海：上海财经大学出版社，2017.
[8] 刘三昌. 高级财务会计 [M]. 北京：清华大学出版社，2007.
[9] 梁莱歆. 高级财务会计 [M]. 2版. 北京：清华大学出版社，2009.
[10] 裘宗舜. 高级财务会计 [M]. 大连：东北财经大学出版社，1999.
[11] 武华清. 高级财务会计产生与发展的回顾 [J]. 南京经济学院学报，1999（5）：68-71.
[12] 李大诚. 高级财务会计 [M]. 北京：中国财政经济出版社，2008.